Peter Wapnewski

Weißt du wie das wird...?

Richard Wagner
Der Ring des Nibelungen

Erzählt, erläutert und kommentiert

Piper
München Zürich

Mit 50 Abbildungen und 80 Notenbeispielen

Auswahl der Abbildungen und Bildlegenden:
Manuela Jahrmärker
Redaktion: Uwe Steffen

ISBN 3-492-03510-8

Gesetzt aus der Stempel-Garamond
Satz: Uwe Steffen, München
Notensatz: Philipp Steffen, München
Druck und Bindung: Clausen & Bosse, Leck
Printed in Germany

Inhalt

G. s. M.!

»... ja als Orpheus alles heimlichen Elends ist er größer als irgendeiner, und manches ist durch ihn überhaupt erst der Kunst hinzugefügt worden, was bisher unausdrücklich und selbst der Kunst unwürdig erschien.«

Friedrich Nietzsche in:
Nietzsche contra Wagner, 1889

Vorwort

»... und so entschloß ich mich doch, der Bitte des Verlegers zu willfahren und allen denjenigen, die sich für das Durchschreiten der Festspielwelt vielleicht doch mit einem neuen Vademecum ausrüsten wollen, durch Darbietung eines solchen eine befriedigende Antwort der Nornenfrage:

 ?

zu ermöglichen.«

Solchermaßen leitet »im Lenze 1901« der Verfasser Arthur Smolian sein Büchlein Richard Wagner’s Bühnenfestspiel »Der Ring des Nibelungen« ein. Eines von vielen zu diesem Thema. *Weißt du wie das wird?* Die Nornenfrage ist das Motiv auch meines Versuchs, den mannigfach verrätselten Weg des Ringes durch die vier langen Abende, die ein Äon sind, nachzuzeichnen. Das geschieht aus einem sehr einfachen Motiv heraus: Ich machte die Erfahrung, daß selbst Kennern von Wagners Werk manches Detail, manche Verbindung und mancher Bezug auf das Kleinste wie auf das Größte unklar waren und blieben. Und diese Feststellung schloß mich nicht aus.

So machte ich mich an die Arbeit, die allererst beginnen mußte mit dem Versuch einer stoffgebundenen Nacherzählung. Mein Vorbild waren ursprünglich die Tales from Shakespeare der unglücklichen Geschwister Mary und Charles Lamb: Nacherzählungen der Dramen in Prosa, zuerst erschienen 1807 und viele Male ins Deutsche übersetzt. Indessen erweist sich der Text der beiden Lamb sehr bald als unzulänglich, zum Leben wird Shakespeare auf solchem Wege erst erweckt dank der schönen Ausgabe bei Diogenes: SHAKESPEARE'S GESCHICHTEN, Band I nacherzählt von Walter E. Richartz, Band II nacherzählt von Urs Widmer (Zürich 1978).

Sehr bald aber erwies sich auch dieses Modell als untauglich für meinen Zweck. Denn die geschichtsträchtige, märchenbunte, fabelreiche Wunderwelt der Shakespeare-Dramen ist weitgehend bestimmt durch Handlung, durch die treibende Energie dessen, was man heute gängig »action« nennt. Wohingegen der Dramatiker Wagner ein Autor vor allem der inneren Spannung ist, der gedanklichen Auseinandersetzung, jede »Handlung« ist gestischer Ausdruck von Prozessen, die ihr im mentalen und psychischen Bereich vorausgehen oder unterlegt sind. Die Dramatik des Geschehens ist aufgehoben in ausgedehnten Disputen, in Dialogen, in Monologen. Wer sich beschränken wollte auf den erzählenden Nachvollzug der äußeren Vorgänge, wird notwendig verharren auf der Oberfläche des Geschehens.

Mit solchem Befund hat sich im wesentlichen der hochverdiente Wagner-Forscher Ernest Newman (1868–1959) begnügt. In der Tradition angelsächsischer Historiographie vertraut der Brite Newman sich dem narrativen Element an und beschreibt so genau wie subtil wie ausführlich Szene um Szene im großen RING-Kapitel (S. 393–634) seines Buches THE WAGNER OPERAS (zuerst London 1949 unter dem Titel WAGNER NIGHTS; dann mehrfach nachgedruckt, zuletzt 1991 in der Princeton University Press). Mit Rücksicht auf seine angelsächsischen, des Deutschen und insbesondere des Wagner-Deutsch nicht immer mächtigen Leser paraphrasiert Newman schrittweise mit einer an Gemächlichkeit grenzenden Erzählhaltung das Geschehen. So etwa zur ersten RHEINGOLD-Szene: »While they are laughing and sporting the Nibelung Alberich has emerged from a dark chasm and clambered up to one of the rocks; himself hardly visible as yet in the darkness, he watches the gambols of the Rhinemaidens with growing pleasure. He hails the sisters in a raucous voice; he comes from Nibelheim, he says, and would gladly share in their sport« – usw. (S. 453).

Im Vollzug solchen Verfahrens vermeidet Newman, was er vermutlich als Abschweifung würde empfunden haben, nämlich den durchgängigen Versuch, die jeweilige Szene oder Passage transparent zu machen, und zwar durch ihre systematische Verknüpfung innerhalb des Geflechts der Tetralogie wie durch den Aufweis ihrer mythologischen oder literarischen Voraussetzungen und Wurzeln. Er sieht ab von der Möglichkeit dessen, was wir im modisch gewordenen Jargon das »Hinterfragen« nennen. Statt dessen liefert er in reicher Fülle musikalische Unterweisung.

Zufolge meiner abweichenden Konzeption kapitulierte ich vor der Aufgabe der reinen Nacherzählung, so unentbehrlich die stoffliche Aufbereitung auch war. Doch immer wieder verlangte die Materie zum Zwecke einer Erhellung ihrer selbst den Blick auf ihre Voraussetzungen. Insofern wird man meiner Darstellung eine gewisse Unausgewogenheit anmerken, und nicht immer wußte ich befriedigend abzuwägen zwischen der darzustellenden Partie und der Ausleuchtung ihrer Tiefendimensionen: Da werde ich zuweilen zu viel, zuweilen zu wenig getan haben.

Als eine Art Gegenstück zu Newman (auf den er nicht Bezug nimmt) und seinem Verfahren will mir der letzte bisher erschienene Kommentar zum RING erscheinen: keine kontinuierlich fortschreitende und nachvollziehende Darstellung, sondern ein jeweils an Einzelverse geknüpfter Stellenkommentar: RICHARD WAGNER. DER RING DES NIBELUNGEN. NACH SEINEM MYTHOLOGISCHEN, THEOLOGISCHEN UND PHILOSOPHISCHEN GEHALT VERS FÜR VERS ERKLÄRT von Herbert Huber (Weinheim 1988). Der Titel macht deutlich, daß es sich um eine vor allem religionsgeschichtlich und theologisch aus der Bibel wie aus der germanischen Götterwelt schöpfende Exegese handelt, die mit Genauigkeit etwa das jeweilige etymologische Detail wie die altnordischen Ur- und Vorbilder heranzieht, vor allem aber und gelegentlich sehr ausführlich der theologisch-philosophischen Ausdeutung der Figuren und Vorgänge hingegeben ist. Ein Vorzug gegenüber meiner Darstellung ist allemal darin zu sehen, daß dem deutenden Teil der gesamte Text der vier RING-Dramen vorangestellt ist.

Daß ich die Wagner-Forschung, insbesondere die zum RING, nach Kräften zur Kenntnis genommen habe, meinte ich nicht ständig demonstrieren zu müssen. So konnte ich weitgehend verzichten auf eine Nennung von Autoren und Titeln da, wo sie lediglich die Funktion einer absichernden Bestätigung gehabt hätte.

Dieses Buch ist das endliche Resultat einer längeren Reihe von Vorarbeiten, die stufenweise auf diese Fassung hinstrebten. Dabei handelt es sich insbesondere um Beiträge zu Opern-Programmheften aus Anlaß einer neuen RING-Inszenierung, um verstreute Einzelaufsätze, um das RING-Kapitel in dem Artikel »Die Oper Richard Wagners als Dichtung« in dem von Ulrich Müller und mir herausgegebenen RICHARD-WAGNER-HANDBUCH (Stuttgart 1986); vor allem aber um die Darlegungen in den vier Begleitheften zu der Aufnahme des RINGs der Deutschen Grammophon unter der Leitung von James Levine 1988–91. (Der Deutschen Grammophon habe ich zu danken dafür, daß sie keine Einwände erhob gegen gelegentliche wörtliche Übernahmen von Passagen meines dortigen Textes in den hier vorliegenden.)

Nicht zu vermeiden war nach Lage der Dinge die Praktizierung einer unter Wissenschaftlern üblichen, dennoch peinlichen Gewohnheit: der sich wiederholende Hinweis auf weitere eigene Arbeiten des Autors. Im vorliegenden Falle aber ergibt sich zwangsläufig, daß ich gelegentlich bei der Behandlung einzelner Szenen der RING-Dramen rekurrieren muß auf die ausführliche und begründende Untersuchung, die ich in anderem Zusammenhang dem Gegenstand gewidmet habe und die zu verschweigen gleichbedeutend wäre mit einem Vorenthalten genauer, gründlicher und beweiskräftiger Einsicht. Dabei handelt es sich vor allem um die drei Bücher DER

Traurige Gott (München 1978, ^{2}1980); Richard Wagner – Die Szene und ihr Meister (München 1978, ^{2}1983); und um den Band Liebestod und Götternot (Berlin 1988). Diese Hinweise sind also nichts anderes als die schuldige Andeutung dessen, daß in dem jeweiligen Zusammenhang noch mehr zu sagen wäre – was an anderer Stelle geschah.

Ausdrücklich hervorheben muß ich den Dank, den ich neben den grundlegenden Arbeiten von Carl Dahlhaus und Werner Breig den musikwissenschaftlichen Einführungen in den Ring schulde. Meine Hinweise auf die jeweils erhellenden und leitenden musikalischen Motive verdanken sich vor allem drei Musikwissenschaftlern und Opernexperten: Kurt Pahlen, der bei Goldmann/Schott (in Zusammenarbeit mit Rosemarie König) den vier Ring-Dramen vier ausführlich erläuternde Opernführer gewidmet hat (München 1982/83); sodann Erich Rappl und seinem Wagner-Opernführer (Regensburg 1967, ^{4}1981); schließlich Hans-Joachim Bauer und seinem Reclams Musikführer Richard Wagner (Stuttgart 1992). Wenn mir daran lag, die Notenbeispiele möglichst zu reduzieren auf lediglich ein System und eine Stimme, so mit Rücksicht auf diejenigen Leser, die zwar kein Instrument beherrschen, wohl aber doch eine einfache Notenfolge nachsingen oder nachspielen können. (Für die Kontrolle und Korrektur der Notenvorlagen schulde ich Dr. Manuela Jahrmärker nachdrücklichen Dank.)

Dabei ist mein Bemühen gewesen, mein Unternehmen tunlichst der begreiflichen Mißbilligung zu entziehen, wie sie sich in den Sätzen von Dahlhaus ausdrückt, mit denen er sein nach Umfang schmales, nach Bedeutung weitausgreifendes Buch über Richard Wagners Musikdramen (Velber 1971) einleitet: »Die Wagner-Literatur, die sich ins Unabsehbare erstreckt, ist durch Nicht-Musiker, durch Nietzsche, Carl Friedrich Glasenapp, den unterwürfig pedantischen Biographen, und Hans von Wolzogen, von dem der Begriff des Leitmotivs stammt, geprägt worden, um von Houston Stewart Chamberlain zu schweigen. Und die Zusammensetzung aus weitgespannter geschichtsphilosophischer Spekulation, unersättlicher und rücksichtsloser Lust am Biographischen und einer seltsamen Genügsamkeit im Musikalischen, deren Ehrgeiz über das Etikettieren von Leitmotiven kaum hinausreichte, ist jahrzehntelang für sie charakteristisch geblieben.«

Auch die Bildauswahl folgte einem strikten Prinzip. Es ging nicht um die Präsentation »schöner« und eindrucksvoller Illustrationen, sondern um den Versuch, ein und dieselbe Szene und ihr Bild im Prozeß der Rezeption, also in der Abfolge unterschiedlicher Inszenierungskonzepte, vorzuführen und auf diese Weise die Prinzipien Kontinuität und Wandel deutlich zu machen. Diese Illustrationen und ihre Interpretation in den Bildlegenden verdanken sich (und verdanke ich) der Findigkeit und Kompetenz von Dr. Manuela Jahrmärker, ohne deren hilfreiche Mitarbeit dieser Band sich ärmer hätte präsentieren müssen.

Anmerkungsziffern im Text üben erfahrungsgemäß einen Nachschlagzwang auf den Leser aus, der den Gang der Lektüre unterbricht. Diesen Mißstand zu vermeiden, weisen lediglich Sternchen darauf hin, daß zu dem behandelten Thema im Anhang des jeweiligen Kapitels Weiteres gesagt ist. Diese Anmerkungen bilden nicht die Voraussetzungen zum Verstehen des Textes, sondern lediglich dessen Ergänzung, und sie können ohne Schaden für das Erfassen der größeren oder kleineren Zusammenhänge ignoriert werden.

Dieses Buch hofft, auf seine begrenzte Weise nützlich sein zu können als Beitrag zum besseren und tieferen Verstehen des nach Masse und Anspruch größten Werkes der Bühnengeschichte. Eines Werkes, dessen Bedeutung in Stichworte zu fassen vermessen ist; und jeder Versuch, ihm beschreibend und analysierend gerecht zu werden, bleibt notwendig Stückwerk. Ein Werk, das zu dirigieren der Ehrgeiz jedes berufenen Dirigenten, darin aufzutreten der Ehrgeiz jedes berufenen Sängers und das zu inszenieren der Ehrgeiz jedes berufenen Regisseurs ist – seit nunmehr 120 Jahren. Eine erhabene Sozialutopie, deren Auftritt die Mittel auch des Boulevards nicht scheut. Eine Befreiungsbotschaft, die alle Macht von Gold und Gewalt erledigen will zugunsten des Postulats der Liebe. Eine Kosmologie und Theologie, deren Errichtung sich der Mittel alter Sagen und Lieder und des Nachhalls geschichtlicher Formationen bedient. Eine Parabel, die viele Elemente des Unbewußten und die beharrliche Erlösungssehnsucht des Menschen erlebt im Bewußtsein von Gewalt und Gesetz und dem Fortschreiten der Mechanisierung und Industrialisierung aller menschlichen Tätigkeit. Parabel einer Geschichtsphilosophie, die des Menschen Selbstentfremdung aufheben will durch die Eroberung eines wiedergewonnenen Zustands der natürlichen Unschuld. Und Ludwig Feuerbach und Michail Bakunin, Pierre Joseph Proudhon und Arthur Schopenhauer treiben darin ihr Wesen, urkommunistische und anarchistische Energien begehren auf. Die gewaltigsten Antithesen: Behauptungswille und Weltverneinung, Triebentfaltung und Triebabtötung, Geschichtsoptimismus und Endzeitvision, werden vom »Plenipotentarius des Untergangs« entworfen in gewaltigem Fresko, und der Weg von der Revolution über die Resignation in die »machtgeschützte Innerlichkeit« wird gekreuzt von dem beharrlichen Postulat einer Versöhnung von Leben und Kunst, einer Befreiung der Menschheit durch Kunst: dies der neue Mythos, ein erneuertes geschichtliches Bewußtsein, das in der Bemächtigung der Vergangenheit die Chance einer neuen Selbstvergewisserung, einer endlichen Identität sucht. Ein letzter Weltenentwurf, eine tönende Kosmogonie, das große Welttheater, in seinen ungezählten Facetten jeweils ein Teil auch der jeweiligen Wirklichkeit spiegelnd in ihrer konkreten Realität wie in ihren Visionen – und also ein Werk von immerwährender Aktualität. Wie immer man es verkleiden mag. Wie immer man es wenden und verwenden, wie immer man es gebrauchen und mißbrauchen, wie immer man es verstehen und mißverstehen mag.

Brauch und Mißbrauch, Wirkung und Nachwirkung: In jüngster Zeit ist so nachdrücklich wie einleuchtend gefordert worden, der Erforschung eines »Wagner von Innen« die seiner Außenwirkung, die des mit seinem Namen verknüpften Kultes zur Seite oder gegenüberzustellen. So zuletzt Joachim Fest (FRANKFURTER ALLGEMEINE vom 31. Oktober 1994), so Jürgen Kesting (DIE WOCHE vom 13. Januar 1995). Es geht um jenen politischen Vorgang, wie er sich (auch) unter Berufung auf Bayreuth herrisch entfaltete als völkische Ideologie, als Rassenwahn und Allmachtsphantasie, als verhängnisvoll expandierende Erlösungsbotschaft aus deutschem Wesen – und dessen pompöses oder aggressives Pathos einen urdemokratisch entworfenen Ansatz degenerieren ließ zu dem diffusen Nebelgebilde einer elitären Kunstreligion. Eine mit den totalitären Bewegungen dieses sich dem Ende neigenden Jahrhunderts immer deutlicher sich abzeichnende Affinität von Ästhetik und Politik bleibt am Gegenstand der Wagnerschen Kunstideologie noch systematisch zu untersuchen, wobei insbesondere die Frage des Verhältnisses von Ursache und Wirkung, von auslösendem und ausgelöstem Moment zu bedenken ist. Wichtige Beiträge dazu liefern die Vorarbeiten von Theodor W. Adorno, Ernst Bloch und Hans Mayer, Heinz-Klaus Metzger und Rainer Riehn sowie Ulrich Schreiber und jüngst von dem Amerikaner Frederic Spotts, zuletzt von Hannu Salmi sowie dem Politologen Udo Bermbach (mit seiner Studie über den WAHN DES GESAMTKUNSTWERKS, Frankfurt am Main 1994); siehe unten die Bibliographie.

Solche noch grundsätzlich zu bewältigende Aufgabe ist eines. Ihr vorauszugehen hat die Verpflichtung nach dem Verstehen des Werkes als eines Kunst-Stücks, sie ist ein anderes, und ihr ist das vorliegende Buch zugedacht. An der weiteren Aufgabe hofft der Verfasser in künftiger Bemühung mitarbeiten zu können – die hier gelieferte will helfen, deutlich zu machen, daß, wie Jürgen Kesting es so schlicht wie präzis ausdrückt, »Wagner auch ohne Kult gehört und geliebt werden kann«.

Schließlich die angenehme Pflicht des Dankes (wie ich ihn oben schon an die Adresse von Dr. Manuela Jahrmärker habe ausrichten können): Herr Dr. h.c. mult. Klaus Piper begleitete vom frühen Beginn an das Konzept und seine Umsetzung mit dem ermutigenden und ratenden Wohlwollen des Buch- und Musikliebhabers und -kenners. Herr Dr. Stadler (Lektorat) und die Herren Uwe Steffen und Philipp Steffen (Redaktion, Satz und Notensatz sowie Register) nahmen sich des Textes an mit den Instrumenten der Kennerschaft, der technischen Fertigkeit und der nachsichtigen Geduld. Christine von Klitzing verdroß es nie, die Schwerleserlichkeit meiner Aufzeichnungen in die Perfektion der Computerfassung zu verwandeln.

Berlin, im Frühjahr 1995 *P. W.*

Einleitung

1. Die Kunst und die Revolution

1848: die Revolution in Deutschland. Inmitten ihrer Turbulenzen, Irrungen und Wirrungen: der Dresdener Hofkapellmeister Richard Wagner. Sein leichtbewegter, stürmischen Protuberanzen seines Innern zugeneigter Geist, der lebenslang sich als unfähig erweisen wird, sich *nicht* einzumischen in das Geschehen um ihn, stürzt sich in die aufgewühlten Wogen der Politik. Er schreibt Manifeste, entwirft Programme, agitiert und redet und reist – und über oder unter all dem: denkt er und dichtet. Erwägt ein Barbarossa-Drama; und eines über Jesus von Nazareth, und das eine wie das andere Motiv trägt ihn dann – wie zwangsläufig – zu den *Nibelungen*. Das Motiv – zum einen – nämlich der im Mythos wurzelnden Geschichte; und – zum anderen – das Motiv des charismatischen Sozialrevolutionärs: *Barbarossa* und *Jesus* also führen zurück oder hin zu *Siegfried*. Nach zwei Schriften zum *Nibelungen-Mythos* verfaßt Wagner in diesem Revolutionsjahr erst die Prosa-, dann die Versfassung einer »Heldenoper«, genannt SIEGFRIEDS TOD. Ein Endspiel also steht am Beginn. Eines Tages wird es sich verwandeln zur GÖTTERDÄMMERUNG.

Der königliche Kapellmeister kann das revoltierende Zündeln nicht lassen, er verstärkt die Partei der Aufständischen bei dem Dresdener Aufruhr von 1849, bringt erst die Familie, dann sich in Sicherheit und flieht mit des treuen Freundes Franz Liszt Hilfe und falschem Paß in die Schweiz, nach Zürich. Wo den in deutschen Landen steckbrieflich Verfolgten ein neunjähriges Exil erwartet. Er arbeitet ruhelos weiter, plant ein Drama über Wieland den Schmied, also über einen, der kraft seines Kunstvermögens Fessel und Lähmung überwindet und sich den Flug in die Freiheit erobert; und fühlt sich gedrängt, die Flut der künstlerischen Gesichte spekulativ zu reflektieren, sie zu ordnen und zu begründen: 1851 entsteht sein theoretisches Hauptwerk OPER UND DRAMA. Im gleichen Jahre liefert er das Finale, liefert er für SIEGFRIEDS TOD dessen geschuldete Vorgeschichte: DER JUNGE SIEGFRIED. (Er wird das Stück noch zweimal umarbeiten, eines Tages wird es lediglich SIEGFRIED heißen.) Und im nächsten Jahre, 1852, entstehen die Dichtungen der WALKÜRE und des RHEINGOLDS. Damit ist die RING-Dichtung im wesentlichen abgeschlossen, und was als Text im Krebsgang entstand, vom Finale hin zum Uranfang, wird nunmehr, seit 1853, vom Beginn zum Ende hin komponiert.

Entstehungsphasen des »Rings«

Dichtung	1848	Siegfrieds Tod Götterdämmerung			
	1851		Siegfried		
	1852			Walküre	
	1853				Rheingold
	1853:				
Komposition	1853				Rheingold
	1854			Walküre	
	1856(69)		Siegfried		
	1869–74	Götterdämmerung			

Das Programm »des größten Werkes der Musikgeschichte« (Werner Breig) auf eine simple Formel zu bringen scheint vermessen. Indessen hilft der Komponist dank seiner schriftlich wie mündlich abundierenden Auskunftsfreudigkeit. Dem treuen Freunde und Korrespondenzpartner in Dresden, dem Violinisten und Musikschriftsteller Theodor Uhlig*, schreibt er am 12. November 1851 einen Brief aus der Wasserkur in Albisbrunn. Darin begründet er die Notwendigkeit, das Siegfried-Doppeldrama zu erweitern und aus ihm eine Tetralogie zu machen; und nun heißt es:

»Mit dieser meiner neuen Konzeption trete ich *gänzlich* aus allem Bezug zu unsrem heutigen Theater und Publikum heraus: ich breche bestimmt und für immer mit der formellen Gegenwart. [...] – An eine *Aufführung* kann ich erst *nach der Revolution* denken: erst die Revolution kann mir die Künstler und die Zuhörer zuführen. Die nächste Revolution muß notwendig unsrer ganzen *Theaterwirtschaft* das Ende bringen: sie müssen und werden alle zusammenbrechen, dies ist unausbleiblich. Aus den Trümmern rufe ich mir dann zusammen, was ich brauche: ich werde, was ich bedarf, *dann* finden. Am Rheine schlage ich dann ein Theater auf und lade zu einem großen dramatischen Feste ein: nach einem Jahre Vorbereitung führe ich dann im Laufe von *vier Tagen* mein ganzes Werk auf: *mit ihm* gebe ich den Menschen der Revolution dann die *Bedeutung* dieser Revolution, nach ihrem edelsten Sinne, zu erkennen. *Dieses Publikum* wird mich verstehen: das jetzige kann es nicht. –«

(Fünfmal *dann* in wenigen Zeilen: die temporale Partikel der Zukunftsvision...)

Beharrlich Götterdämmerungs-Töne, es spricht zu allem Anfang schon der »Plenipotentarius des Untergangs« (Selbstbezeichnung laut Cosima Wagner), allenthalben Zusammenbruch und Trümmer, aber: aus ihnen wird mit Hilfe der Kunst der neue Mensch entstehen. Der Wagnerschen Kunst vor allem. Die Utopie der Einheit von Kunst und Leben.

Die Arbeit an dem schöpferischen Unternehmen wird einige Zeit fordern, es werde ihn, meint der Dichter-Komponist,

»mindestens drei volle Jahre beschäftigen«. Aus ihnen wurden 26 Jahre, und über 21 von ihnen erstreckte sich – mehrfach unterbrochen – die Arbeit an der Komposition.

Anmerkungen

Ergänzendes in: P. W., Der traurige Gott, S. 117–119. Im übrigen siehe die Bibliographie.

zu S. 23: Richard Wagner, Briefe. Ausgewählt, eingeleitet und kommentiert von Hanjo Kesting, München/Zürich 1983, Nr. 58, S. 224–226, hier S. 226.

München.

Königl. Hof- und National-Theater.

Mittwoch den 22. September 1869.

119te Vorstellung im Jahres-Abonnement:

Zum ersten Male:

Das Rheingold.

Vorspiel zu der Trilogie: „Der Ring des Nibelungen", von Richard Wagner.

Regie: Herr Dr. Hallwachs.

Personen:

Wotan, Donner, Froh, Loge,	Götter	Herr Kindermann. Herr Heinrich. Herr Nachbaur. Herr Vogl.
Alberich, Mime,	Nibelungen	Herr Fischer. Herr Schlosser.
Fasolt, Fafner,	Riesen	Herr Petzer. Herr Bausewein.
Fricka, Freia, Erda,	Göttinnen	Fräulein Stehle. Fräulein Müller. Fräulein C. Seehofer.
Woglinde, Wellgunde, Floßhilde,	Rheintöchter	Fräulein Kaufmann. Frau Vogl. Fräulein Ritter.

Nibelungen.

Neue Decorationen:

Erstes Bild: In der Tiefe des Rheines, entworfen und ausgeführt von dem kgl. Hoftheatermaler Herrn Heinrich Döll.

Zweites Bild: Freie Gegend auf Bergeshöhen am Rhein gelegen, entworfen von dem kgl. Hoftheatermaler Herrn Christian Jank, ausgeführt von demselben und dem kgl. Hoftheatermaler Herrn Angelo Quaglio.

Drittes Bild: Die unterirdischen Klüfte Niebelheims, entworfen von dem kgl. Hoftheatermaler Herrn Christian Jank, ausgeführt von demselben und dem kgl. Hoftheatermaler Herrn Angelo Quaglio.

Textbücher sind zu 18 kr. an der Kasse zu haben.

Preise der Plätze:

Ein Galerienoble-Sitz	3 fl. 30 kr.
Ein Parket-Sitz	3 fl. — kr.
Parterre	1 fl. — kr.
Galerie	— fl. 30 kr.

Die Kasse wird um sechs Uhr geöffnet.

Anfang um 7 Uhr, Ende um halb zehn Uhr.

Der freie Eintritt ist ohne alle Ausnahme aufgehoben
und wird ohne Kassenbillet Niemand eingelassen.

Beurlaubt kontraktlich vom Schauspielpersonal: Frau von Bulyovszky bis 31. Oktober.
vom Opernpersonal: Herr Bachmann bis 4. Oktober.
Beurlaubt auf ärztliche Anordnung vom Schauspielpersonal: Herr Rüthling für unbestimmte Zeit.
Krank vom Opernpersonal: Fräulein Therese Seehofer.

Der einzelne Zettel kostet 2 kr.!

Kgl. Hofbuchdruckerei von Dr. C. Wolf & Sohn.

1 *Theaterzettel zur Uraufführung des »Rheingolds«; Hoftheater, München 1869.*

Bühnenfestspielhaus in Bayreuth.

Aufführungen am 13.–17., 20.–24. u. 27.–30. August

vor

Richard Wagner's Tetralogie

Der Ring des Nibelungen.

Erster Abend: Rheingold.

Personen:

Wotan, Donner, Froh, Loge, – Götter – Herr Betz von Berlin, " Elmblad, " Unger v. Bayreuth, " Vogl v. München

Fasolt, Fafner, – Riesen – " Eilers v. Coburg, " Reichenberg v. [illegible]

Alberich, Mime, – Nibelungen – " Hill v. Schwerin, " Schlosser v. München

Fricka, Freia, Erda, – Göttinnen – Fr. Grün von Coburg, Frl. Haupt von Cassel, Fr. Jaide v. Darmstadt

Woglinde, Wellgunde, Floßhilde, – Rheintöchter – Frl. Lehmann I v. Berlin, " Lehmann II v. Berlin, " Lammert v. Berlin

Nibelungen

Ort der Handlung: 1. In der Tiefe des Rheines. 2. Freie Gegend auf Bergeshöhen a. Rhein 3. Die unterirdischen Klüfte Nibelheims

Zweiter Abend: Walküre.

Personen:

Siegmund . . . Herr Niemann von Berlin
Hunding . . . " Niering von Darmstadt
Wotan . . . " Betz von Berlin
Sieglinde . . . Frl. Schefzky von München
Brünnhilde . . . Fr. Materna von Wien
Fricka . . . Fr. Grün von Coburg
Acht Walküren

Ort der Handlung: 1. Das Innere der Wohnung Hundings. 2. Wildes Felsengebirge. 3. Auf dem Brunhildenstein

Dritter Abend: Siegfried.

Personen:

Siegfried . . . Herr Unger v. Bayreuth
Mime . . . " Schlosser v. München
Der Wanderer
Alberich . . . " Hill v. Schwerin
Fafner . . . " Reichenberg v. [illegible]
Erda . . . Fr. Jaide v. Darmstadt
Brünnhilde . . . " Materna von Wien

Ort der Handlung: 1. Eine Felsenhöhle im Walde 2. Tiefer Wald 3. Wilde Gegend am Felsenberg

Vierter Abend: Götterdämmerung.

Personen:

Siegfried . . . Herr Unger v. Bayreuth
Gunther . . . " Gura von Leipzig
Hagen . . . " Siehr v. Hamburg
Alberich . . . " Hill v. Schwerin
Brünnhilde . . . Fr. Materna von Wien
Gutrune . . . Frl. Weckerlin von [illegible]
Waltraute . . . Fr. Jaide v. Darmstadt
Die Nornen.
Die Rheintöchter
Mannen. Frauen.

Ort der Handlung: 1. Auf dem Felsen der Walküren 2. Gunther's Hofhalle am Rhein – Der Walkürenfelsen 3. Vor Gunther's Halle 4. Waldige Gegend am Rhein – Gunther's Halle

Eintritts-Karten (1/3 Patronatschein) zu beziehen durch den

Kölner Richard Wagner-Verein.

2 *Theaterzettel zum ersten »Ring«-Zyklus; Festspielhaus, Bayreuth 1876.*

Costumes, Mantles.
Evening Dresses,
Trousseaux Layettes.
KATE REILY,
278 Fifth Avenue,
AND AT
11 & 12 Dover St., London.

A. SIMONSON,
34 East 14th St., cor. Union Square,
Manufacturer and Importer of all the leading styles in every shade of pure **Human Hair** Goods; particularly large assortment of beautiful gray and white human hair at the very lowest prices. Hair dressing by first-class French artist.
A. Simonson, 34 E. 14th St., cor. Union Sq.

FOR THE WINTER GO TO
BERMUDA.
FROST UNKNOWN, MALARIA IMPOSSIBLE.
60 Hours by Steamer Weekly.
QUEBEC S. S. CO., - 51 Broadway.
THOS. COOK & SON, - 261 Broadway.

THE PRINCE OF WALES
Is known to be a great connoisseur of how to live, and declared his choice of Champagnes by the following:
"Messrs. G. H. Mumm & Co.: You are hereby appointed Purveyors of Champagne to His Royal Highness the Prince of Wales. Given under my hand and seal at Marlborough House, this 1st day of August, 1886."
D. M Probyn, Lt.-Gen. Comptroller.

G.H.MUMM&CO.
are now sending to this market their celebrated
VINTAGE OF 1884,
pronounced by Mr. J. H. Breslin, of the Gilsey House, the best he ever tasted.

After the Opera.
THE ORIENTAL HOTEL,
Broadway and 39th St.,
Directly opposite Opera House Entrance.
Restaurant and Café unsurpassed.
OYSTERS A SPECIALTY.

THREE WONDERFUL
Sewing Machines.
SINGER
The New Singer Automatic (Single Thread) "It Runs with a Breath."
The New Singer Vibrator, More Modern, lighter running and simpler than any other.
The New Singer Oscillator, Scientifically and mechanically perfect.
OFFICES EVERYWHERE.
The Singer Manufacturing Company,
FOURTH AVE. & 16th ST.

Louis XIII cultivated music with much success. He composed many airs and several motets which he had performed in his chapel. Music was his ordinary recreation when he could not go hunting.

The Dog's Head Ale and Stout, bottled in London by Read Bros., is the finest ever imported. Sold everywhere.

Pianos —ARE— Unrivalled! KRANICH & BACH Pianos —ARE— Unrivalled!
WAREROOMS: 237 to 245 East 23d Street.

HOTEL BRUNSWICK
TABLE D'HOTE DINNER, 6 to 8 p. m., ... $1.00
AND RESTAURANT A LA CARTE.

THE BERLITZ SCHOOL OF LANGUAGES.
23 WEST 23D STREET Branches: HARLEM, BROOKLYN, PHILA., BOSTON & WASHINGTON.

PROGRAMME.
37th Night of the Subscription,
WEDNESDAY, JANUARY 25th, 1888,
First Performance in America of
RICHARD WAGNER'S MUSIC-DRAMA,
"DIE GÖTTERDÄMMERUNG."

SIEGFRIED	Herr NIEMANN
GUNTHER	Herr ROBINSON
HAGEN	Herr FISCHER
ALBERICH	Herr von MILDE
BRÜNNHILDE	Frl. LEHMANN
GUTRUNE	Frau SEIDL KRAUS
WOGLINDE	Frl. TRAUBMANN
WELLGUNDE	Frl. BRANDT
FLOSSHILDE	Frl. MEISSLINGER

Vassals and Women of Gunther's Court.

Act I.—On the Rock of the Valkyries.
Gibichung Hall on the Rhine.
On the Rock of the Valkyries.
Act II.—Border of the Rhine before Gibichung Hall.
Act. III.—Woody Country on the Rhine.
Gibichung Hall.
Burning of Walhall.

Musical Director, Herr ANTON SEIDL.

Stage Manager . . . . . . THEODORE HABELMANN.
Chorus Master . . . . . . FRANK H. DAMROSCH.

The Knabe Pianos used at the Metropolitan Opera House and by the Artists of the Company.

The Roosevelt Pipe Organ used.

All the Music Performed at this Opera can be had at G. Schirmer's 35 Union Square, New York.

HARDMAN PIANOS
35,000 Now in Use.
NEW WAREROOMS:
138 Fifth Avenue, N. Y.
Hardman, Peck & Co Manufacturers.

J. T. GANNON,
126 West 21st St.
COSTUMES, MANTLES, TAILOR-MADE GOWNS, Etc.
Special Line of IMPORTED Evening Dresses and Materials at less than cost.

THE
Fasso Corset.
Superior to any Corset now made in Europe or America.

Recommended by leading Dressmakers as the best to fit over.

Made in **8 Models**, including a Special Shape for Evening Wear.
IMPORTED ONLY BY
B. Altman & Co.
18th St., 19th St. & 6th Ave.
(18th St. Station Elevated Road).

Götterdämmerung.
Complete Piano Scores, with and without words, and other arrangements, at
SCHUBERTH'S MUSIC STORE,
23 UNION SQUARE NEW YORK

MAYER,
Ladies' Tailor,
49 West 31st Street,
Formerly Fifth Ave., NEW YORK CITY.

LOUIS ROEDERER UNITED STATES Champagne
DRY CHAMPACNE.
"GRAND VIN SEC."
Acknowledged by connoisseurs to be the finest Champagne imported into the United States.
For Sale at the
Clubs, Hotels and Restaurants
And Leroy's Metropolitan Café.

Anton Rubinstein's new symphony in A minor has been performed for the first time at Dresden under the conductorship of Herr Stahl, and has given the greatest satisfaction, so beautifully it was given.

3 *Theaterzettel zur Erstaufführung der »Götterdämmerung«; Metropolitan Opera, New York 1888.*

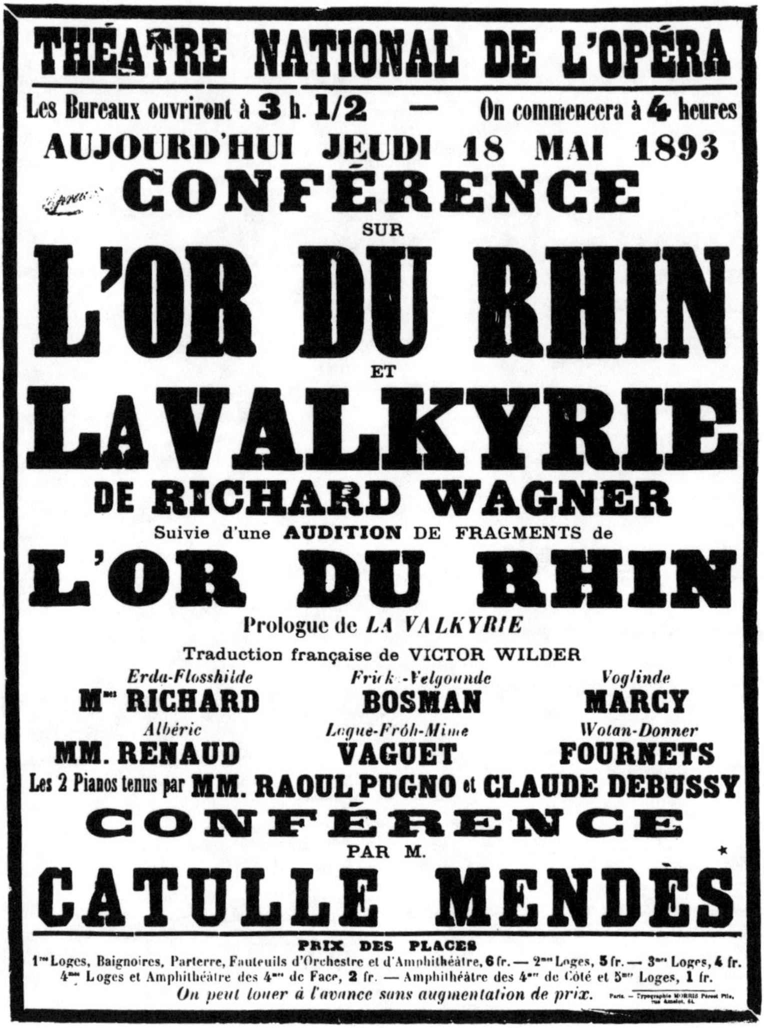

THÉATRE NATIONAL DE L'OPÉRA

Les Bureaux ouvriront à 3 h. 1/2 — On commencera à 4 heures

AUJOURD'HUI JEUDI 18 MAI 1893

CONFÉRENCE

SUR

L'OR DU RHIN

ET

LA VALKYRIE

DE RICHARD WAGNER

Suivie d'une AUDITION DE FRAGMENTS de

L'OR DU RHIN

Prologue de *LA VALKYRIE*

Traduction française de VICTOR WILDER

Erda-Flosshilde	*Frick -Velgounde*	*Voglinde*
Mmes RICHARD	BOSMAN	MARCY
Albéric	*Logue-Fróh-Mime*	*Wotan-Donner*
MM. RENAUD	VAGUET	FOURNETS

Les 2 Pianos tenus par MM. RAOUL PUGNO et CLAUDE DEBUSSY

CONFÉRENCE

PAR M.

CATULLE MENDÈS

PRIX DES PLACES

1res Loges, Baignoires, Parterre, Fauteuils d'Orchestre et d'Amphithéâtre, 6 fr. — 2mes Loges, 5 fr. — 3mes Loges, 4 fr.
4mes Loges et Amphithéâtre des 4mes de Face, 2 fr. — Amphithéâtre des 4mes de Côté et 5mes Loges, 1 fr.

On peut louer à l'avance sans augmentation de prix.

Paris. – Typographie MORRIS Pèrent Fils, rue Amelot, 64.

4 *Ankündigung zur Konferenz und konzertanten Aufführung von Ausschnitten aus dem »Ring«; Opéra, Paris 1893.*

5 *Theaterzettel zur »Götterdämmerung« innerhalb der zweiten vollständigen »Ring«-Aufführung auf dem Balkan; Gastspiel der Oper Frankfurt am Main an der Opera Romana, Bukarest 1938.*

2. *Zur Entstehung*

Wagner liebt – das hat er mit vielen Künstlern gemein – die Inspirationslegende, das heißt den Versuch einer Rückführung des künstlerischen Konzeptes auf einen Initialimpuls. Mag es sich hier nun auch handeln um die Neigung, den rationalen Prozeß dämonisch zu verklären und seinen Schöpfer der banalen Wirklichkeit zu entrücken, so sagt doch auch in ihrer möglichen Realitätsferne die Legende manches aus über den Künstler und sein Verstehen des eigenen Werkes[*].

Mein Leben, Wagners Autobiographie, weiß zu berichten, daß die akustische Initialvision einem Zustand zwischen Tag und Traum zu verdanken sei, einer drogenähnlich durch Seekrankheit und Müdigkeit bestimmten Entrückung auf dem Siestasofa im Hotel des Italienreisenden. Das war zu La Spezia am 5. September 1853, naturwebende Wassermusik formte den figurierten Es-Dur-Akkord und sang das »Wiegenlied der Welt«, 136 unerhörte Takte – die Urharmonie des Anfangs vor allem Anfang widerspiegelnd in ruhender Bewegung. Doch sind wir mittlerweile genauer – und ernüchternder – informiert über den durchaus von Mühsal nicht freien Entstehungsprozeß dieses Vorspiels; ich verweise auf die Darstellung im Anhang zum Rheingold unten S. 101f.

Nach einem Jahr, im September 1854, ist die Komposition des Rheingolds abgeschlossen (siehe oben S. 22 das Diagramm). Schon vom Sommer 1854 an aber datiert die Arbeit an der Walküren-Musik (Wagner arbeitet grundsätzlich in sich überdeckenden Phasen gleichzeitig an den jeweiligen Stadien mehrerer Kompositionen), sie endet im Frühjahr 1856. Im Sommer desselben Jahres macht der Komponist sich an die Partitur des Siegfried – um sie dann jedoch, Juni 1857, im zweiten Aufzug abzubrechen. Und erst zwölf Jahre später wiederaufzunehmen und zum guten Ende zu führen. Was ist geschehen? Nicht erlahmende Schaffenskraft, sondern eher ihr Gegenteil, nämlich ein die künstlerischen Energien neu belebender, aber thematisch ablenkender Impuls hat die Zäsur zu verantworten (siehe unten S. 186f.). Eine Zäsur, die aufs großartigste ausgefüllt wurde: durch TRISTAN UND ISOLDE; durch die dem TRISTAN komplementären MEISTERSINGER VON NÜRNBERG. (Siehe auch die Tabelle bei Breig, S. 408f.) Der Impuls zu dieser Deviation ist zwiefacher Natur. Es war die Liebe zu Mathilde Wesendonck; und es war die Begegnung mit dem Werk Arthur Schopenhauers (DIE WELT ALS WILLE UND VORSTELLUNG), die Wagner in ihren Bann schlugen, ihre künstlerische Bemächtigung forderten und ihn erst, als er an der Seite Cosimas von Bülow und König Ludwigs II. von Bayern äußere Sicherheit und innere Ruhe gefunden hatte, zurückkehren ließen zum nach Vollendung verlangenden Bau. Dessen SIEGFRIED-Trakt im Februar 1871 abgeschlossen ist; und wiederum war parallel zu dieser Arbeit schon ein Teil der GÖTTERDÄMMERUNG entstanden. Am Fuße dann der letzten Partiturseite des *ewigen Werkes* ist zu lesen: »Vollendet in Wahnfried am 21. November 1874. Ich sage nichts weiter!! R. W.«

Die Uraufführung des gesamten RING-Werkes fand vor einer staunenden, aber keineswegs unisono zustimmenden Welt statt und eröffnete das gewaltige Unternehmen der Bayreuther Festspiele: im August 1876. König Ludwig aber hatte, auf seinen durch Subsidien erworbenen Rechten in herrscherlicher Willkür beharrend, DAS RHEINGOLD und DIE WALKÜRE schon 1869 und 1870 in München aufführen lassen – zur Verzweiflung und ohnmächtigen Empörung des protestierenden Schöpfers.

3. Zeittafel

(Ausführlicher und detaillierter in Band 29/I der SÄMTLICHEN WERKE, S. 12f. – Siehe auch die Tabellen in Dieter Borchmeyers Ausgabe: DICHTUNGEN UND SCHRIFTEN, Bd. X, S. 190–203.)

1848 *20. Oktober:* Beendigung des Prosaentwurfs zu SIEGFRIEDS TOD
12.–28. November: Urschrift der Dichtung von SIEGFRIEDS TOD

1851 *24. Mai – 1. Juni:* Niederschrift des Prosaentwurfs zum JUNGEN SIEGFRIED
3.–24. Juni: Urschrift der Dichtung des JUNGEN SIEGFRIED
November: erste Prosaskizze zum RHEINGOLD; erste Prosaskizze zur WALKÜRE

1852 *März:* Niederschrift des Prosaentwurfs zum RHEINGOLD
Mai: Prosaentwurf zur WALKÜRE
1. Juni – 1. Juli: Urschrift der Dichtung der WALKÜRE
15. September – 3. November: Urschrift der Dichtung des RHEINGOLDS (DER RAUB DES RHEINGOLDES)
15. Dezember: Beendigung der Überarbeitungen des JUNGEN SIEGFRIED und von SIEGFRIEDS TOD

1853 *Mitte Februar:* Privatdruck der RING-Dichtung
1. November: Beginn der Niederschrift der Kompositionsskizze des RHEINGOLDS

1854 *15. Februar – 26. September:* Partiturzweitschrift (Reinschrift) des RHEINGOLDS
28. Juni – 1. September: Kompositionsskizze des I. Aufzugs der WALKÜRE

4. September – 18. November: Kompositionsskizze des II. Aufzugs der WALKÜRE
20. November – 27. Dezember: Kompositionsskizze des III. Aufzugs der WALKÜRE

1855 *14. Juli:* Beginn der Partiturzweitschrift (Reinschrift) der WALKÜRE

1856 *23. März:* Beendigung der Partiturzweitschrift (Reinschrift) der WALKÜRE
Juni: Ankündigung der Titeländerung: statt des JUNGEN SIEGFRIED nun SIEGFRIED; statt SIEGFRIEDS TOD nun GÖTTERDÄMMERUNG
Spätsommer: Umarbeitung des Textes von SIEGFRIEDS TOD (neuer Schluß des III. Aufzugs) und des I. Aufzugs des JUNGEN SIEGFRIED
11. Oktober: Beginn der Partiturerstschrift des I. Aufzugs von SIEGFRIED

1857 *ab Januar:* Komposition des SIEGFRIED, I. und II. Aufzug
26. Juni: Abbruch der Kompositionsskizze des II. Aufzugs von SIEGFRIED
27. Juni: Abbruch der Orchesterskizze des II. Aufzugs von SIEGFRIED (»... unter der Linde«)
13.–30. Juli: Wiederaufnahme und Beendigung der Kompositionsskizze des II. Aufzugs von SIEGFRIED
9. August: Beendigung der Orchesterskizze des II. Aufzugs von SIEGFRIED

1864 *27. September:* Fortsetzung der Partiturzweitschrift (Reinschrift) des I. Aufzugs von SIEGFRIED (2. Szene)
22. Dezember: Beginn der Partiturerstschrift des II. Aufzugs von SIEGFRIED

1865 *2. Dezember:* Beendigung der Partiturerstschrift des II. Aufzugs von SIEGFRIED

1868 *Ende Dezember:* Beendigung der Partiturzweitschrift (Reinschrift) des I. Aufzugs von SIEGFRIED

1869 *23. Februar:* Beendigung der Partiturzweitschrift (Reinschrift) des II. Aufzugs von SIEGFRIED

25. August: Beginn der Niederschrift der Partitur des III. Aufzugs von SIEGFRIED
22. September: Uraufführung des RHEINGOLDS (München, gegen Wagners Willen)

1870 *26. Juni:* Uraufführung der WALKÜRE (München, gegen Wagners Willen)
2. Juli: Beendigung der Orchesterskizze des I. Aufzugs der GÖTTERDÄMMERUNG

1871 *5. Februar:* Beendigung der Niederschrift der Partitur des III. Aufzugs von SIEGFRIED
5. Juli – 19. November: Orchesterskizze des II. Aufzugs der GÖTTERDÄMMERUNG

1872 *9. Februar – 22. Juli:* Orchesterskizze des III. Aufzugs der GÖTTERDÄMMERUNG

1873 *3. Mai – 24. Dezember:* Niederschrift der Partitur des I. Aufzugs der GÖTTERDÄMMERUNG

1874 *26. Juni:* Beendigung der Niederschrift der Partitur des II. Aufzugs der GÖTTERDÄMMERUNG
10. Juli – 21. November: Niederschrift der Partitur des III. Aufzugs der GÖTTERDÄMMERUNG, Schlußeintrag: »Vollendet in Wahnfried am 21. November 1874. Ich sage nichts weiter!! R. W.«

1876 *13., 14., 16. und 17. August:* erste Gesamtaufführung des RINGS DES NIBELUNGEN im Festspielhaus Bayreuth

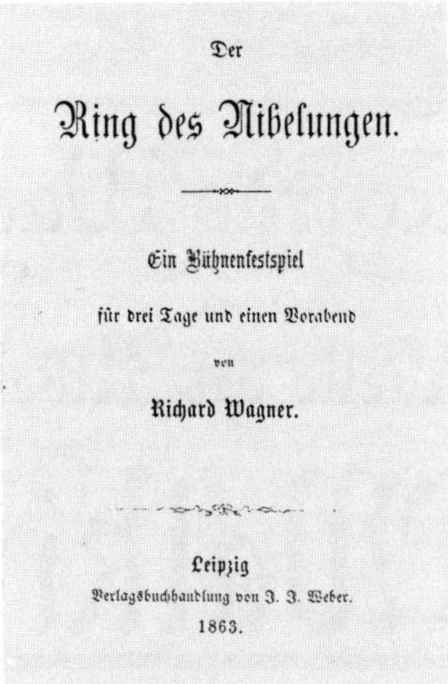

Der

Ring des Nibelungen.

Ein Bühnenfestspiel

für drei Tage und einen Vorabend

von

Richard Wagner.

Leipzig

Verlagsbuchhandlung von J. J. Weber.

1863.

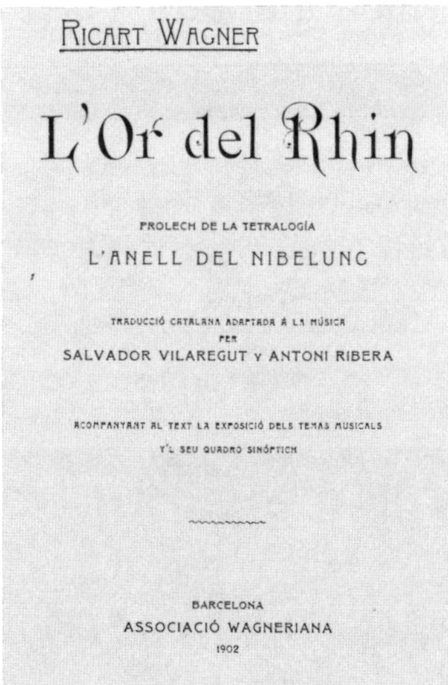

RICART WAGNER

L'Or del Rhin

PROLECH DE LA TETRALOGÍA

L'ANELL DEL NIBELUNG

TRADUCCIÓ CATALANA ADAPTADA Á LA MÚSICA

PER

SALVADOR VILAREGUT y ANTONI RIBERA

ACOMPANYANT AL TEXT LA EXPOSICIÓ DELS TEMAS MUSICALS

Y'L SEU QUADRO SINÓPTICH

BARCELONA

ASSOCIACIÓ WAGNERIANA

1902

6 *Erstausgabe der »Ring«-Dichtung; Leipzig 1863.*
7 *Erstausgabe der »Ring«-Dichtung in Katalanisch; Barcelona 1902.*

8 *Textheft zur Erstaufführung der »Walküre« in der Übersetzung von Angelo Zanardini; Teatro alla Scala, Mailand 1893.*

4. Zu den Quellen: Stoff und Idee

Der Weimarer Regierungsrat Franz Müller ist in die Geschichte der RING-Forschung eingegangen dank einem Brief, den Wagner ihm am 9. Januar 1856 schrieb. Müller plante ein Buch zu dem Thema und bat Wagner um Angabe seiner Quellen. (Das Buch erschien 1862, die diesem Gegenstand gewidmete Forschungstradition ist mittlerweile also fast 140 Jahre alt...) Wagner legte seinem Brief ein »Zettelchen« bei mit jenen Titeln, »deren Studium mich seinerzeit für den Gegenstand reifte« (siehe P. W., DER TRAURIGE GOTT, S. 24f.):

1. »Der Nibelunge Noth u. die Klage« herausgegeb. von Lachmann.
2. »Zu den Nibelungen etc.« von Lachmann.
3. Grimm's Mythologie.
4. »Edda«.
5. »Volsunga-Saga« (übersetzt von Hagen-Breslau).
6. »Wilkina- und Niflungasaga«. (ebenso. –)
7. Das deutsche Heldenbuch – alte Ausgabe. auch erneuert von Hagen. – Bearbeitet in 6 Bänden von Simrock.
8. »die Deutsche Heldensage« von Wilh. Grimm.
9. »Untersuchungen zur deutschen Heldensage« von Mone – (sehr wichtig.)
10. »Heimskringla« – übersetzt von Mohnike. (glaub' ich!) (nicht von Wachter – schlecht.)

(Abbildung des handschriftlichen »Zettelchen« im Programmheft III [WALKÜRE] der Bayreuther Festspiele 1988, S. 69.)

Des weiteren erwähnt Wagner in seiner Autobiographie (MEIN LEBEN, S. 356f.) noch einmal das NIBELUNGENLIED und das HELDENBUCH sowie Jacob und Wilhelm Grimm; vor allem aber sei das durch Franz Joseph Mone motivierte Studium der VÖLSUNGA-SAGA »von entscheidendem Einfluß« gewesen.

Um mit groben Strichen eine gewisse Ordnung in dieses Material zu bringen: Das NIBELUNGENLIED hat Wagner im Geflecht des Ganzen für diese und jene Detailszene, vor allem aber für das Handlungsschema der GÖTTERDÄMMERUNG benutzt. In den vorausgehenden drei Dramen aber stützte er sich hauptsächlich auf die altnordische Überlieferung – innerhalb derer er wiederum für die WALKÜRE vor allem die VÖLSUNGA-SAGA nutzte.

Jacob Grimms großes Werk hatte Wagner schon anläßlich eines Ferienaufenthalts in Teplitz-Schönau im Juli 1843 bewegt (wie in MEIN LEBEN, S. 273, beschrieben) und durch seinen »wunderbaren Zauber festgebannt« – ungeachtet seiner Einwände gegen den »wirren Bau« des Ganzen. Womit verwiesen ist auf die Tatsache, daß Grimm keine durchgehende Darstellung, sondern eine lexikonartige Aufbereitung des gewaltigen Stoffes lieferte, auf über 700 Seiten in 22 Artikeln von »gott« bis »krankheiten«. Und übrigens nicht die »deutsche«, sondern die germanische Mythologie aufreihend (dazu siehe P. W., DER TRAURIGE GOTT, S. 195f., 201 und 204f.).

Ein Kuraufenthalt in Marienbad ergänzte und vertiefte die bisher gewonnenen Eindrücke: In jenen Juli-August-Wochen des Jahres 1845 legte Wagner durch intensive Mittelalter-Lektüre den Grundstein zu den großen Werken: zum LOHENGRIN, zum TRISTAN und zum PARSIFAL, zu den MEISTERSINGERN, zum RING.

Seine Dresdener Bibliothek, die der steckbrieflich gesuchte Revolutionär bei seiner Flucht zurücklassen mußte (und nie wiedergesehen hat, sie ist heute in Bayreuth bewahrt), legt Zeugnis ab von der hingebungsvollen Beschäftigung mit den alten Texten.

Es ist so verdienstvoll wie dankenswert, daß Ulrich Müller unter Mitwirkung von Oswald Panagl in den Programmheften zu den Bayreuther Festspielen 1988/II (DAS RHEINGOLD) und

1988/III (DIE WALKÜRE) eine ausführliche und instruktive »Dokumentation« vorgelegt hat: »Die mittelalterlichen Quellen zu Richard Wagners ›Ring‹-Dichtung« (ergänzt durch einen kundigen Aufsatz zur Sprache Wagners im RING, Programmheft 1988/IV [SIEGFRIED]). Hier findet sich eine gründliche Auswahl der wichtigsten Denkmäler in neuhochdeutscher Übersetzung, über weite Strecken begleitet von der Fassung des mittelhochdeutschen oder altnordischen Urtextes.

Müller und Panagl haben ein Übriges getan, haben diese kenntnisreich kommentierte Aufstellung dankenswert ergänzt durch das unentbehrliche Pendant, nämlich die »Kommentierte Dokumentation: Literatur und Mythologie der Griechen in Richard Wagners ›Ring‹-Dichtung« (Programmhefte III–VI, das heißt für alle vier RING-Dramen, der Festspiele 1990). Denn was über der nordisch-germanischen Substanz seiner Dichtungen leicht vergessen wird: »Die Lektüre griechischer Literatur und eine idealistische Hellenenbegeisterung hat Richard Wagners Leben begleitet und geprägt« (Panagl, Heft VI, S. 26). Dieser Darstellung steht ein Kapitel zur Seite ebenfalls aus Müllers Feder: »Richard Wagner und die Antike«, im RICHARD-WAGNER-HANDBUCH, S. 7–18. So wie die Mittelalter-Dokumentation ergänzt wird durch den Artikel im gleichen Handbuch S. 19–59 von Volker Mertens: »Richard Wagner und das Mittelalter«.

Es ist spürbar in jedem seiner Dramen: Wagner kannte die Geschichte der Tragödie, kannte (und liebte) die großen Tragiker: die Griechen; Shakespeare; Calderón. Hatte die Heillosigkeit der Welt erfahren, die Heilssehnsucht der Menschen. Um sie im Bilde darzustellen, suchte und fand er sich die eigene, die ihm gemäße mythische Phase der Geschichte: die Ära der germanischen Götter und Helden. Man verfiele indes einem Irrtum, wollte man in Wagner den konsequenten Traditor mittelalterlicher Glaubensinhalte und Verhaltensformen sehen. Das germanische »heroic age« hat ihm lediglich die Materie geliefert, will sagen: Vorgänge und Namen, Rollen und Gesten, und den Raum der Inszenierung. Denn nichts lag ihm ferner als die archivarische Wiederbelebung eines bestimmten antik-antiquarischen Entwicklungsstadiums der Menschheit. Er wollte aus der Geschichte die Gegenwart erkennen, die Zukunft bestimmen und die große Erneuerungschance ableiten, das heißt:

Er wollte seinen eigenen Mythos, und zu dessen äußerer Legitimation gab er dem Neuen die alten Namen, schuf »durch Synthese heterogener Mythen einen neuen Welt- und Menschenmythos« (Mertens, S. 40). Er machte die tradierten Figuren und ihre Abenteuer zu Trägern einer kosmischen Sozialutopie. Sie erzählt von den Anfängen alles Lebens im Urzustand der Unschuld, von dem Sturz des Lebens in Schuld und Verhängnis. Von der Sehnsucht des Lebens nach Freiheit, also nach Lösung aus dem Verhängnis, nach Erlösung von der Schuld. Was da handelt, häufiger noch gehandelt wird unter dem Gesetz eines Schicksals, dessen dunklem Walten und Willen selbst die Götter unterworfen sind (und das in der Tat ist ein Reflex germanisch-tragischer Lebensanschauung) – was da unter, auf und über der Erde sein Wesen und Unwesen treibt, das sind Gestalten, die teilhaben am dunklen und hellen Bereich des Lebendigen, die irrend streben und strebend irren, die indes allesamt als Dämonen und Riesen und Halbgötter und Götter Projektionen sind der dem Menschen verliehenen, geliehenen Möglichkeiten zum Bösen und zum Guten, zum Scheitern und Gelingen. Die Götter-Helden-Dämonen-Tragödie ist auch eine Comédie humaine.

Die gestörte, aus ihrer Ordnung und ihrem Gleichmaß herausgerissene Natur ist zur »Welt«, und diese Welt ist alt geworden, alles ist getan und gedacht, Leben hat sich selbst aufgehoben in maßlosem Mißbrauch der ihm von der Schöpfung geschenkten Mittel, die Zeit ist aus den Fugen. Der zur Bändigung des Chaos berufene göttlich-menschliche Geist hat seine Ratio selbst dementiert durch grenzenloses Streben nach Macht und damit durch frevelndes Verdrängen der Liebe. Die Willkür der Mannesgewalt, der männlichen Herrschaftsausübung scheiterte an sich selbst, an der unsteten Verfassung und Unbeständigkeit des Mann-Gott-Temperaments, das, maßlos Wandel und Wechsel anstrebend, das weibliche Element dominiert und dessen bewahrende, schirmende, statische Potenz lähmt.

So macht das einst durch den ordnenden Geist disziplinierte Chaos Anstalten, sich in sich selbst zurückzuverwandeln – da unternimmt es der höchste der Götter (als die höchste Projektion der dem Menschen gegebenen Möglichkeiten) noch einmal, ein letztes Mal, das Unheil aufzuhalten, dem zermalmenden Rad des Schicksals in die Speichen zu fallen. Um schließlich zu erkennen, daß das Neue den Sturz des Alten, daß es die Selbstaufgabe des durch seine Verstrickung in Versagen und Schuld korrumpierten Alten voraussetzt. Wenn dann die Schöpfung sich erneuern wird, kann gemäß der Vorstellung von einem zyklischen Verlauf des Weltengetriebes das Spiel neu beginnen...

Unter den ihm vorliegenden Versionen des Sagenstoffs von den Nibelungen wollte Wagner dessen berühmtestes Zeugnis, das mittelhochdeutsche NIBELUNGENLIED (entstanden nach nicht eindeutig bestimmbaren Vorstufen um 1200 im Donauraum aus Feder und Kopf eines anonymen Dichters) nicht als hinreichend archaisch erscheinen. Und in der Tat weist es deutlich Züge eines ritterlich-höfischen Geistes auf, auch ist es – wenngleich sehr äußerlich – berührt von christlichem Atem. So griff er denn nach den im skandinavischen Norden bewahrten Überlieferungssträngen des alten Stoffes, das heißt vor allem: nach den Götter- und Heldenliedern der sogenannten EDDA sowie nach der Romanprosa der VÖLSUNGA-SAGA. Zwar sind diese Dichtungen des alten Island (und Norwegen) erst etwa eine oder zwei Generationen nach dem deutschen NIBELUNGENLIED, nämlich in der zweiten Hälfte des 13. Jahrhunderts, aufgezeichnet, doch ist dem Gefühl Wagners recht zu geben, wenn er bei Betracht dieser Zeugnisse im Großen wie im Detail auch älteste Schichten aufdeckt. Vor allem fand er hier die Götter, die das in christlicher Epoche zu endgültiger Gestalt geronnene NIBELUNGENLIED nicht mehr kennen darf

– Götter, deren gefährdete Herrschaft ihm Abbild des versehrten und korrupten Menschenregiments ist.

Das NIBELUNGENLIED berichtet in zwei ursprünglich nicht zueinander gehörenden Blöcken erst vom Heldenleben und Tod Siegfrieds, dann im zweiten Teil vom – mit diesem Tod dank äußerlicher Verknüpfung kausal verbundenen – Untergang der Burgunden-Nibelungen an Etzels Hof. Wagners umgestaltendes Interesse galt lediglich Siegfried als dem zur Rettung der Welt ausersehenen »Freien« – so konnte er den zweiten Teil des großen Epos weitgehend ignorieren und hat ihm, wenn es sich ergab, nur einzelne Züge entnommen.

Mit dem Namen EDDA (der nicht geklärt ist) bezeichnen wir eine um 1270 auf Island aufgezeichnete Sammlung von balladesken Liedern in Strophenform, die von Göttern und Helden handeln und bewegt sind von einem so karg sich äußernden wie strengen und machtvollen poetischen Pathos. Im Einzelnen gehen sie auf sehr unterschiedliche Vorlagen zurück, und die Entstehungszeit der einzelnen Stücke mag sich über ein halbes Jahrtausend erstrecken. Manches ist deutlich noch urheidnischem Geist verpflichtet, anderes nicht minder deutlich der neuen Botschaft des Christentums. Nach einer langen Periode des Exils in der Königlichen Bibliothek zu Kopenhagen, die der Handschrift den Titel eines »Codex Regius« gegeben hat, ist sie 1971 wieder heimgekehrt nach Reykjavík.

Für einen Vergleich der nordischen Texte mit denen Wagners im Großen wie im Detail ist in einer den Schritten der RING-Vorgänge folgenden Interpretation nicht der Ort. Aber ich habe, wo es mir aufschlußreich für das tiefere Verstehen jeweils einer Szene zu sein schien, immer auch auf die altnordische Entsprechung hingewiesen.

Zu einer gewissen Irritation (die aber wiederum eine voreilige Gleichsetzung sinnvoll verhindert) trägt bei, daß Wagner den handelnden Personen teils die deutschen, teils die nordischen Namen verliehen hat: Der deutsche *Siegfried* entspricht dem nordischen *Sigurd*, die deutsche *Kriemhild* der nordischen

Gutrune, *Gunther* heißt dort *Gunnar*, und die *Burgundenkönige* sind im Norden die *Gibichungen*, deren Mutter *Grimhild* heißt. *Hagen*, im NIBELUNGENLIED der mächtigste und in den Tod getreue furchtbare Vasall der Burgundenherrscher, heißt im Norden *Högni*. Zum dämonischen Mit- und Gegenspieler innerhalb der *Gibichungen*-Königsfamilie hat erst Wagner ihn gemacht, um in seinem untrüglichen Sinn für dramatische Balance den Antagonisten leibhaftig auf die Bühne zu bringen: Wotan war auf ihr repräsentiert durch Siegfried, also mußte Alberich seinen Repräsentanten erhalten in seinem Sohne Hagen. Der nordische Vatergott *Odin* ist bei Wagner ersetzt durch dessen westgermanisches Pendant *Wotan*, der weise Schmied *Regin* der EDDA heißt bei Wagner (nach dem Vorbild der THIDREKS-SAGA) *Mime*. (Ausführlicher die Liste der Namenentsprechungen bei Müller/Panagl, Heft II, S. 66). Erwähnt werden muß – eben weil Wagner sie nicht erwähnt – die sogenannte PROSA-EDDA (so geheißen im Gegensatz zur LIEDER-EDDA), auch SNORRA-EDDA genannt. Sie hat ihren Namen nach ihrem Verfasser, dem großen isländischen Gelehrten und mächtigen Politiker Snorri Sturluson, der um 1230 im Rahmen eines poetologischen Lehrbuchs für Sänger (Skalden) eine komprimierte Fassung der nordgermanischen Mythologie und dazu vieler Heldensagen lieferte. Sodann:

Die THIDREKS-SAGA, für den RING nicht von gleicher Bedeutung wie die VÖLSUNGA-SAGA, ist gleich dieser eine nordische Montage germanischer Sagen und auf Grund deutscher Überlieferung zusammengestellt (im norwegischen Bergen in der zweiten Hälfte des 13. Jahrhunderts). Auch sie enthält, um ihren Helden Dietrich von Bern gereiht, Geschichten aus dem Nibelungen-Zyklus.

Wichtiger und deshalb hier zuletzt aufgeführt: die VÖLSUNGA-SAGA. Sie entstand etwa zur gleichen Zeit wie die THIDREKS-SAGA am selben Ort (nämlich dem norwegischen Königshof in Bergen) und erzählt über die Generationen hin die Geschichte einer Heldenfamilie, eben der Völsungen. König Völsung ist ein Urenkel Odins, seine Kinder sind Sigmund

und Signy: ein Zwillingspaar, dem Sinfjötli entsproß. Sinfjötlis Bruder ist Sigurd. Wenn Wagner aus Sigurd und seinem Heldenleben Siegfried macht, dann vermindert er die genealogische Differenz zum Herrschergott sehr erheblich. Denn Sigurd war ein Ur-Ur-Ur-Enkel Odins. Die zweifache Abstammungsveränderung dieser Figur durch Wagner ist sehr bedeutsam: Er vergottet Siegfried, um ihm einen höheren Weihestatus zu verleihen; gleichzeitig aber gibt er ihm das Schicksal von Sigurds Bruder Sinfjötli, nämlich die Frucht des Geschwisterinzestes zu sein. Diese Herkunft aus Wälsungenblut will sagen: Siegfried ist außerhalb der von gesellschaftlichen Normen und also Zwängen beherrschten Ordnung entstanden, außerehelich und wider das Sittengesetz und gezeugt gegen den Willen, jedenfalls abgelöst vom regieführenden Willen des planenden Gottes. So kann er eines Tages heranwachsen zu dem »Freien«, der keinem Gesetzesgebot und keinen Vertragskautelen unterworfen ist.

Der Blick auf die nordischen Quellen legt schon hier einige Detailhinweise nahe. So darauf, daß das Motiv des *Gestaltentauschs* (Mensch in Tier; Mensch in andere Menschen) in der altgermanischen Literatur eine bedeutende Rolle spielt – nicht anders als das des *Vergessenstranks*. Sobald Siegfried ihn aus Gutrunes Hand nimmt, besiegelt er ja nur, was er schon zuvor getan: Nicht »aus freiem Willen«, wohl aber aus der Natur seines Wesens heraus verrät er die Liebe, die Alberich einst verfluchte. Verrät sie durch den willkürlichen Abschied von Brünnhilde, die ihn zu sich selbst geführt hat: ***heiliger Runen reichen Hort*** schenkt sie ihm, die Weisheit ihrer göttlichen Abstammung gibt sie weiter an ihn – und in dieser Szene des Vorspiels der GÖTTERDÄMMERUNG ist von einer weiteren Wirkung des Runenzaubers, nämlich dem Wunder der Unverwundbarkeit, noch gar nicht die Rede, erst der Mordplan enthüllt diesen Märchenzug. Der Norden kennt zwar die reiche Runengabe, von der Schutzhülle weiß er nichts. Bei diesem Komplex handelt es sich um den mythologischen Zug der sogenannten »*bedingten* Unverwundbarkeit«, für die exemplarisch ist die Ferse des Achill. Die Bedingtheit ist, wie man weiß, eine sehr folgenreiche Einschränkung, die sich im Falle von Wagners Siegfried erklärt aus Brünnhildes Überzeugung (GÖTTERDÄMMERUNG, II. Aufzug, 5. Szene):

Niemals, das wußt' ich,
wich' er dem Feind,
nie reicht' er fliehend ihm den Rücken:
an ihm drum spart' ich den Segen.

Auch das NIBELUNGENLIED verleiht seinem Siegfried die (bedingte) Unverwundbarkeit, und zwar wird er *hürnîn* durch das Bad im Blut des von ihm getöteten Drachen. Ein Lindenblatt jedoch deckte eine Rückenstelle ab und machte sie schutzlos. Ein kausales Motiv, das in seiner Märchenhaftigkeit Wagner als leichtgewichtig erscheinen mußte im Vergleich zu der erhabenen Vorstellung von der Panzerung des Geliebten durch das Charisma eines Liebessegens.

Siegfrieds Abschied nach der einen Nacht: solches Verhalten erklärt sich nicht aus der inneren Logik der handelnden Personen, sondern nur aus der Unbarmherzigkeit der großen Konzeption. Wagner selbst scheint sich Cosima gegenüber – wie nicht selten – in der Rolle des bagatellisierenden Ironikers zu gefallen, wenn er sich laut ihrem Tagebuch am 4. Dezember 1873 über den Fall in burschikosem Tone äußert: »Siegfried verläßt Brünnhilde, um auf Raub zu gehen, ›nun müssen sie sich ernähren, er muß einige Könige tributpflichtig machen‹.« Als ob Wagner des jungen Helden Wesen nicht gekannt hätte, wie Mertens es beschreibt: Siegfrieds »Tatendrang, sein ›Urgesetz‹, dem er ›gehorcht‹ (Prosa-Entwurf), der ihn von Brünnhilde forttreibt, gehört zu seiner heldischen Natur, der ›freie Mensch‹, als den Wagner ihn konzipiert hat (und der doch vom Schicksal gesteuert wird) kann sich auch in der Liebe nicht binden – der Trank entlastet ihn einerseits, macht andererseits seine Unfreiheit deutlich« (S. 35).

Entscheidend aber ist bei aller Berücksichtigung des Verhältnisses von Vorbild und Quelle die *Rolle des Ringes*. Da weder die altnordischen Erzählungen noch das mittelhochdeutsche NIBELUNGENLIED die Absicht Wagners hatten, im Gewande der Kunst einer welterneuernden Utopie zu ihrer Verwirklichung zu verhelfen, den neuen Menschen und die befreite Gesellschaft erstehen zu lassen, bedurften sie auch keines den Kampf um die Weltenmacht symbolisierenden Zeichens. Der Ring *Advaranaut* der nordischen Dichtungen lieferte das Instrument. Er spielt dort aber keine das Geschehen antreibende, die Mächte gegeneinander reizende und die Furchtbarkeit der einzelnen Schicksale bestimmende Rolle. Erst Wagner macht den Ring zum »universalen Herrschaftsverstrickungssymbol« (Mertens, S. 37). Der RING ist in jedem Betracht Wagners Schöpfung.

Was nun die Einwirkung der griechischen Antike angeht, so beschränkt sie sich nicht auf allgemeine Stimmungserzeugung des tragischen Konfliktes, sondern sie ist auch im Detail nachzuweisen, was vor allem den »bahnbrechenden Arbeiten von Wolfgang Schadewaldt (1962–64)« zu danken ist (Müller 1990, Heft III, S. 17). Diesen Zügen hier nachzugehen würde das Konzept dieses Buches auflösen, ich verweise auf Müller/Panagl und gelegentliche Erwähnungen am gehörigen Ort.

Anmerkungen

Ergänzend zu den Quellen: P. W., DER TRAURIGE GOTT, S. 123–128. Im übrigen siehe die Bibliographie.

zu S. 30: Siehe den Hinweis auf Wagners Autobiographie und die dort gelieferte Inspirationslegende (sowie deren Korrektur durch Reinhard Wiesend) unten S. 101f.

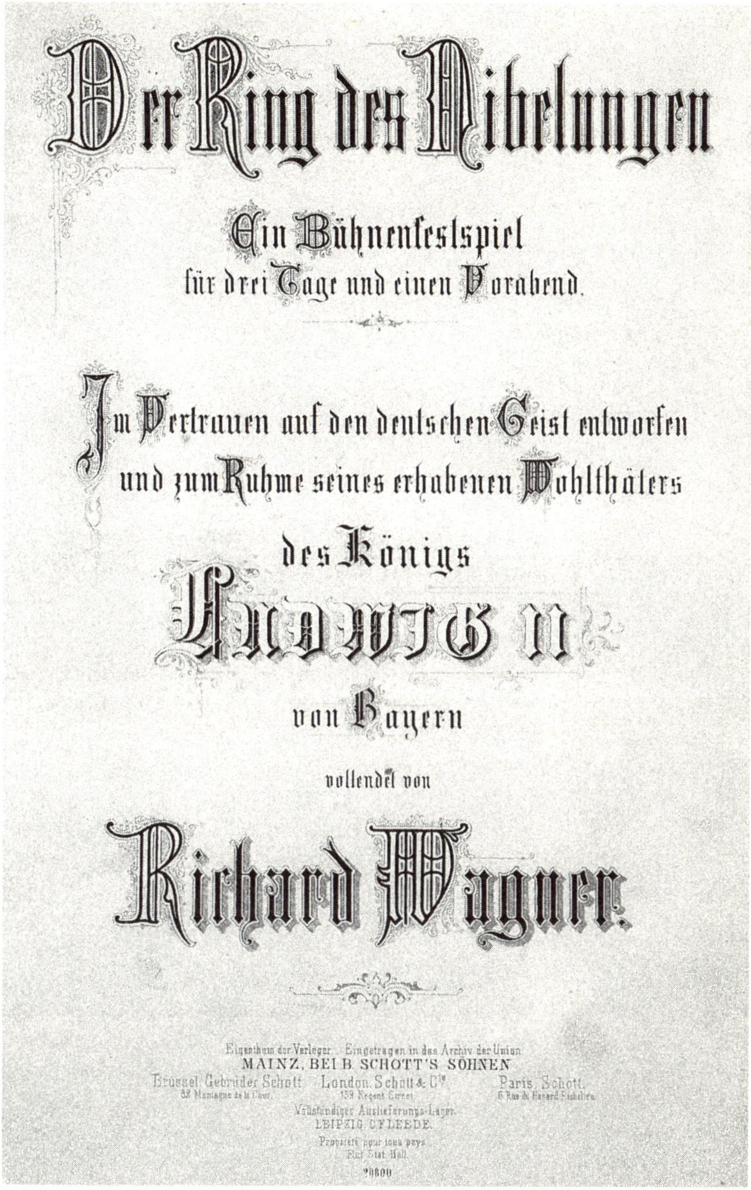

9 *Vorsatzblatt zum Partiturdruck; Mainz 1873–76.*

10 *Titelblatt zum Erstdruck des »Rheingold«-Klavierauszugs; Mainz 1861. Das gezeigte Exemplar wurde am Münchner Hoftheater von 1902 bis 1914 als Soufflierpartitur verwendet. Der Druck dieses Titelblattes geschah ohne Wagners Zustimmung, der es gegen ein sachliches auszutauschen gebeten und an den Verlag geschrieben hatte: »Die beiden Ritter sind höchst störend, und die ganze gotische Einfassung hat nicht den mindesten Sinn.«*

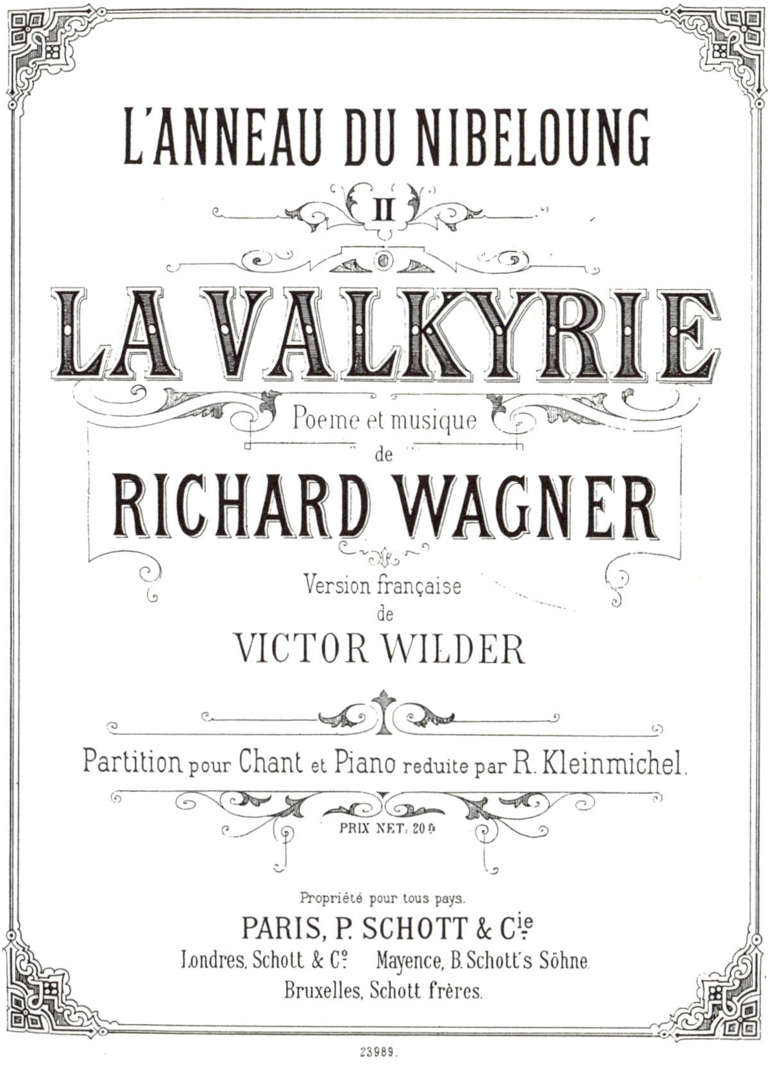

L'ANNEAU DU NIBELOUNG

II

LA VALKYRIE

Poeme et musique
de
RICHARD WAGNER

Version française
de
VICTOR WILDER

Partition pour Chant et Piano reduite par R. Kleinmichel.

PRIX NET: 20 f.

Propriété pour tous pays.

PARIS, P. SCHOTT & Cie

Londres, Schott & Co Mayence, B. Schott's Söhne

Bruxelles, Schott frères.

23989.

11 *Titelblatt vom Erstdruck des französischen Klavierauszugs zur »Walküre«; Paris 1885.*

12 *Titelblatt vom zweiten deutsch-englischen Klavierauszug zu »Siegfried«; Mainz 1900.*

Götterdämmerung

von

Richard Wagner

Vollständiger Klavierauszug

von

KARL KLINDWORTH

Eigenthum der Verleger. Eingetragen in das Archiv der Union.
MAINZ, BEI B. SCHOTT'S SÖHNEN
Brüssel Gebrüder Schott. 82 Montagne de la Cour. London, Schott & Cie 159 Regent Street. Paris. Schott. 6 Rue du Hasard-Richelieu.
Vollständiges Auslieferungs-Lager. LEIPZIG, C. F. LEEDE.
Propriété pour tous pays. Ent. Stat. Hall.
21500.

13 *Titelblatt vom Erstdruck des Klavierauszugs zur »Götterdämmerung«; Mainz 1875.*

5. Zur Form

Orchester – Instrumentation – Motivik

Wagner restauriert also nicht im Gefolge klassizistischer Griechenbegeisterung oder romantisch-historistischen Germanenschwärmens den Mythos der Alten. Sondern er benutzt dessen Elemente zur Errichtung seines eigenen Systems. Eines Systems, gebildet aus den Ideen einer sozialtheoretischen Utopie und einer schopenhauerisch getönten Lebenstriebverweigerung: aus dem Prinzip Hoffnung und dem Prinzip Verneinung. So wurde der RING DES NIBELUNGEN zu einem einzigartigen Gebilde, kunstvoll gemacht aus politischer Vision, philosophischer Reflexion und theatralischem Pathos. Sein Element aber ist die Musik.

Wagners RING-Orchester fordert eine bisher in der Oper unbekannte Massierung von Instrumenten und geht deutlich hinaus über die Besetzung seiner früheren, gleichzeitigen und späteren Werke (also des FLIEGENDEN HOLLÄNDERS und des LOHENGRIN, von TRISTAN UND ISOLDE und der MEISTERSINGER VON NÜRNBERG und schließlich des PARSIFAL). Der ungeübte Hörer setzt auf Grund dieses Aufwands Wagners Musik unreflektiert mit dominantem Fortissimo gleich und zählt staunend den Aufwand der sechzehn ersten, der sechzehn zweiten Violinen, der zwölf Bratschen und Celli, der acht Kontrabässe, der vier- (und mehr-)fach besetzten Blech- und Holzbläsergruppen und der sechs (!) Harfen. Ein Studium der Partitur aber erweist, was das Hören bestätigt: daß es nicht primär um die Klangstärke geht – wenngleich deren dramatische Wirkungswucht gewiß eines der virtuos genutzten theatralischen Mittel Wagners ist. Vielmehr ist Wagner das Genie schlechthin der Instrumentation des Opernorchesters, er, »der im Orchesterklang den irdischen Horizont streifte«, wie Ferruccio Busoni – gewiß kein Wagnerianer – empfunden hat (siehe die Anmerkung S. 315 des Kapitels GÖTTERDÄMMERUNG). Mit anderen Worten: die unerhörte Vergrößerung des Instrumentariums – in welchem Bestreben ihm Carl Maria von Weber und vor allem Hector Berlioz voraufgingen – diente Wagner allererst zur Differenzierung der klanglichen Mittel, zur Erweiterung der tönenden Farbskala, zur Erzeugung einer reicheren Abstufung in der Textur des musikalischen Gewebes. So daß ihm nicht nur mächtigste Wirkung im grandiosen Fortissimo gelingt, sondern ebenso – oder mehr noch – im stimmungmalenden spröden Pianissimo – so etwa im grenzenlos traurigen Zauber der sogenannten Todverkündung (im II. Aufzug der WALKÜRE). Überdies verlangte eigens für den RING Wagner »eine Reihe von neuen Instrumententypen: eng mensurierte Tuben mit Waldhorn-Mundstück (die sog. ›Wagner-Tuben‹), Baßtrompete, Kontrabaß-Tuba und Kontrabaß-Posaunen« (Werner Breig im WAGNER-HANDBUCH, S. 247).

Zur Sprache des Wagner-Orchesters, zu seinem Anteil am intendierten dramatischen Ausdruck, gehört die systematische Verwendung der sogenannten *Leitmotivtechnik*. Auch hier haben wiederum ein Klischee und seine unbedachte Tradierung sich als Mißverständnis vor das Verstehen von Wagners Ausdruckskunst gedrängt. Insofern als die Vorstellung um sich griff, man könne, wenn man sich nur einen bestimmten Grundstock von Leitmotiven und deren Bezeichnung einpräge, den gesamten Wunderbau durchschauen und analysieren. Als ob die Zuordnung einer »Erkennungsmelodie« zu einer Person, einem Ding oder einem Vorgang schon viel oder gar alles aussagte über das Wesen von Personen, Dingen und Vorgängen. Die Verfahrensweise Wagners ist in derart hohem Maße artistisch und artifiziell, daß man ihr nicht gerecht werden kann mit Hilfe eines Katalogs von melodischen Partikeln, deren Benennung überdies fragwürdig (und in der Mehrzahl dem Wagnerianer Hans von Wolzogen zu verdanken) ist. Wagner hat weder den Begriff erfunden, noch hat er die interpretierende Rezeption des »Leitmotivs« autorisiert, hat allenfalls den solchermaßen verfahrenden Umgang mit seinem Werk toleriert. Sein entscheidendes Wort zu diesem Komplex hat Cosima Wagners Tagebuch unter dem 1. August 1881 notiert: »Ich spiele mit Lusch 4händig aus der Götterdämmerung, R. sagt, es freue ihn das Werk. Leider kommen in dieser Ausgabe lauter Andeutungen wie: Wanderlust-Motiv, Unheils-Motiv etc. [vor]. R. sagt, am Ende glauben die Leute, daß solcher Unsinn auf meine Anregung geschieht!«

Der »Beziehungszauber« (Thomas Mann) der Leitmotivtechnik geht aus von einfachen musikalischen Formen, und die Kunst Wagners besteht darin, mit diesen Einheiten zu wuchern auf staunenswerte Weise. Und zwar dergestalt, daß das eine sich aus dem anderen entwickelt, daß jedes von ihnen durch Variation, Umkehrung, Erweiterung und Modulation einen neuen, aber entschieden bezogenen Stimmungswert erhalten kann. Die Fülle der Motive hat dementsprechend »insgesamt weniger die Funktion, Einzelnes zu charakterisieren, als vielmehr Unterschiedliches zu verbinden und Einzelnes zu differenzieren« (Breig). Eine architektonische Aufgabe also, kraft derer es möglich war, den Riesenbau dieser Tetralogie in seiner labilen Statik zusammenzuhalten und durch die präzise klangliche Erzeugung jeweils einer spezifischen »Stimmung« ein verknüpfendes Erinnerungsnetz über die einzelnen Szenen zu werfen: Mit seiner Hilfe verbinden sich die einander korrespondierenden (inneren und äußeren) Vorgänge, ja es werden für das erinnernde Hören durch den systematischen Einbau solcher tektonischen Elemente diese Korrespondenzen erst geschaffen.

Nicht also um die schematische Charakterisierung der Person, nicht um die psychologische Etikettierung des Details, sondern um deren proportionsgerechte Einbettung in das Ganze geht es dem einzelnen repetierenden Motiv und seiner Variationsvielfalt. Es ist dem Musikwissenschaftler und Wagner-Forscher Breig zuzustimmen, dessen kompetenter und konziser Darstellung der Themenbereiche Instrumentation, Motivik und Form meine Ausführungen hier das Wesentliche verdanken: »vielleicht [hat] nichts dem adäquaten Verständnis von Wagners Musik so sehr geschadet wie die vermeintlichen Abkürzungswege der ›Thematischen Leitfäden‹«.

Wenn ich also im Verlauf der nachvollziehenden Darstellung Hinweise auf Leitmotive gebe, sind sie lediglich im Sinne dieser ihre Bedeutung präzisierenden Einschränkung gemeint und als Aufforderung an den Hörer, »sich – mit aller Aufmerksamkeit – dem Fluß der Musik anzuvertrauen und das motivische Geschehen in dem Maße in sein Verständnis des Werkes einzubeziehen, wie es sich dem erinnernden Hören tatsächlich erschließt« (Breig). Im übrigen muß man immer wieder mit einer Polyvalenz der jeweiligen motivischen Phrase rechnen, deren Ertönen nicht in jedem Falle plausibel aus dem Handlungszusammenhang erklärbar ist. Allemal aber eignet dem Orchesterklang ein das Bewußtsein der handelnden Personen übertreffendes und ihm vorauseilendes Mehrwissen.

Die Warnung vor einem kurzgeschlossenen und unsinnigen Bedeutungsmonopol eines spezifischen Motivs findet sich gleichfalls bei Ernest Newman (S. 452): Er betont die »inadequacy of any one verbal label to cover all the significances which this or that motive originally had in Wagner's mind, or all the symbolisations that clustered about it as he sank himself more deeply into his subject«.

Meine stichwortähnlichen Anmerkungen zu dem mächtigen musikpraktischen und theoretischen Komplex des Leitmotivs mögen münden in Sätzen des Mannes und Berliner Kollegen, dem in der letzten Generation die bedeutendsten Erkenntnisse der musikalischen Kunst Wagners zu verdanken sind und der 1989 allzu früh von uns gegangen ist: Carl Dahlhaus. Er vermerkt zu dem Widerspiel von reich verästeltem Leitmotiv-Geflecht und dessen Ursprung in begrenztem melodischen Vorrat (KONZEPTION DES MUSIKALISCHEN DRAMAS, S. 92): »Ist demnach einerseits ein reiches und differenziertes Motivrepertoire die Voraussetzung der konstitutiven, formbildenden

Leitmotivtechnik, so erscheint andererseits die Beschränkung auf eine ›geringe Anzahl‹ von Motiven als Bedingung unmittelbarer Verständlichkeit der dramatisch-symphonischen Form. Wächst die Menge der ›melodischen Momente‹ ins Unabsehbare, so verwirren sich für den Hörer die Fäden des symphonischen Gewebes: Er nimmt zwar noch die Tatsache, aber nicht mehr die Art der Verknüpfung wahr. Das ästhetisch-kompositionstechnische Dilemma war für Wagner, der immer das Einfache im Differenzierten und das Differenzierte im Einfachen suchte, charakteristisch. Und der Gedanke, die Schwierigkeit dadurch zu lösen, daß er die motivische Vielfalt, die er brauchte, aus wenigen Urmotiven entwickelte, ist von Wagner als Befreiung vom Druck eines lähmenden Problems und als das entscheidend Neue in der Leitmotivtechnik des ›Ring‹ empfunden worden.«

Zur sprachlichen Form

Wagners Nibelungenvers hat meistens zwei, zuweilen drei Hebungen – wobei die Silbenzahl der Senkungen beliebig ist (wie auch im Auftakt). Ins Ohr springt sogleich die Alliteration, sei es im gleichen Vers, sei es im Übergriff auf den nächsten (siehe Breig, S. 418). – Alberich (RHEINGOLD, 1. Szene):

... Ihr Nicker!
Wie seid ihr niedlich,
neidliches Volk!
Aus Nibelheims Nacht
naht' ich mich gern,
neigtet ihr euch zu mir.

Das anlautende Spiel klingt befremdlich und verführt leichthin zu seiner Infragestellung durch die sich andrängende Lust der Parodie. Auch die Kunstform des Stabreims verdankt Wagner der altnordischen Dichtung. Sie ist, was dem heutigen Sprachbewußtsein entfallen ist, die den germanischen Sprachen, also auch dem Deutschen, vom Tonfall her angemessene poetische Bindungsart. Denn diese Sprachgruppe bestimmt sich durch den Initialakzent, also durch die das Sprechen grundsätzlich skandierende Anfangsbetonung des Wortes. So liegt es auf natürliche Weise nahe, jeweils die bedeutenden Wörter aneinander zu binden durch Wiederholung des gleichen Lautes am (die Betonung tragenden) Wortbeginn. (Wohingegen, da die Endsilben der germanischen Sprachen dank abgeschwächter Akzentuierung einem ständigen Schwund, steter Abschleifung unterliegen, deren klingende Reimung bei mehrsilbigen Wörtern das unbetonte Element ineinander aufgehen läßt.)

Zur Kunstform des Stabreims in den altgermanischen Dichtungen, vor allem in den Liedern der Edda, hier nur soviel:

Wenn das strophische Gebilde aus Langzeilen, also zwei Kurzzeilen, besteht (wie es einem epischen Fluß der Darstellung angemessen ist), werden die beiden Vershälften miteinander verbunden durch den zwei- oder dreimal verwendeten gleichen (konsonantischen oder vokalischen) Anfangslaut. Ein Verfahren, das auch als Alliteration bekannt ist. Die Kurzzeilen hingegen staben in sich (sogenannter »Liedton«). Wagner hat sich die Kenntnis dieser Technik angeeignet vor allem mit Hilfe des ihm in Zürich befreundeten Germanisten Ludwig Ettmüller (und seiner Übersetzung der Edda), von Wagner witzelnd auch »Eddamüller« genannt. Er hielt sich nicht an das strenge Regelwerk der altnordisch-klassischen Prosodik, und Wagners »freie, asystematische Handhabung der Stabreimtechnik dürfte auf dieses Vorbild [Ettmüllers] zurückgehen, wozu noch der Störfaktor des ›produktiven Mißverständnisses‹ tritt« (Oswald Panagl)*.

Weniger befremdlich als beim ersten Begegnen mit dieser erneuerten Kunsttechnik wirkt der Stabreim, wenn man sich seine organische und schlagwortartige Wirkung bewußt macht beim noch heute gängigen Gebrauch von altüberlieferten Formeln wie »Mann und Maus«, »Groß und Klein«, »Kind und Kegel«, »Schutz und Schirm«, »Samt und Seide«, »Himmel und Hölle«, »Wind und Wetter«, »Roß und Reiter« – und so fort.

Natürlich ging es Wagner nicht um ein rein dekoratives Mittel. Sondern – wie im Vorbild der alten Dichtungen – um die Bindung von bedeutungtragenden Wörtern und Begriffen – sei es im Sinne einer parallelisierenden Entsprechung, sei es im Sinne eines kontrastierenden Gegensatzes. Beispiele im einen wie im anderen Sinne: *garstiger Gauch; schäbiger Schuft*; *Nacht und Nebel*; *gangeln und gehen* – dagegen: *Winterstürme und Wonnemond*; *bleicht die Blüte*; *Wonne und Weh*... (siehe Panagl, S. 63).

Allemal erweckt der Stabreim jenes Maß an Aufmerksamkeit und Interessenreiz, das dafür sorgt, die Aussage der routinierten Geläufigkeit der Alltagssprache zu entziehen. »Nicht Glätte, sondern Reibung schärft die Bereitschaft zu gespannter Wahrnehmung« – und auf diese Weise erscheint Wagner »also wieder einmal in einer paradoxen Perspektive: zurückschreitend wird er zum Avantgardisten« (Panagl, S. 65).

Wagners eigene Äußerungen zum Wesen des Stabverses finden sich vor allem im zweiten und dritten Teil der großen theoretischen Abhandlung OPER UND DRAMA (geschrieben in Zürich 1850/51). Für jeden Lernwilligen ist es beklagenswert, daß diese Fülle tiefschürfender, so kluger wie scharfsinniger Einsichten und weitschauender Gedanken, und als solche zur Grundlage einer jeden künftigen Dramaturgie des Musiktheaters gehörig, überzogen werden von dem Gestrüpp einer grenzenlos wuchernden Begriffssprache, die in ihrem sich aus sich selbst heraus fortlaichenden Räsonnement die Nutzbarmachung ihrer selbst hindert, wo nicht verhindert. Einfacher faßlich bleibt Wagners Beschreibung seines Weges zur Kunst der Alliteration in der programmatischen MITTEILUNG AN MEINE FREUNDE von 1851. Da spricht er von seiner (seit zwei Jahren abgeschlossenen) Dichtung des JUNGEN SIEGFRIED und verwirft das sprachliche Gewand der vorausgehenden Dramen bis einschließlich des LOHENGRIN, nämlich die gereimten oder reimlosen (meist fünfhebigen) jambischen Verse. Nun aber: »So, wie dieser Mensch [gemeint ist sein Siegfried] sich bewegte, mußte aber notwendig auch sein redender Ausdruck sein; hier reichte der nur *gedachte* moderne Vers mit seiner verschwebenden, körperlosen Gestalt nicht mehr aus; der phantastische Trug der Endreime vermochte nicht mehr als scheinbares Fleisch über die Abwesenheit alles lebendigen Knochengerüstes zu täuschen [...]. Den ›*Siegfried*‹ mußte ich geradeswegs fahren lassen, wenn ich ihn nur in diesem Verse hätte ausführen können. Somit mußte ich auf eine andre Sprachmelodie sinnen; und doch hatte ich in Wahrheit gar nicht zu sinnen nötig, sondern nur mich zu entscheiden, denn an dem urmythischen Quelle, wo ich den jugendlich schönen Siegfriedmenschen fand, traf ich auch ganz von selbst auf den sinnlich vollendeten Sprachausdruck, in dem einzig dieser Mensch sich kundgeben konnte. Es war dies der, nach dem wirklichen Sprachakzente zur natürlichsten und lebendigsten Rhythmik sich fügende, zur unendlich mannigfaltigsten Kundgebung jederzeit leicht sich befähigende, *stabgereimte Vers*, in welchem einst das Volk selbst dichtete, als es eben noch Dichter und Mythenschöpfer war.« (Mit diesem Glauben an den dichtenden Volksgeist ist Wagner noch ganz Jacob Grimm verpflichtet.) Nietzsche bringt, wie anders von ihm nicht zu erwarten, die Sache auf den Punkt eines Aperçus, nämlich: Stabreim: »Die Sprache auf den stärksten Ausdruck gesteigert«.

An Stelle weiterer Zitate dieser »unendlich mannigfaltigsten Kundgebung« zur Frage der metrisch-rhythmischen Form der RING-Dichtung verweise ich auf die so knappe wie einleuchtende Zusammenfassung bei Breig (im WAGNER-HANDBUCH, S. 417–421: »Stabreimvers und musikalische Deklamation«). Wo insbesondere auf die entscheidende Frage der Wirkung des Stabreimrhythmus auf die Melodiebildung der Gesangsstimme eingegangen wird. Überlegungen, die eine Ergänzung erfahren durch Peter Branscombe (»Die sprachliche Form der Dramen«, im WAGNER-HANDBUCH, S. 186–189). Branscombe resümiert mit Nachdruck: »Wagners Wortkunst, vor allem im *Ring*, basiert auf dem Sprachgefühl eines geborenen Philologen.«

In solchem Zusammenhang sei auch der *Archaismen* gedacht, die Panagl charakterisiert (S. 37–56)*. Wieder ist festzuhalten, daß es Wagner nicht ging um die Petrifizierung altertümlicher Begriffe, Wörter und Formeln, nicht um die Wiederverwendung veralteter syntaktischer Formationen um ihrer selbst willen. Nicht also um die dekorative Etikettierung von musealen Präparaten. Vielmehr hat er sich der semantischen Signalwirkung von vor allem dem Mittelhochdeutschen übernommenen Begriffen bedient, um auf diese Weise auch deren inhaltliche Substanz zu erhalten oder zu erneuern. Denn die Sprache der Gegenwart hielt für bestimmte Haltungen und Vorgänge seines Sujets die angemessene Bezeichnung, das »mot propre«, nicht bereit. Wagners sprachphilosophisches Konzept will also »auf die Ideologie abzielen, mit den Wörtern auch Werte [zu] transportieren« (Panagl, S. 38; dort auch Beispiele). Gleichem Zweck dienen die nicht wenigen von Wagner im Sinne dieser semantischen Botschaft erfundenen Eigennamen: von denen der Rheintöchter bis zu denen der Walküren (die nach seinem Vorbild von der Namengebung seit anderthalb Jahrhunderten gelegentlich aufgenommen wurden).

Weder der Stabreim noch die altertümelnde Vorführung von *Harst* und *Minne*, von *Witz* und *Mißwende*, von *freislich* und *Friedel* sind also zu verstehen als historisierende Ornamentik. So wie auch die gelegentlich befremdlich anmutende eigenwillige Syntax seiner Verse die bewußt zugerichtete Substanz darstellt, die ihm allein tauglich schien für seine revolutionäre Weise, Opernmusik zu machen. In der MITTEILUNG AN MEINE FREUNDE von 1851 verkündet er: »Ich schreibe keine *Opern* mehr: da ich keinen willkürlichen Namen für meine Arbeiten erfinden will, so nenne ich sie *Dramen* [...].« (Doch hat er die heute gängige und durchaus einleuchtende Bezeichnung »Musikdrama« seinerseits nicht autorisiert.)

Musikalische und sprachliche Syntax

Also keine Oper mehr. Das meint, in gebotener Verkürzung: Wagner verabschiedet die tradierten Formen der musikalisch-theatralischen Darbietung mit ihren selbstgenügsamen ariosen Solonummern, mit ihren melodisch-effektvollen Ensemblestücken, mit ihren stimmungsmalenden Chören, mit ihren ohrenschmeichelnden Vokalisen, mit ihren die Last der Handlung wortreich und oft stimmungstötend-mühevoll befördernden Rezitativen. Sein »Drama« will anderes, will in einer Wort-Ton-Bewegungs-Einheit das Bühnengeschehen erscheinen lassen als »ersichtlich gewordene Taten der Musik«, wie eine zu Recht berühmt gewordene Maxime aus OPER UND DRAMA es fordert. Das meint der leider zum Klischee verkommene Terminus vom »Gesamtkunstwerk«. Und solches Ziel verlangte nach einer neuen Sprache der Musik wie des Textes, wie des Bühnenbildes, wie der schauspielerischen und tänzerischen Darstellungstechnik.

Das Drama in Wagners Sinn verlangt statt des melodieseligen Duetts den Dialog. Verlangt statt der mechanischen Addition von einzelnen Nummern die durchkomponierte Szene. Verlangt statt des schematisch genormten Rezitativs den ungebrochenen Fluß der »unendlichen Melodie«. Die ihrerseits nicht Partikel an Partikel – durch hilflose Pausen getrennt – aneinanderreihen darf, sondern die mit Hilfe einer raffinierten »Kunst des Übergangs« ihr Gesetz der Unendlichkeit erfüllt.

Wagner hat sich subtil auch eingestellt auf die Sängerkunst, die Gesangstechnik. Das Italienische ist nicht von ungefähr *die* Opernsprache, da es begünstigt ist durch den Wohllaut seiner vielen melodietragenden Vokale. Im Gegensatz zu solchem Klangkorpus sperrt sich das Deutsche dank Kumulation vieler tonarmer Konsonanten der selbstverständlich gleitenden sanglichen Umsetzung. Aus welchem Grunde Wagner sich Wörter und Formen erfindet, die beim Lesen befremden oder belustigen, die indes ihre Logik und also Legitimation bündig erfahren als gesungene Wörter. Bis hin zu den so gern parodierten, Sprache in Ton, Ton in Musik übergehen lassenden Lautungen des Walkürenrufs *Hojotoho*, des Rheintöchterlallens *Wagalaweia* (*wâc* heißt übrigens mittelhochdeutsch *Woge* – doch mag man hier auch lediglich einen sprachlichen Urschöpfungsakt in dadaistischer Erfindungslust heraushören).

Wagners musikalischer Syntax, seiner Verwerfung der isolierten Piecen herkömmlicher Opernauftritte zugunsten des durchkomponierten Flusses korrespondiert die sprachliche Syntax des Wortgebrauchs, der Satzfügung, der Metrik des gestabten Reims. So wie dem Hörenden dessen Prosodie der Prosa näher zu stehen scheint als dem lyrischen Gebilde des endreimenden Verses, so scheint auch Wagners Musiksprache in ihrer vor- und fortschreitenden, darstellenden und ausladenden Dynamik der epischen »Prosa« eher verwandt als der eingegrenzten Einheit arienhafter »lyrischer« Strophen*.

Anmerkungen

zu S. 57: siehe auch Dahlhaus, MUSIKDRAMEN, S. 103ff.

zu S. 60: »Archaisches und Archaisierendes in der Sprache von Wagners Ring«, in: Programmheft IV (SIEGFRIED) der Bayreuther Festspiele 1988, S. 37–65, hier S. 59.

zu S. 62: Dahlhaus, KONZEPTION, S. 60–75, 75–87 und 124–140.

Der Ring des Nibelungen

14 *Bühnenbildentwurf zur 1. Szene/zum 1. Bild des »Rheingolds«: Adolphe Appia; Stadttheater, Basel 1924.*

Angeregt von der Bayreuther »Tristan«-Aufführung im Jahre 1882, deren Illusionismus nach seinem Verständnis des Werkes das Essentielle negierte, entwickelte sich Appia zum führenden Theoretiker und Begründer der modernen Wagner-Szenographie. Die Verwirklichung seiner Ideen erst 30 Jahre nach der Schrift »La Mise en scène du drame wagnérien« (1895) ist zusätzlich vom Konzept des »rhythmischen Raumes«, erwachsen aus der Begegnung mit Jaques-Dalcroze, bestimmt: so daß Appia, das Hieratische als Grundcharakter des »Rheingolds« begreifend, den Rheingrund als abstrakten, linear gegliederten Altarraum entwirft, dessen Zentrum magisch aufstrebendes Licht umstrahlt.

Vorabend: Das Rheingold

»Nach Tisch überlegt sich R., ob er nicht den Wotan im Rheingold, wie er Walhall begrüßt (›so nenne ich die Burg‹), ein Schwert aufraffen läßt, welches Fafner, weil es nicht von Gold, verächtlich vom Hort weggeschoben. Es wird das Schwert, welches Wotan in die Esche einstößt; Alberich hat es schmieden lassen zum Kampf gegen Riesen und Götter.«

Cosimas Tagebuch am 30. Mai 1876

»erste Rheingold-Aufführung mit vollständigem Unstern, Betz verliert den Ring, läuft zweimal in die Kulissen während des Fluches, ein Arbeiter zieht den Prospekt zu früh bei der ersten Verwandlung heraus und man sieht die Leute in Hemdärmeln da stehn und die Hinterwand des Theaters, alle Sänger befangen etc. etc.«

Cosimas Tagebuch am 13. August 1876

Personen

Götter: Wotan *(Baßbariton)*, Donner *(Bariton)*, Froh *(Tenor)*, Loge *(Tenor)*; Nibelungen: Alberich *(Bariton)*, Mime *(Tenor)*; Riesen und Baumeister: Fasolt *(Baß)*, Fafner *(Baß)*; Göttinnen: Fricka *(Mezzosopran)*, Freia *(Sopran)*, Erda *(Alt)*; Rheintöchter: Woglinde *(Sopran)*, Wellgunde *(Sopran)*, Floßhilde *(Alt)*

Spieldauer: etwa zweieinhalb Stunden (keine Pause)

Vorspiel

Mit *ruhig heiterer Bewegung, Es-Dur, 6/8*, beginnt es. Aus Urtiefen raunt das Kontra-Es, nach vier Takten treten die Fagotte hinzu, nach sechzehn in Kanonart acht Hörner. Tönende Stille. Sie spiegelt Ewigkeit, spiegelt Zeitlosigkeit: die Kategorie der grenzenlosen Natur. Ein ewiger Strom im Orchestergraben, ein Fließen und Wogen in der Harmonie der mit sich eins seienden Schöpfung, unendlich kreisender Lauf, gebunden an das musikalische Urgerüst des Dreiklangs (in Es-Dur):

Das Natur-Motiv, in ihm erlebt das Ohr die totale Konsonanz des mathematisch geordneten Weltalls, ein statisches Klangbild in doch ständig wechselnder Beleuchtung – und abgewandelt wird es wiederkehren als das Motiv der Großen Mutter Erda.

136 Takte im figurierten Dreiklang, je nach den vom Dirigenten gewählten Tempi etwa viereinhalb Minuten während. Dann öffnet sich der Vorhang zur

Ersten Szene: Auf dem Grund des Rheines

(*Grünliche Dämmerung... wogendes Gewässer... schroffe Felsenriffe.*)

Die Musik geht bei gleicher Harmonie über zu den drei Elementarwesen und dem *weiala weia* ihrer Elementarsprache, dem in Alliterationen wogenden Wellenlied der Rheintöchter; lautliche Fortsetzung der instrumentalen Klänge mit anderen Mitteln:

In das anmutig schwebende Wasserballett schlägt plötzlich und hart ein fremder Ton, die Musik moduliert aus B-Dur nach g-Moll: ***He he! Ihr Nicker!*** Baßklarinetten und Fagotte verkünden das Ende der in sich ruhenden Heiterkeit; in die arglose und von keiner Bewußtheit getrübte Reinheit des Urelements Wasser und seiner tändelnden Elementargeschöpfe bricht das Böse, die Gegenmacht; in das zwecklose Spiel die zweckgerichtete Gewalt. Der dunkle Zwerg Alberich, unterirdischen Erdtiefen entstammend, will triebhafte Gier ausleben, will sich die schmucken Schwimmerinnen zur Lust nehmen – oder doch eine von ihnen. Ein Begehren, das sich als nicht ganz unverständlich erweist, wenn man hört und sieht, wie die koketten Mädchen den täppisch-tappenden Werber narren mit flirrenden Tönen verführender Lockung. Anscheinend haben sie es schon häufiger so gehalten – wie wir von Fricka erfahren werden (in der zweiten Szene), die ***von dem Wassergezücht… nichts wissen*** will, seiner ***buhlenden*** Badfreuden halber*.

Über ihrem frivolen Spiel vernachlässigen die Schwestern nun ihr Amt, nämlich die Behütung des von der Sonne plötzlich strahlend erhellten Rheingolds. Unter Woglindes Ruf: ***Lugt, Schwestern!*** ertönt im Blech ein einfaches aufsteigendes Dreiklang-Hornmotiv (als Variante des Natur-Motivs), das Rheingold-Motiv:

Der Einsatz dieser Tonfolge ist die aufsteigende Quarte: Sie verkündet Siegwillen und Kraft, wie später im Motiv Donners *(**He-da! He-da! He-do!**)* und schließlich in dem des Schwertes (siehe unten S. 98 und S. 99). In den aufstrahlenden Fluten singen die drei jubelnd ihren ***Rheingold***-Ruf (den Rheintöchter-Sang):

Akkorde, die später aus dem Glücksklang der großen Sekunde verengt werden zur kleinen, um solchermaßen als Wehe-Motiv zu klagen.

Töricht-arglos geben Woglinde, Wellgunde und Floßhilde (von Wagner frei erfundene Namen) sich der unschuldigen Lust ihres schwimmenden Tanzes hin – nun aber rächt sich der Albe für seine Niederlage in dem erotischen Getändel, das auf die scheinbare Lockung immer wieder die mitleidlos verlachende Abfuhr antworten ließ. In wütendem Zugriff lenkt er die aggressiven Energien des Sexus um, das flüchtige Objekt des sinnlichen Begehrens materialisiert sich nunmehr im Gold – nachdem die geschwätzigen Nixen dessen Geheimnis preisgegeben haben. Wellgunde:

Der Welt Erbe
gewänne zu eigen,
wer aus dem Rheingold
schüfe den Ring,
der maßlose Macht ihm verlieh'.

Damit stimmt sie über den Holzbläsern ein neues, das Ring-Motiv an:

Ein Motiv, vorausweisend auf den magischen Reif, der einst aus dem Gold entstehen soll, und das in mannigfacher Abwandlung immer wieder bedeutend im Geflecht der Harmonien ertönen wird.

Gold, selig in ihm selbst scheinend, gebildet aus den Urelementen Feuer (Sonne) und Wasser, wird nunmehr »irdisch«, büßt seinen wertfreien Wert ein, da der Unter-Irdische sich seiner zweckhaft und gewalttätig bemächtigt.

Freilich, der Weg zur *maßlosen Macht*, zum gelingenden Kunststück des Ringschmiedens, ist gebunden an eine furchtbare Bedingung. Woglinde:

Nur wer der Minne
Macht versagt,
nur wer der Liebe
Lust verjagt,
nur der erzielt sich den Zauber,
zum Reif zu zwingen das Gold.

Diese Formel des Liebesverzichts wird musikalisch getragen von einem Motiv, das fortan die Tetralogie in vielen Varianten durchweben wird und das man Entsagungs-Motiv genannt hat (zu ihm siehe unten S. 117f.). Es endet mit einem Anklang an das Ring-Motiv:

An dieser Stelle bereits ist der zentrale Punkt des Dramas erreicht. Zwei lebenbestimmende Potenzen werden als komplementäre Kräfte erkannt, als antinomische Pole begriffen: *die Potenz der Liebe* und *die Potenz der Macht*. Die Liebe versagt sich die Ausübung von Macht. Die Macht versagt sich die Liebe; verrät sie. Von nun an wird das Kräftespiel von erotischer und von weltlicher Energie, von liebebedingter Entsagung und gewaltübendem Herrscherwillen den gewaltigen Bau der Tetralogie bis hin zum endlichen Zusammenbruch bestimmen und tragen*.

Die Mädchen in holder Verblendung sind sich indes sicher, daß der *lüsterne Alp* niemals ablassen wird von *seiner Minne Brunst*; so schwimmen sie denn weiterhin *lachend im Glanze auf und ab*, bis dieser seinen furchtbaren Entschluß faßt – die Worte und Melodien der Schwestern aufnehmend –, unter dem Ring- und dem Entsagungs-Motiv *wütend* hinaufspringt, *kreischend* streben die Mädchen auseinander, immer noch nehmen sie seinen Angriff nicht ernst, lachen den Liebesverrückten *im tollsten Übermut* aus. Doch hier lachen sie zum letzten Mal. Alberich auf der Spitze seines Riffs löscht das Licht, *reißt mit furchtbarer Gewalt das Gold aus dem Riffe*, macht es sich zu eigen dadurch, daß er verdammt, was er eben noch auf seine Weise leidenschaftlich ausüben wollte: *so verfluch ich die Liebe!* Er singt seinen Fluch in einer Tonfolge, die, bedeutsam genug, sich kunst- und sinnvoll aus dem Entsagungs-Motiv entwickelt.

Der Räuber stürzt sich in die Tiefe, die Mädchen ihm hilflos nach mit leerem Wehgeschrei, das Orchester tobt erst, verdämmert dann wie das Licht auf der Bühne, das Ring-Motiv verweist auf das demnächst beginnende Schmiedewerk Alberichs, über dem Dunkel der Szene erhebt sich, erst leise präludiert in Streichern, Harfen, Hörnern, dann in erhabener Fülle aus den Blechbläsern, ein Motiv, das der Götterwelt zugeordnet ist, Wotan zubestimmt und eher seine offizielle Machtgestik charakterisierend als seine erhabene und doch mannigfach gebrochene Person: das Walhall-Motiv (das sich als Variante des Ring-Motivs erweist, ihm verbunden durch die Macht-Idee):

Verlorenes Paradies. Sündenfall. Beraubung der Natur, Mißbrauch ihrer Schätze, liebe-lose Ausbeutung ihrer Ressourcen in triebhaftem Herrschaftswillen. Allmählich klärt sich der Nebel, die Bühne hellt sich auf zur

Zweiten Szene: Freie Gegend auf Bergeshöhen

Im Hintergrund auf Felsen eine Burg mit blinkenden Zinnen, davor das Tal des Rheins, im Vordergrund schlafen Wotan und Fricka noch den Schlaf der Welt – bis Fricka plötzlich aufschreckt, gepeinigt von bösen Wachtraum-Ahnungen, das Schicksal der Schwester Freia berührend: *Erwache, Mann, und erwäge!* Da bricht matriarchalische Dominanz durch, der kategorische Imperativ aus Weibesmund, der männlichen Leistungswillen stimuliert, wie er dem Ehrgeiz der Frau korrespondieren soll. Wotan aber kann Traum- und Wachwelt nicht trennen, er ist fixiert auf die Burg, über seinem, dem Walhall-Motiv, singt er ihr, singt er sich sein Glück, seinen Triumph zu: *Vollendet das ewige Werk...* Ein architektonischer Richtspruch, dem peinliches Gericht folgen wird. Denn:

Die sich dem Traum entringende Triumphgebärde ist Resultat einer intensiven Verdrängung. Auch des Göttervaters Weg ist von Urbeginn an gesäumt von Taten der willkürlichen Versehrung und Gewalt. Sein eines Auge hat er hingegeben, um Weisheit zu erringen (davon wird die Rede noch sein). Und um den Speer, sein Machtsymbol, zu gewinnen, hat er ein weiteres Mal unversehrte Natur verletzen müssen, hat aus dem Baum der Weltesche einen Ast gebrochen, daraus sein Herrschaftszeichen, seinen (Vertrags-)Speer, geschnitzt – der Baum aber siecht dahin an der Wunde. Wieder arbeitet Wagner mit tiefsinnigen Bildern, wieder geht es um kompensatorische Akte, sie wollen sagen: Weisheit erkauft sich nur durch das persönliche Opfer, durch den privaten Verlust, durch Erfahrung des Leides und des Verzichts: das Aug-Opfer. Und: Ausübung von Gewalt, von Herrschaft bedeutet Handeln wider den Organismus der unberührten Natur, bedeutet deren willkürliche Veränderung: der versehrte Baum.

Denn dies ist die Situation, aus der die Mission des obersten Gottes sich ergibt:

Die aus ihrem Unschuldszustand aufgestörte Welt ist bedroht von den Kräften des Chaos. Die aufbegehrenden Energien aber hat Wotan diszipliniert durch ein klug ausbalanciertes System von Verträgen und Rückversicherungen. Deren Runen sind wie Paragraphen als Siegel dem Schaft des göttlichen Speeres eingeschnitzt, und ihr Wesen besteht darin, daß sie binden *in wechselseitiger Verpflichtung*. Also auch den Herrscher binden im Gerüst der Reziprozität: der Herr als Knecht seines eigenen Herrschaftssystems. Wovon in den tragischen Verwicklungen der WALKÜRE ausführlich die Rede sein wird.

Fricka zerreißt mit heftiger Rede die verträumte Vision Wotans, erinnert ihn an das kostbare Pfand, das er vorerst den Bauleuten an Stelle des ausbedungenen Lohnes geben mußte:

Die Burg ist fertig,
verfallen das Pfand…

Das Orchester begleitet mit einem Motiv, das immer dann ertönt, wenn es um Recht und Vertrag geht, und dessen wuchtig absteigende Tonfolge etwas von der Unerbittlichkeit der Vertragsgeltung mitklingen läßt, willenbedingt, zwanghaft nach unten führend – die Gegenbewegung also zu dem sich nach oben hin öffnenden Gestus des Natur-Motivs: das Vertrags- (oder Speer-)Motiv:

Die Schutzburg, so die Absicht des Bauherrn, wird versammeln, was des Überlebens wert ist, den Ansturm der feindlichen Mächte überdauern soll. Die Walküren, acht wilde Wotanstöchter (und nicht mit Fricka gezeugt), requirieren in blutigen Schlachten die herrlichsten Helden, die als Prätorianergarde die Trutzfeste schützen, die Edelsten retten, *ein schmähliches Ende der Ew'gen* verhindern sollen. Auch sie werden noch Anlaß zu genauerer Betrachtung geben.

»Zeit« als Kategorie des Mythos ist nicht in Jahren zu messen. Innerhalb der Tetralogie stehen wir jetzt in der Phase von Alberichs Aufrüstungspolitik. Seine unterirdische Industrie, von Sklavenarbeitern betrieben, funktioniert mit höchster Effizienz, der Ring ist geschmiedet, Weltherrschaftspläne nehmen erste Gestalt an – all dies wird die nächste Szene offenlegen. Ob Wotan diese Gefahr in ihrer konkreten Gestalt bewußt ist, bleibt eine müßige Frage, er hat jedenfalls von Macht und Schätzen und einem Reif *raunen* gehört (siehe unten S. 83), deutlich aber ist schon in dieser Bauphase seine Präventivpolitik, defensive Gegenrüstung mit Hilfe des trotzig aufragenden Reduits.

Ein' feste Burg? Im Entstehen schon ist sie von Erosion bedroht, in ihre Fundamente ist der Grundstein »Schuld« eingebaut. Verblendet von seinen Überlebensvisionen dank und in dem gigantischen Bunker hat der Bauherr fahrlässig fehlkalkuliert, hat den Riesen-Baumeistern den Auftrag erteilt in leichtfertiger Spekulation mit ungedeckter Währung und naiv vertrauend auf einen dubiosen Finanzberater, auf einen rettenden Einfall des zwielichtigen Feuergottes Loge. Als Sicherheit hat er den handwerkenden Giganten eine Kaution gelassen, die schöne Göttin Freia, Schwester seiner Frau Fricka. Freia, die dank den von ihr gehegten und ausgeteilten goldenen Äpfeln (die klassische Antike kennt sie als die der Hesperiden) die Garantin ewiger Jugend ist. Denn auch die Unsterblichkeit der Götter ist eine relative Größe, zumindest ist die Erhaltung ihres Jugendstatus chronischer Behandlung bedürftig. Es ist die Menschlichkeit der Götter, die sie den Menschen erfahrbar macht. Und ihre Fehlbarkeit, die die Fehler der Schöpfung wenn auch nicht erträglich, so doch erklärbar macht.

Folgt ein streitender Ehedisput auf höchster Ebene, auch er das Zentralthema der Energien Macht und Liebe in ihrer

Korrelation behandelnd. Denn analog der Tat Alberichs des Schwarzalben scheint der Lichtalbe Wotan die Liebe (Freia) um der Macht (Walhall) willen zu verraten. Fricka geißelt den Leichtsinn, mit dem Freia verschachert wurde, ihre Anklage steigert sich bis zu dem empörten Vorwurf, es sei nichts den

... Harten
doch heilig und wert,
giert ihr Männer nach Macht!

Den Hieb pariert Wotan, lenkt ihn zurück: Fricka selbst hat um den Bau ersucht. Was sie, nunmehr das Thema der Macht auf das der Liebe umlenkend, begründet mit der Hoffnung, den unsteten Liebhaber häuslich zu fesseln an Herd und Bett – und liebliche Melodie umsäumt diesen bürgerlichen Gedankengang. Wotan repliziert, seine vitalistische Maxime formulierend:

Wandel und Wechsel
liebt, wer lebt:
das Spiel drum kann ich nicht sparen.

Die Argumente beider Seiten, hier präludiert, werden im II. Aufzug der WALKÜRE verschärft wieder vorgebracht werden. Auf den erneuten Vorwurf wider den machtgierigen Mann und seine frivole Preisgabe von Liebe und Weib in Person Freias antwortet der Gott mit der gelassenen Attitüde des schlechthin Überlegenen, nämlich mit einer Mischung von Ernst und Ironie. Denn seine verehrende Neigung für die Frau und die Frauen, Fricka sonst wenig freuend, bezeugt sich nicht zuletzt darin, daß er sein *eines Auge... werbend daran*setzte, sie *zum Weib zu gewinnen* (dazu siehe unten S. 207f.).

Der hastig hereinstürmende Auftritt Freias bricht den Zank ab, sie flieht vor den Riesen, die heranrücken auf den Quadern ihres wuchtigen, wieder von der aufsteigenden Quart als einem Machtsignal charakterisierten Motivs:

Das Wort führt Fasolt, er überläßt es nur selten dem Bruder Fafner, so als ahnte er, daß er bald nichts mehr wird zu sagen haben.

Wieder wird Wotan in einen Disput hineingezogen, dieses Mal ist er grundiert vom Gedanken (und Motiv) des Vertrags – doch auch hier spielt die Liebe herein. Denn, wunderlich genug, der eine der beiden Giganten, der redereiche Fasolt, ist durchaus auch von zarten Gefühlen bewegt und scheint eher auf den materiellen Lohn als auf das Pfand Freia verzichten zu wollen. Von lieblichen Tönen getragen, singt er seine Sehnsucht heraus:

Freia, die holde,
Holda, die freie –
vertragen ist's –
sie tragen wir heim.

Wotan weicht aus, verweigert Freias Herausgabe, sperrt sich – jedoch ohne Gegenleistung – einer Bezahlung in Geiselwährung, läuft mithin Gefahr, vertragsbrüchig zu werden. Da reckt Riese Fasolt sich auf zu höchster Gestalt, hält Wotan unwiderleglich und nicht ohne Würde dessen Raison d'être vor:

Was du bist,
bist du nur durch Verträge:
bedungen ist,
wohl bedacht deine Macht.

Wotan versucht – kläglich eher denn göttlich – eine Finte, behauptet, die Abmachung sei *zum Scherz nur beschlossen*, da repliziert Fasolt in poetischer Melodik, die in reizvollem Gegensatz zu seinem monströsen Exterieur steht, und Liebeslyrik setzt er gegen den höhnischen Zynismus derer, die *ihr durch Schönheit herrscht*, wozu die Musik das Liebesverzicht-Motiv anstimmt.

Riesenbruder Fafner, Realpolitiker und Gewalttäter, greift nun ein. Freia zu besitzen ist nicht um der Liebe, sondern um der Macht willen wichtig,

sie allein
weiß die Äpfel zu pflegen,

sobald die Früchte den Göttern vorenthalten werden, sinkt ihre Blüte ***siech und bleich***, und

> ***alt und schwach***
> ***schwinden sie hin...***

Freia droht endgültig die Verschleppung, da geben – nicht zu früh – die beiden anderen Götter ihre Reserve auf. Donner und Froh ***kommen eilig***, Donner schwingt seinen Hammer – doch Wotan besinnt sich auf seine Rolle als Wahrer des Rechtes, verwehrt ihm den Schlag: ***Halt, du Wilder!***; dazu das Vertrags-Motiv:

> ***Verträge schützt***
> ***meines Speeres Schaft...***

(Unter *Donner* versteht Wagner den germanischen Gott *Donar/Thor*; unter *Froh* nicht etwa eine Heiterkeitsgottheit, sondern auf dem Wege über das althochdeutsche *Frô* = *Herr* den nordgermanischen Fruchtbarkeitsgott *Freir*, Bruder der *Freia*.)

Die sich zuspitzende Dramatik der Situation entspannt sich vorübergehend, als der zwielichtige Loge erscheint, von chromatischen Flackertönen getragen, die sein unstet-gleisnerisches Wesen signalisieren (etymologisch meint Wagner mit seinem Namen die »Lohe« des Feuers, aber Mitgott Froh wird ihn sogleich bitter mit der »Lüge« verbinden. Wagner kontaminiert hier den nordgermanischen Feuerriesen Logi mit dem zwielichtigen Gott Loki). Wotan fordert von ihm den Lösungsvorschlag in dem Handel, den er – Loge – geschlossen habe. Was dieser in langatmiger Antwort erst umgeht, dann, von Wotan daran erinnert, daß der Göttervater als sein ***einz'ger Freund*** ihn in der ***übel trauenden Troß*** (also die mißtrauische Götterschar) aufgenommen habe, zieht er sich mit rabulistischer Dialektik aus der Schlinge: Sein Versprechen galt nicht der Lösung des Problems, sondern lediglich dem Bemühen um die Lösung (des Pfandes):

> ***Mit höchster Sorge***
> ***drauf zu sinnen,***

Abbildungen: Der Verkauf Freias

15 *Elisabeth Feuge als Freia, Luise Willer als Fricka, Julius Patzak als Froh, Georg Hann als Wotan, Ludwig Weber als Fasolt, Odo Ruepp als Fafner, Robert Hager als Donner; Regie: Kurt Barré, Bühnenbild: Adolf Linnebach, Kostüme: Leo Pasetti; Nationaltheater, München 1934.*

16 *Hans Sotin als Fafner, Karl Ridderbusch als Fasolt, Theo Adam als Wotan, Gerd Nienstedt als Donner, Anna Reynolds als Fricka, Heribert Steinbach als Froh, Hannelore Bode als Freia; Regie und Bühnenbild: Wolfgang Wagner, Kostüme: Curt Palm; Festspielhaus, Bayreuth 1973.*

17 *Eva Randová als Fricka, Toni Krämer als Froh, Helmut Berger-Tuna als Fafner und Roland Bracht als Fasolt, Irmgard Stadler als Freia, Heinz Zednik als Loge; Regie und Ausstattung: Jean-Pierre Ponnelle; Staatstheater, Stuttgart 1977.*

18 *Heinz Zednik als Loge, Heinz Hagenau als Fafner, June Card als Freia, Manfred Schenk als Fasolt, Gail Gilmore als Fricka, Otoniel Gonzaga als Froh, Barry Mora als Donner, Bruce Martin als Wotan; Regie: Ruth Berghaus, Ausstattung: Axel Manthey, Opernhaus, Frankfurt am Main 1986.*

Vier Stationen der Deutung und szenischen Umsetzung: in wörtlicher Befolgung von Wagners Anweisung auf freier Bergeshöhe und mit Riesen in Gestalt der zu Beginn des Jahrhunderts allgemein verbreiteten »Bärenfellgermanen«; als Weltendrama, dessen symbolische Spielfläche, die im weiteren Verlauf sich segmentweise gegen- und ineinander verschiebende Scheibe, gleichzeitig auf den Ring anspielt; solch optische Anspielung transferiert in das großbürgerliche Milieu eines Bauherrn im ausgehenden 19. Jahrhundert, der sein Vorhaben am Neuschwanstein-Modell auf dem Tisch vor sich bespricht; und bei aller gezielten Durchbrechung der Bildtraditionen wiederum eine solche Anspielung auf den Ring – im Walhall-Zylinder – und auf das Drama als epochales Weltgeschehen – im Sternenhimmel an Walhalls Außenwand –, wobei der zeitlosen Deutung durch den anonymen globalen Machtanspruch, repräsentiert von den die »Gewerkschaftsführer« Fasolt und Fafner verdoppelnden überdimensionalen Puppen, eine moderne Wirklichkeitserfahrung hinzugefügt ist.

15

16

17

18

wie es zu lösen,
das – hab ich gelobt.

Die empörten Götter packen den Widerspenstigen bei seinem Namen, Froh erkennt in Loge die »Lüge«, Donner will ihn als »Lohe« löschen. Da setzt Loge wieder an, in weitschweifendem Bogen schildert er seine weitschweifende Suche nach einem möglichen Ersatz für die verpfändete Freia, indes:

Umsonst sucht' ich
und sehe nun wohl,
in der Welten Ring
nichts ist so reich,
als Ersatz zu muten dem Mann
für Weibes Wonne und Wert.

Weibes Wonne und Wert aber ertönt als Text zum (mehrfach wiederholten und abgewandelten) Liebesverzicht-Motiv.

Dann aber wird Loge endlich konkret, erwähnt Alberich als die große Ausnahme:

Nur einen sah ich,
der sagte der Liebe ab...,

tat es um des Goldes willen, das er den Rheintöchtern geraubt. Sie aber bringen hiermit ihre Klage vor, Loge als Mittler zu Wotan sendend, daß er den Räuber richten möge. Solche Botschaft auszurichten hat Loge den Mädchen versprochen, nunmehr trumpft er auf als Muster der Vertragstreue: *nun löste Loge sein Wort*.

Gold ist das Stichwort, alle horchen auf, die Riesen, Wotan, Fricka: Die Riesen mißgönnen dem ihnen feindlich gesinnten Nachtalben den Schatz. Wotan erinnert sich, ein bedrohliches Raunen gehört zu haben von Macht und Schätzen und einem sie produzierenden Reif. Fricka verliert sich, von bezirzenden Violinklängen begleitet, in die schmeichelnde Vorstellung von Tand und Geschmeid, mit dessen Glanz sie, wie Loge feinsinnig ergänzt, des Gatten Treue erwirken könne. Wotan aber, *wie in einem Zustande wachsender Bezauberung*, will nun den Schatz – jedoch: aus dem Gold den Reif zu schmieden ist er schwerlich der Richtige, denn das Opfer der Liebesentsagung, (Loge:) das *sparst du wohl...* Im übrigen wär's zu spät, Alberich hat nicht geruht, *geraten ist ihm der Ring.* Diese die Götterherrschaft bedrohende Waffe muß ihm also mit List und Gewalt geraubt werden – Loge ist dabei. Sein Zynismus nötigt ihn freilich vorzugeben, es sei in diesem Falle dann das Gold den flehenden Rheintöchtern zurückzuerstatten... Hier hat Wotan nun endlich einmal Fricka entschieden auf seiner Seite, als Wahrerin der Keuschheit und Ehe gilt ihr redlicher Abscheu den lockenden-lockeren Schwimmerinnen:

Von dem Wassergezücht
mag ich nichts wissen:
schon manchen Mann
– mir zum Leid –
verlockten sie buhlend im Bad.

(Da nimmt sie puritanisch-prüde eine andere Position ein als der Schöpfer des Dramas, denn Cosima überliefert, daß Wagner am Vorabend seines Todes, also am 12. Februar 1883, das Klagethema *Rheingold, Rheingold* gespielt und später dann gesagt habe: »Ich bin ihnen gut, diesen untergeordneten Wesen der Tiefe, diese[n] sehnsüchtigen.« Denn: »Falsch und feig ist, was oben sich freut.« Siehe unten S. 309 zum Finale der GÖTTERDÄMMERUNG.)

Fafner hat aufgehorcht, sich mit dem Bruder beraten, jetzt ergreift er, so listig wie brutal, die Initiative: Statt Freias fordert er nunmehr *des Niblungen rotes Gold*, von dessen Zauber er sich übrigens, die goldenen Freia-Äpfel kompensierend, in massiver Einfalt auch *ew'ge Jugend* meint versprechen zu dürfen.

Als Wotan die Auslieferung des Goldes, das er noch gar nicht besitzt, verweigert, tragen die Riesen die schreiende Göttin gewaltsam fort, setzen den Abend fest als letzten Zahlungstermin. Loge in der Perspektive der Mauerschau beschreibt ihren *stapfen*den, *waten*den, *taumeln*den, *talpen*den Weg – endend mit dem ihm eigenen feinen Zynismus: *Den seligen Göttern wie geht's?*

Es geht ihnen nicht gut.

Denn im Nebel, wie ihn die Musik geisterhaft mit Hilfe irisierend flimmernder Orchestrierungskunst auf die Bühne legt, den Regisseur zu maßlosem Mißbrauch von Kunsteisschwaden ermutigend, verbleichen die Götter, Freias goldene Äpfel entbehrend. Hand und Herz stocken ihnen, Loge freilich ist immun, ohnehin entwöhnt der jung erhaltenden Droge,

denn halb so echt nur
bin ich wie, Selige, ihr!

Die Absicht der Riesen scheint nun klar, sie wußten:

welkend zum Spott aller Welt,
erstirbt der Götter Stamm.

Die Konsequenz ist zwingend, Wotan kommandiert *mit plötzlichem Entschluß* Loge zur Fahrt nach Nibelheim: *gewinnen will ich das Gold.* Ein weiteres Mal kann Loge seinen Hang zum Sadismus nicht zügeln und unterstellt, die Aktion gelte der Rückerstattung des Goldes an die Rheintöchter; *so dürfen Erhörung sie hoffen?* Wotan verbietet ihm den Mund, es geht ihm um Freia, *die gute*. Geht es ihm wirklich um sie...? Geht es ihm nicht eher um die Selbstrettung, um der Göttin-Schwägerin gärtnerisches Attribut, da ihre goldenen Äpfel auch ihm das Altern verwehren?

Und natürlich nehmen sie einen Weg *nicht durch den Rhein!* Im nebligen Dampf steigen sie durch die Schwefelkluft ab in die Unterwelt, von den besten Segenswünschen der Zurückbleibenden hoffnungsfroh begleitet:

O kehre bald
zur bangenden Frau!

Das Orchester leitet über in die untere Welt, aus seinem Motivgewirk von *Weibes Wonne und Wert* und *Rheingold-Klage* löst sich das Stakkato eines hämmernden Motivs heraus, Rhythmus der mechanisierten Arbeitswelt, Abwandlung des Riesen-Motivs, Hammerschlag des Industriezeitalters:

»Das *Nibelungen-Motiv*, das Wagner einst der Lärmbelästigung eines Blechschmieds in der unmittelbaren Nachbarschaft seiner Züricher Wohnung im Zeltweg abgetrotzt hatte, ist die geniale musikalische Idee für die Entfremdung des Menschen durch unwürdige Ausbeutung« (Bauer, S. 254).

Im Gewölk von Schwefeldampf, im sprengenden Crescendo und schließlich abflauenden Decrescendo der metallenen Amboßrhythmen sind Wotan und Loge herabgefahren in die unterirdische Felsenkluft und ihre Schächte, das Produktionszentrum des Großfabrikanten Alberich:

Dritte Szene: Unterirdische Kluft

Das Wehgeschrei des vom brutalen Bruder mißhandelten Zwergenschmieds Mime empfängt die – sich vorerst verbergenden – Götter-Eindringlinge. Die Strafe gilt – diese Brüder bleiben einander nichts schuldig – einem Betrugsversuch: Mime hat ein Metallgewirk gefertigt, das, magisch besprochen, Unsichtbarkeit verleiht. Und das er listig und wohlbedachten Grundes offenbar für sich behalten wollte. Vergebens, denn seine zauberische Kraft ist an einen magischen Spruch gebunden, den der Zauberlehrling nicht kennt (und den übrigens auch Siegfried nicht beherrscht, der dennoch eines späten Tages die Tarnkappe nutzen, das heißt frevelhaft mißbrauchen wird). Alberich probiert den »Helm«; er paßt – der Tarnhelm (der besser benannt wäre als Tarn»kappe«, als »Cape«, wie es das Haupt und mantelgleich einen Teil des Körpers bedeckt). Dazu raunt er die Zauberformel: *Nacht und Nebel...* Das Tarnhelm-Motiv

ist einem Motiv Loges verwandt, evoziert also die Vorstellung von Betrug, Lüge, Verschwinden, Unsichtbarmachen und Vergessen. So wird es auch in der GÖTTERDÄMMERUNG wieder mitwirken, wenn der Gifttrank Siegfried die Erinnerung raubt (siehe unten S. 254f.).

Alberich der Zwingherr teilt nun nebelhaft unsichtbar im Deckmantel des Zaubergeräts dem Bruder seine Schläge aus, enteilt dann, um seine unglücklichen Knechte anzutreiben mit diktatorisch tobendem Gebrüll.

Seinen Abgang nutzen die Götter und lassen sich endgültig *aus einer Schlucht von oben herab*. Und erfahren nun von dem aus Angst und in vager Hoffnung auf Hilfe geschwätzigen Mime die Geschichte des Goldes, des Reifs, des Terrorregiments Alberichs über die kunstfertigen Zwerge. Die Geschichte auch des Zaubers, der Ring und Tarnhelm magische Kraft verleiht und dessen er, der kleine Bruder, nicht teilhaftig ist. Alberich, seine Kreaturen peitschend und nunmehr wieder gestalthaft sichtbar, kehrt zurück, den Ring als Knute über seine armseligen Sklaven schwingend und ihn küssend in obszöner Devotionsgeste. Das *schweifende Paar* grüßt er mit begründetem Mißtrauen, zumal ihm Loge aus mythischer Urzeit in denkbar unerfreulicher Erinnerung ist, als er ihm zwar *Licht und wärmende Lohe* gab, jedoch:

Deiner Untreu trau ich,
nicht deiner Treu!

Nunmehr aber macht der Nachtalbe sich daran, ahnungslos verstrickt seinen baldigen Untergang zu schmieden. Der klassische Fall des Neureichen, dessen Moral seinem Reichtum nicht gewachsen ist, den seine Macht verblendet, sein Gold verdummt. Prahlerisch bricht er aus den ihm allenfalls noch angemessenen (wenngleich fragwürdigen) Größenordnungen heraus, verführt von unkontrollierten Gelüsten verliert er sich in wütenden Herrschaftsvisionen – und geht damit zu weit. Er verrät sich. Nahezu poetisch setzt er ein, die Solovioline fügt ihre Lyrismen lieblich hinzu:

Die in linder Lüfte Wehn
da oben ihr lebt...

Abbildungen: Nibelheim

19 *Bühnenbildentwurf: Max Brückner; Festspielhaus, Bayreuth 1896.*

20 *Bühnenbild: Issaak Rabinowitsch; Staatliches Akademisches Theater für Oper und Ballett, Leningrad 1933.*

21 *Erwin Deblitz als Wotan, Franz Lechleitner als Loge, Hans-Bert Dick als Mime, Willy Ferenz als Alberich; Regie: Karl Heinz Krahl, Bühnenbild: Philipp Blessing; Stadttheater, Zürich 1958.*

22 *Heinz Kruse als Loge, Günter von Kannen als Alberich, Hartmut Welker als Wotan; Regie: Günter Krämer, Ausstattung: Andreas Reinhardt; Staatsoper, Hamburg 1992.*

Sich lösend von der festgeprägten Tradition der Höhlenszenerie, in der sich Nibelheim im zweiten Bayreuther »Ring«-Zyklus unter Cosima Wagners Leitung (1896) präsentierte, war dieser Ort – nicht unähnlich dem Wald von Siegfrieds Drachenkampf – stärksten szenischen Wandlungen unterworfen. Dem russischen Konstruktivismus korrespondierend wurde er von Rabinowitsch als vielfältig gegliederter Raum gedeutet, dessen Bauelemente eine neuartige bewegliche Lichtführung durchleuchtete. Bei Krahl/Blessing vereinen sich die Gestik und das gebündelte Licht, das den in drei Ebenen mit der zentralen Erdscheibe gegliederten Raum partiell erhellt, mit dem Resultat einer expressiven Ausdrucksqualität. Dagegen nehmen in Krämer/Reinhardts Inszenierung die isoliert gesetzten Einzelelemente von Säge und Feuergoldball (der bereits die Rheintöchterszene begleitet) den Charakter von zitierten Symbolen an.

19

20

21

22

Dann aber reckt er die Faust, die Götter zu fangen vermißt er sich, und aus blinder Rache für seinen persönlichen unfreiwilligen Liebesverzicht will er nun ***alles, was lebt,*** zwingen, der Liebe zu entsagen. All dies begründet das Orchester mit den Motiven der Liebesentsagung, Walhalls und des Hortes. Sein Rachegelüst reißt ihn weiter noch hin, den eines Tages von ihm entmachteten Männern wird er, der von den Rheintöchtern Zurückgestoßene, ihre schmucken Frauen nehmen, wird, wo Liebe ihm vorenthalten bleibt, sie ***zur Lust*** zwingen*.

Die prahlerische und gemeingefährliche Zukunftsplanung und Drohung ***(Habt acht vor dem nächtlichen Heer)*** muß ernst genommen werden – so fährt denn auch Wotan auf gegen den Frevelnden mit wütendem Fluch. Ganz offenbar ist dieses mit wildem Lachen vorgetragene Programm eine Kampfansage mörderischen Ausmaßes, und Wotan, wofern denn sein fragwürdig-gewalttätiges Handeln gegenüber dem Gefangenen einer Rechtfertigung bedarf, kann durchaus die Ratsamkeit einer präventiven Notwehr zu seinen Gunsten reklamieren.

Loge verfolgt weiterhin so raffiniert wie taktisch konsequent seine Linie, schmeichelt dem Alben schamlos und bläht ihn weiter noch auf, das anfänglich schützende Mißtrauen des Gefährdeten ist längst der alle Deckung preisgebenden Vermessenheit des Protzes gewichen: Loge tastet sich vor zum Ring – wie mag dessen Besitzer sich sichern, ***wenn im Schlaf ein Dieb dich beschlich***? So läßt Alberich sich das Geheimnis der Diebstahlsicherung, nämlich des Tarnhelms, entringen und sogar dazu überreden, den gleisnerisch vorgebrachten Schein des Zweifels ***(mach vor Staunen mich stumm!)*** zu erledigen durch die auftrumpfende Demonstration seiner Machtfülle: Er verwandelt sich in das gewaltigste Tier, den Riesenwurm, dem ein kriechend-schleppendes Motiv in den Blechbläsern zugeteilt ist (Riesenwurm = Drachen-Motiv):

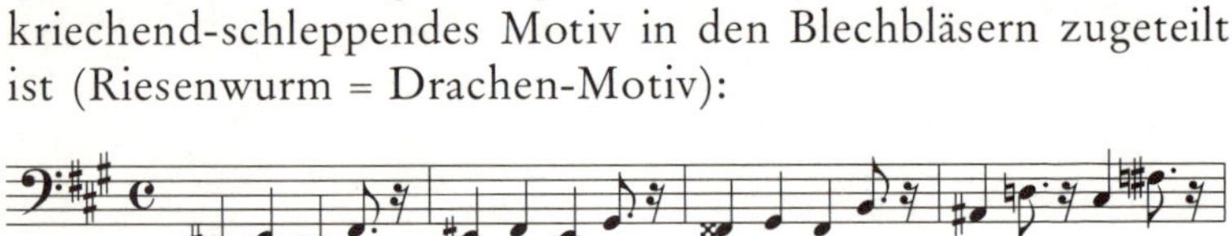

Der Vorgang antizipiert die Verwandlung des Riesen Fafner, der eines Tages mit Hilfe des Tarnhelms Drachengestalt annehmen wird, von ebendiesem Motiv mächtig aufgebläht (siehe unten SIEGFRIED, II. Aufzug, 1. und 2. Szene). Loge heuchelt Angst und zeternden Schrecken angesichts des Monsters und überredet den nunmehr gänzlich seine Selbstkontrolle verlierenden Herrn des Ringes, an der puren Möglichkeit in raffiniertem Heuchelgestus zweifelnd, sich in das kleinste Tier zu verwandeln. Das Tarnhelm-Motiv ertönt in den gestopften Hörnern, und schon hoppelt eine Kröte putzig über die Bühne – inmitten des düsteren Geschehens immer wieder ein Augenblick amüsierten Vergnügens für das die Köpfe spähend rekkende Publikum im Parkett. Diese Verwandlung ins Kleinste aber gibt Loge die Chance, dem possierlichen Tierchen den Tarnhelm zu entreißen, Alberich nimmt seine wahre Gestalt an, windet sich unter den Füßen seiner Bemächtiger, wird, sich so wütend wie vergeblich wehrend, von ihnen an Händen und Füßen gefesselt:

Schnell hinauf:
dort ist er unser.

Was ist es mit ihm, dem doch der Ring Allmacht verleiht?

Hier ist – nicht zum letzten Mal – ein Punkt erreicht, an dem die vorlaute Logik des Betrachtenden ihre Argumente sei es leise fragend, sei es dreist zweifelnd vorbringen will. Dazu ist zu sagen: Abgesehen davon, daß die Kunstform der Oper nichts anderes bedeutet als die Emanzipation des Denkvorgangs aus den Fesseln rationaler Logik und empirischer Wahrscheinlichkeit (ermöglicht dank der ihre eigenen Welten schaffenden Macht der Musik) – abgesehen von diesem Fundamentalgesetz der Oper wird man gut tun, den Ring nicht durchgehend als gefügiges Zauberinstrument zu verstehen, sondern weitgehend als Symbol. Eines für Herrschaftsanspruch und Herrschaftsmöglichkeit. Seine Begrenzung wird unter anderem deutlich auch daran, daß nicht nur Alberich entmachtet wird, sondern auch Fafner, obwohl im Besitz des Ringes, kläglich zugrunde geht. Offensichtlich ist jedenfalls, daß der Reif (wie nicht anders der Tarnhelm) einem unwissenden, seine Macht nicht kennenden Träger allemal seine Magie vorenthält. So daß weder Brünnhilde noch Siegfried ihn zu ihrer Rettung nutzen können. Macht, um wirken zu können, bedarf des Willens zur Macht.

Wie auch immer: Alberich hat zwar den Tarnhelm verloren – indes, das verficht vorerst wenig. Er ist nach wie vor im Besitz des Ringes und seiner *maßlosen Macht* – die jetzt machtlos ist, da er als erledigt im Netz zappelndes Beutetier von den Göttern abgeschleppt wird. Die Depotenzierung der ganzen Person schließt auch die Anwendung der Ringmagie aus, der Ring »gehorcht« dem Entmündigten nicht.

(Späte und spiegelnde Rache: Eines fernen Tages wird Alberichs Sohn und Instrument Hagen, den Tarnhelm einsetzend, Brünnhilde »fangen« und verschleppen lassen.)

Auf nunmehr gleichem Wege machen sich die Götter mitsamt ihrer Beute zurück in ihre erhabene Welt, die des göttlichen Bauplatzes. Das Orchester begleitet ihre Fahrt mit einem mächtigen Zwischenspiel, das symphonisch die bisher wesentlich leitenden Motive anstimmt.

Vierte Szene: Freie Gegend auf Bergeshöhen

Der Auftritt setzt ein mit einem wütenden Streitgespräch zwischen dem zynisch triumphierenden Loge und dem grimmig gedemütigten Alberich. Seine Göttergegner fordern für die Lösung den *Hort und dein helles Gold*. Der Hilflose tröstet sich vorerst mit dem Bewußtsein, den (restituierbaren) Hort leicht entbehren zu können, solange ihm nur der Ring bleibt. Mit des Reifes Zauberkraft kommandiert er, der demütigend Gefesselte, das Zwergenheer der Nibelungen heran, sie schichten unter seinem brutalen Kommando den Schatz zuhauf, trollen sich dann wieder scheu. Auch der Tarnhelm wird schließlich durch Loge eingefordert, das nimmt sein gelähmter

Erfinder noch zähneknirschend hin, immer im Bewußtsein der Ersetzbarkeit. Dann aber mischt Wotan sich ein:

Ein goldner Ring
ragt dir am Finger:
hörst du, Alp?
Der, acht ich, gehört mit zum Hort.

Alberichs verzweifelte Abwehr wird in schrillen Tönen des Orchesters wiedergegeben, die sich auflösen in motivreiche Szenenbegleitung, den Prozeß darstellend der Erpressung und Beraubung des Räubers. Auch gesungen steigert sich hier das Wort zu dichterischer Kraft von plastischer Intensität, wenn die beiden Antagonisten ihre scheinbaren Rechtspositionen gegeneinander klirren lassen wie Waffen, gipfelnd in einer treffenden Selbstcharakterisierung des Schwarzalben als des *Unseligsten, Angstversehrten*, der seine Tat als eine *fluchfertige* und *furchtbare* empfindet – und nun mit dem Pathos der letzten Wahrheit dem Gott die Worte entgegenschleudert:

Hüte dich,
herrischer Gott!
Frevelte ich,
so frevelt' ich frei an mir:
doch an allem, was war,
ist und wird,
frevelst, Ewiger, du,
entreißest du frech mir den Ring!

Das Argument freilich ist nur in Grenzen wahr. Denn der Frevel des Gottes ist so unbestreitbar, wie anderseits bestreitbar ist, daß Alberich nur *frei an sich selbst* gefrevelt hätte. Zwar mag er damit das Opfer, den Preis für seine räuberische Tat meinen: den Schwur der Entsagung in der Verfluchung der Liebe. Aber seine Tat beschränkte sich in ihren Folgen eben nicht *frei* auf ihn allein, sie hat vielmehr in das Gleichgewicht der Schöpfung zerstörend eingegriffen und ihre Ordnung aus den Fugen gehoben.

Weitreichende Überlegungen, die Wotan in der Aktualität dieser dramatischen Situation ohnehin fremd sind – *Her den*

Ring!, und nun *ergreift* er laut Wagners Szenenanweisung *Alberich und entzieht seinem Finger mit heftiger Gewalt den Ring.* Er tut, was zu tun sein Speer ihm verbieten müßte. Übrigens ist *heftige Gewalt* vielen Regisseuren nicht genug, sie fordern Blut und Verstümmelung und meinen, auf solche Weise dem Aufschrei der Musik eher gerecht zu werden. (Auch wird an dieser Anweisung deutlich, daß Wagner unter dem Ring einen Fingerring versteht und nicht einen Armreif.)

Dunkel wirbeln die Pauken, darüber schwebt ein klagendes Motiv der Holzbläser, nunmehr setzt Alberich zu seinem großen, seinem größten Auftritt an. Dessen furioser Schmerz augenblicksweise vergessen läßt, daß der hier Beraubte und Gedemütigte sein Unglück mit aller Gewalt selbst geschmiedet hat – und annähernd verstehen läßt, daß Wagner laut Cosimas Tagebuch vom 2. März 1878 gelegentlich gestand, »daß er einst völlige Sympathie mit Alberich gehabt«.

Der Traurigen traurigster Knecht, gesungen auf eine Abwandlung des Liebesentsagungs-Motivs. Wotan, mittlerweile auch er berührt vom Zauberbann der Verblendung, der auf seine Weise einst Alberich betörte, fühlt sich nunmehr, *den Ring betrachtend*, in korrespondierender Formel als *der Mächtigen mächtigsten Herrn.* Alberich aber setzt an zu einem haßflammenden Rachegesang, der in gewaltiger Steigerung anschwillt und endlich eskaliert in der Klimax eines Fluches. Seines zweiten zerstörenden Fluches. Der erste galt der Liebe, dieser nun gilt der Macht. Jener Macht, die der Ring verkörpert, die sich vernichtend ballt in ihm.

Wie durch Fluch er mir geriet,
verflucht sei dieser Ring!

Ein gewaltiger Haßgesang, in furchtbarer Vehemenz jedwedes Unheil beschwörend, Grauen und Tod, den jeweiligen Ringeigner qualvoller Vernichtung preisgebend –

bis in meiner Hand
den geraubten wieder ich halte!

Das Fluch-Motiv wird den Reif nunmehr beharrlich begleiten – ihn wie alle seine künftigen, »verfluchten« Besitzer:

So segnet
in höchster Not
der Nibelung seinen Ring!

Alberich, nunmehr »frei«, geht ab in seine Unterwelt. Das Rheingold-Motiv, verengt zum Wehe-Motiv, klagt mit ihm.

In sträflicher Ahnungslosigkeit versammeln sich erwartungsfroh die Götter, die Szene erhellt sich wie der Klang des Orchesters, Froh stimmt lieblichen Dankgesang an. Die Riesen nahen auf ihrem stampfenden Motiv, Freia in ihrer Mitte führend, ihren Lohn einfordernd. Was Fasolt, in all seiner Riesenroheit doch ein fühlend Herz in der verliebten Brust, zur Verkündung seines Trennungsschmerzes nötigt. So daß er ein Arrangement im Aufbau der Schätze fordert, das seinem sehnsüchtigen Auge *die Blühende* gänzlich verdecken möge. Wozu das Liebesentsagungs-Motiv ertönt. Wieder also der Tauschakt: Liebe gegen Macht. Die Ware Freia wird aufgewogen gegen die Ware Gold. Um es genauer zu sagen: Ihre Gestalt wird Teil um Teil abgedeckt mit den Stücken des Schatzes – ein widriges Geschäft, das die Sensiblen unter den Göttern empört, wie es Freia elend beschämt. Wotan wendet sich angeekelt ab:

Tief in der Brust
brennt mir die Schmach.

Das spricht für seine Empfindsamkeit, doch mag er auch eingedenk dessen sein, daß diese peinvolle Affäre ursächlich verschuldet wurde von seinem Leichtsinn. Im übrigen eskaliert die Prozedur analog der Beraubung Alberichs: Als das Maß des Edelmetalls voll ist, preßt Fafner noch den Tarnhelm heraus. Wotan: *Laß ihn denn fahren!* Da aber blitzt noch Freias strahlender Augenstern, was dem liebeswehen Fasolt die Trennung unmöglich macht: Also fordert Fafner die Abdeckung dieser letzten Ritze. Womit? Mit dem Ring. Wotan fährt wütend auf, nicht anders als soeben noch Alberich anläßlich der gleichen Forderung, dessen Beraubungsszene hier ihre Spiegelung erfährt: *Wie! Diesen Ring?* Loge riskiert noch ein Ablenkungsmanöver, reklamiert den Ring als Eigentum der Rheintöchter, damit aber Wotans starre Weigerung im Gefühl neuen Besitzanspruchs nur steigernd – und hier sieht denn Fasolt seine Chance: *Wütend* zieht er Freia hinter dem Goldaufbau hervor und will sich flugs mit ihr fortmachen. Wotan scheint unbeirrt:

Laßt mich in Ruh!
Den Reif geb ich nicht.

Indes: Was in dieser finalen Situation das Flehen der übrigen Götter, was Freias Hilferuf nicht vermag, bewirkt ein mythenschwerer Auftritt, bewirkt die mahnende Allwissenheit der Urmutter, die warnende Weisheit der aus der Erdtiefe hervortauchenden Wala, der Naturgottheit Erda:

Weiche, Wotan, weiche!
Flieh des Ringes Fluch!

Die erhabene Göttin wird getragen von ihrem Motiv, das sich als Mollvariante des Natur-(Rhein-)Motivs aus dem Vorspielabgrund erweist:

Sie wirkt im verborgenen, ihr Wissen läßt sie durch ihre drei Töchter nächtlich weitergeben, die Nornen. (Gedichtet hat ihr Schöpfer die Schicksalswebenden bereits, im Vorspiel der GÖTTERDÄMMERUNG werden sie das Ende einsingen.) Heute aber zwingt *höchste Gefahr* sie auf die Erdoberfläche:

Ein düstrer Tag
dämmert den Göttern:
dir rat ich, meide den Ring!

Erda versinkt. Wotan will ihr nachstürzen, um mehr, um sie zu *fassen, alles* zu *erfahren*, wird aufgehalten von Froh und von Fricka, die mit ihrer Intervention auch als eifersüchtige Ehefrau agiert. ... *nach tiefem Sinnen*, musikalisch dargestellt durch Erdas nachklingendes Motiv, schwenkt Wotan, sich souverän fassend, das Vertragssymbol seines Speeres, mit Freia wird den Göttern die Jugend zurückkehren (diese Verheißung singt er auf dem Motiv von *Weibes Wonne und Wert*) – und: *Ihr Riesen, nehmt euren Ring!*

Sie nehmen ihn, das heißt, vorerst streiten sie um den Hort, Fafner fordert die größere Hälfte, die Götter sollen richtend schlichten. Loge, recht merkwürdig, rät Fasolt: *halte du nur auf den Ring!* Weil der Reif sich Fasolts Klage um Freias Augenstern verdankt? Da man Loge beim besten Willen auch in diesem Falle keinen fairen Rat zutrauen wird, bleibt nur die Vermutung, daß er auf diese Weise den Fluch erproben, den Haß schüren, den Streit zuspitzen will bis zu dessen tödlichem Ausgang. Fafner streckt den Bruder mit der Keule mörderisch zu Boden, *dem Sterbenden entreißt er dann hastig den Ring.* Kain und Abel hier wie einst wie künftig. Furchtbar setzt somit der Blut-Kreislauf des Ringfluchs ein, Wotan *(Furchtbar nun erfind ich des Fluches Kraft)* begreift ihn *tief erschüttert*, aus den Posaunen ertönt zweimal gewaltig und rechthaberisch drohend Alberichs Fluch-Motiv. Dagegen steht Loges zynische Gratulation:

Was gleicht, Wotan,
wohl deinem Glücke?
...
deine Feinde – sieh,
fällen sich selbst...

Freia ist freigekauft, die Gegner bringen einander um, so rechtfertige sich aufs schönste die Preisgabe des Ringes... Wotan aber ist noch gänzlich befangen in Erda und ihrer düsteren Weissagung (und ihrem Motiv), will *Sorge und Furcht* mit Hilfe ihrer Lehre enden. Das verhindert vorerst Fricka, und ihr *schmeichelnd* sich an den Mann schmiegender Einspruch, der zärtliche Hinweis auf häusliches Glück (die Melodie aufnehmend, mit der sie in der zweiten Szene ***herrliche Wohnung, wonnigen Hausrat*** besang) ist verstehbar für den, der die Zukunft kennt: Denn Wotan wird diese Absicht, diesen Drang in die Tiefe nicht aufgeben, wird zu Erda hinabdringen, wird mit ihr ein Kind zeugen zu den dreien, die sie schon hat: Brünnhilde, Halbschwester also der Nornen. Das Walhall- und das Fluch-Motiv rahmen Wotans düstere Einsicht:

Mit bösem Zoll
zahlt' ich den Bau!

Die Götter indes machen sich daran, sich seiner zu freuen, Donner reinigt mit zeichenhafter Aktion die Atmosphäre vom schwülen Nebelgedünst und ***fegt den Himmel... hell*** – da erweist sich wieder aufs höchste Wagners naturmalerische Orchestrierungskunst, machtvoll ertönt das Walten der Elemente, überstrahlt von Donners Ruf und Motiv: ***He da! He da! He do!*** Wieder die auftrumpfend steigende Quart mit ihrer sieghaften Jubelnote (gefolgt von der Sext, dann wieder die Quart):

Es was Deutschlands letzter Kaiser Wilhelm II., der sich dieses Signal einbauen ließ in sein Auto, man konnte darauf singen: »He da! der Kaiser kommt!« Eine imperial schmetternde Melodiephrase in der Tat, freilich gehört sie dem Gotte Donner, der, wie man leicht erkennen kann, mit dem Hammer besser umzugehen versteht als mit dem Kopf. Das Orchester, nach furiosem Crescendo, vollzieht seinen schmetternden Hammerschlag, der Donner fährt krachend herein – dann verziehen sich die Wolken, eine Regenbogenwölbung leuchtet schimmernd auf und führt über das Tal (des Rheines), ***im hellsten Glanze... der Abendsonne*** erstrahlt die Burg, Holzbläser und Harfen zaubern ein liebliches, auf schlichtem Dreiklang gebautes Regenbogen-Motiv:

Gott Froh beschwört auf dieser Melodie die Streben des Regenbogens, festigt ihn zur Brücke, sie führt hin zur Felsenburg, die *Bergung* bieten soll vor dem *Neid* der *Nacht*. Wotan ist gänzlich überwältigt von der Realisierung seiner Vision, das Orchester ist berauscht mit ihm, Walhall-, Ring- und Erda-Motiv singen im Verein mit. Nunmehr ereignet sich mimisch wie musikalisch wie dramaturgisch eine hochbedeutsame Geste. Wotans Worten *biete sie Bergung nun* hat Wagner eine Regieanweisung folgen lassen: *Wie von einem großen Gedanken ergriffen, sehr entschlossen* – und dieser große Gedanke geht ein in den Salut:

> *So grüß ich die Burg,*
> *sicher vor Bang und Graun…*

Er grüßt sie aber mit einer neuen, schmetternd auftrumpfenden und in die Zukunft weisenden melodischen Figur, dem hell trompetenden Schwert-Motiv:

Wieder also der stimulierende Jubel der aufsteigenden Quart (dann die verminderte Sext) – und es bleibt zu bedenken, was dieses vorauseilende, künftig die Heldensöhne begleitende Motiv hier will. Es weist demonstrativ vorauf auf Siegmund/Siegfrieds Schwert Notung. Wotans *großer Gedanke* meint also die Hoffnung auf einen Helden, der die Zeit wieder einrichten soll, die aus den Fugen geraten ist; der Schuld in Sühne verwandelt und die Schöpfung reinigen wird von dem Fluch, den Gier nach Gold und Macht über sie brachte.

In den Notizen des assistierenden Dirigenten Felix Mottl anläßlich der Bayreuther Uraufführung 1876 ist zu lesen: »Wotan ergreift ein Schwert, das unbeachtet übrig blieb vom Schatz Alberichs.« Das aber heißt: In diesem Augenblick schon gibt Wagner seinem Gott den Gedanken ein an einen aus Zweifeln, ja Verzweiflung geborenen kühnen Rettungsplan, der da hofft, mit Hilfe des »Freien«, des nicht den Bindungen des Vertrags unterworfenen gottgleichen Helden, den Bösen und das Böse besiegen zu können, den Ring zurückzuerobern, das Gewicht der Welt wieder ins Lot zu bringen (siehe oben S. 67 Cosimas Tagebuchnotiz).

Feierlich-gemessen nun der Orchesterklang, Wotan geleitet Fricka, das Walhall-Motiv (oben S. 72) ihnen zur Seite. *Walhall*: Fricka fragt nach des Namens Bedeutung – Wotan mit wagnerischer Wortüppigkeit zieht an Stelle der knappen Information die rätselreiche Umschreibung vor (statt schlicht belehrend auf die altnordische Form *Valhöll* zu verweisen, was *Halle der* [auf dem Kampffeld] *Gefallenen* meint):

Was, mächtig der Furcht,
mein Mut mir erfand,
wenn siegend es lebt,
leg es den Sinn dir dar!

Das will sagen: Warte ab, bis mein Entwurf sich in seiner Praxis bewährt, dann begreifst du's...

Pompöser Einzug eines auf scheinbarem Höhepunkt schon verlorenen Geschlechts, das die Kunde von seiner *Dämmerung* gehört, aber nicht verstanden hat. Verblendung als Vorstufe und Vorzeichen des Untergangs. Nur Loge, der gewitzte Intellektuelle, der illusionslose Realist und geschäftige Arrangeur, hat begriffen – und distanziert sich folgerichtig: *Ihrem Ende eilen sie zu...* Schlau erwägt er, sich aus der bedrohlichen Affäre zu ziehen, sich zu verabschieden aus dem verlorenen Spiel, sich von den Göttern abzusetzen; den Göttern, die ihn – das Feuer – einstmals gezähmt haben und die er dereinst »aufzehren« wird. So spielt denn widerspenstig sein flackerndes Feuer-Motiv in die üppigen Abschlußharmonien hinein*.

Der vermessen-erhabene Schritt der Prozession indes wird peinlich aufgehalten: Das klagende Lied der Rheintöchter *(Rheingold! Rheingold!)* dringt herauf, bleibt unverstanden, Loge übersetzt ihre Bitte um Rückgabe des Goldes, Wotan wehrt zornig ab: *Verwünschte Nicker!* Aber nicht sie, er ist es, der »verwünscht« ist. Loge erweist sich einmal mehr als der freche Zyniker, der er ist *(in das Tal hinabrufend)*: Der neue Glanz der Götter möge ihnen doch als Ersatz dienen für das verlorene Gold...

Da singen sie das letzte Wort, dem Feuer antwortet sein Gegenelement, aus dem Wasser klingt es, aus tiefem ungewußten Wissen:

Traulich und treu
ist's nur in der Tiefe:
falsch und feig
ist, was dort oben sich freut!

Nochmals das Schwert-Motiv. Dann fällt der Vorhang.

Anmerkungen

zu S. 68 (Vorspiel): In seiner Autobiographie MEIN LEBEN (1869 verfaßt) berichtet Wagner (S. 511f.) von einer Italienreise im Herbst 1853. Ein Ausflug nach La Spezia versetzt ihn in einen zwischen Wirklichkeit und Wahn schwebenden Traumzustand, bewirkt durch Übelsein (»Dysenterie«, und zwar »infolge des unvorsichtigen Genusses von Gefrorenem«), durch Seekrankheit, Erschöpfung, Schlaflosigkeit, Fieber. Auf »ein hartes Ruhebett« ausgestreckt, erwartet er »todmüde« den erquikkenden Schlaf, statt dessen versinkt er in einen somnambulen Zustand mit der Empfindung stark fließenden Wassers: »Das Rauschen desselben stellte sich mir bald im musikalischen Klange des *Es-dur*-Akkordes dar, welcher unaufhaltsam in figurierter Brechung dahinwogte [...].« Jäh erwacht erkennt er, das bisher nur vage ertastete Vorspiel zum RHEINGOLD empfangen zu haben. »Sogleich beschloß ich nach Zürich zurückzukehren und die Komposition meines großen Gedichtes zu beginnen.« Inspirationslegenden sind Teil des Selbstverständnisses eines Künstlers. Sind überdies allermeist vom entschiedenen Willen zur Selbststilisierung geformt. So etwa auch in Wagners Schilderung von der Konzeption des MEISTERSINGER-Vorspiels, wie es ihm angeblich aufgegangen sei in der nächtlichen Bahnfahrt im November 1861 von Venedig nach Wien.
Bei genauer Betrachtung hat die Forschung deutlich gemacht, daß Wagner über Monate hin vom Herbst 1853 bis Frühjahr 1854 an der Skizzierung und Ausführung des RHEINGOLD-Vorspiels gearbeitet, geändert, fortgelassen und ergänzt hat. Was sich auch aus dem Studium

seiner Briefe aus jener Zeit rekonstruieren läßt. Die konzentrierende Stilisierung dieses komplizierten Prozesses zu einem einzigen Empfängnisakt verdankt sich im übrigen nicht zuletzt der Lektüre Arthur Schopenhauers, auf dessen Werk Georg Herwegh Wagner etwa ein Jahr später, im September 1854, gestoßen hat. Lektüre, die für ihn eine Art Erweckungserlebnis im Sinne eines Wiedererkennens von unbewußt Gewußtem war. In Schopenhauers Ästhetik aber spielen auch Überlegungen zu Wachen und Träumen und Halbschlaf und somnambulen Zuständen eine bedeutsame Rolle (und zwar in den PARERGA UND PARALIPOMENA). Gedanken, die Wagner mithin rejiziert in die Phase der La-Spezia-Episode, als er 15 Jahre später in seinem Lebensbericht die Entstehung des Vorspiels reflektiert.
(Genaueres ausführlich und überzeugend, vermehrt um den Abdruck der Quellen, bei Reinhard Wiesend, »Vision und Kalkül – Vom Sinn der La-Spezia-Episode«, im Programmheft zum RHEINGOLD der Bayreuther Festspiele 1992, S. 1–20.)

Anzumerken bleibt noch ein zweifaches Vorbild aus altnordischer Tradition: Das Motiv von den die Burg errichtenden Riesen-Baumeistern fand Wagner in der SNORRA-EDDA. Und Loges dreistes und rüdes Verhalten den Göttern gegenüber hat sein Vorbild in dem EDDA-Lied von den *Locasenna*, den »Zankreden Lokis«, darin er die Götter lästert und von ihnen entsprechend beschimpft wird.

zu S. 69: siehe P. W., in: DER TRAURIGE GOTT, S. 136–157.

zu S. 72: ebd., S. 128–135.

zu S. 90: ***Denn dient ihr Männer / erst meiner Macht, / eure schmucken Frau'n – / die mein Frein verschmäht – / sie zwingt zur Lust sich der Zwerg, / lacht Liebe ihm nicht.***
Seit dem unseligen Abenteuer auf dem Grunde des Rheins hat Alberich offenbar einen Rheintöchter-Komplex, und er kompensiert sein Versagen in wüsten Visionen. Mit deren Hilfe sich immerhin andeutend erklärt, daß er, »der Liebelose«, im Zeitalter der GÖTTERDÄMMERUNG als der Vater Hagens auftritt, den er auf der Jagd nach dem verlorenen Ring als seinen Erfüllungsgehilfen gezeugt hat, und zwar mit der Gibichungen-Königin Grimhild. Der fürwitzig fragenden Logik ist damit allerdings nicht gänzlich genug getan, denn »die Männer« hat er durchaus nicht entmachtet, wohl aber scheint ihm nach der brutalen Beraubung durch Wotan noch eine Goldreserve, verbunden mit dämonisch-kreatürlicher Vitalität, geblieben zu sein, die ihn ohne Liebe den Zeugungsakt, ***das Wunder gelingen*** läßt.

zu S. 100: Newman, S. 492, verweist darauf, daß man eine Parallele dieser Schlußszene zu der des AGAMEMNON von Aischylos festgestellt hat. Das

Mörderpaar (Klytemnästra und Ägisth) wiegt sich in trügerischer Zuversicht, der Chor aber warnt und deutet dumpf zukünftiges Unheil an: »In the *Rhinegold* Wotan and the Gods enter Walhall confident that henceforth they will be secure; but the doom foreseen by the cynical Loge will for all that fall on them in the end.«

Erster Tag: Die Walküre

»... das erinnert uns, daß Richter uns erzählt hat, der König habe bereits seine *Stallknechte* für die Walküren bestimmt, während R. diese nur als Nebelbilder dargestellt haben will!«

Cosimas Tagebuch am 2. April 1870

»Bei Gelegenheit der fehlerhaften Aussprache die Wal*küre* ereifert sich R. und sagt, woher denn die Leute ihre Kenntnisse der Dinge hernähmen, ›zur Wal kor ich mir‹ u.s.w. ließ er Brünnhilde sagen, und dabei sprechen die Leute alle das Wort französisch aus.«

Cosimas Tagebuch am 22. Juli 1872; siehe auch die Eintragung am 12. Oktober 1882

»... dann singt R. aus der Walküre, am Schluß bemerken wir gemeinschaftlich, daß die Walküre das pathetischste, tragischste seiner Werke ist ...«

Cosimas Tagebuch am 31. August 1873

Personen

Siegmund *(Tenor)*; Hunding *(Baß)*; Wotan *(Baßbariton)*; Sieglinde *(Sopran)*; Brünnhilde *(Sopran)*; Fricka *(Mezzosopran)*; Walküren: Gerhilde *(Sopran)*, Grimgerde *(Alt)*, Helmwige *(Sopran)*, Ortlinde *(Sopran)*, Roßweiße *(Mezzosopran)*, Schwertleite *(Alt)*, Siegrune *(Mezzosopran)*

reine Spieldauer: etwa viereinhalb Stunden

Erster Aufzug

Das Innere eines Wohnraumes

Erste Szene

Das Vorspiel des Orchesters – *Stürmisch, d-Moll* – kündigt an, stimmt ein. Wütender Aufruhr der klanglichen Elemente verweist auf das Toben der Naturelemente, auf das triebhafte Walten der ungebändigten Mächte, auch wohl auf die Heftigkeit sinnlichen Temperaments. Das Drama, das in Ober- und Unterwelt begann, neigt sich, irdisch werdend, zur Tragödie. Zu den mythischen Wesen der Vorzeit gesellen sich die menschlichen der Urzeit. Denn irgendwann – bestimmter kann die zeitliche Fixierung nicht lauten –, irgendwann hat Wotan mit einem Menschenweib zwei Kinder gezeugt, ein männlich-weibliches Zwillingspaar. Das wird geschehen sein im Schatten der Ringaffäre, wird geschehen sein vielleicht schon in der Absicht, den »Freien« zu schaffen, der, ledig vom auch die Götter bindenden Gesetz, durch einen Gewaltakt den Status quo ante wiederherstellen soll, den eines von der unkalkulierbaren Willkür des jeweiligen Ringbesitzers nicht ständig bedrohten Weltfriedens.

Ein Gewittersturm peitscht den Flüchtling auf seinen Weg, der ihn zum vorbestimmten Ziel führen wird, das Orchester illustriert seinen Lauf mit monotonen Zuckungen, das Motiv des Donnergottes schmettert hell und verbindet musikalisch das RHEINGOLD, den *Vorabend* also, mit dem *Ersten Tag* – die doch in mythischen Äonen unzählbar weit voneinander getrennt sind. Man hört den Blitz, er schlägt unmittelbar ein (die Pauke macht es deutlich), durch das Chaos der gewitternden Natur hat der Mann sich geschlagen – wie zuvor durch das Chaos der einander bekämpfenden Menschen.

Der Orchesterklang verliert sich ins Piano, verstummt gänzlich, das Unwetter hat sich gelegt – um so eindringlicher die einsame menschliche Stimme, unbegleitet (in jeglicher Hinsicht) um Asyl bittend in Hundings Hütte:

> *Wes Herd dies auch sei,*
> *hier muß ich rasten.*

Wir sind im Inneren eines Wohnraums, die Hütte ist kein Palast, aber doch eine imposante Behausung, wie sie einem germanischen Stammesfürsten zusteht. In ihrer Mitte ein gewaltiger Eschenstamm, dessen Äste durch das Dach hinauswachsend das Menschenwerk in der Natur aufgehen lassen – und gewiß assoziiert diese Esche auch jenes von Wotan versehrte Urbild der Weltesche.

Sieglinde tritt hinzu: *Ein fremder Mann?*, nicht also der erwartete. Die einander da begegnen, begegnen werden, der Mann und die Frau, sind einander unbekannt, sind sich selber unbekannt und wissen unwissend doch vom ersten Augenblick an, daß sie zueinander gehören. Daß sie einander gehören.

Das Cello in sonorem Solo übernimmt es, den Weg der Augen nachzugehen, den Weg des Blickes im Siegmund-Motiv, das übergeht in das Wälsungen-Motiv:

Der Fremde fragt, die Frau nennt nicht ihren Namen, sondern ihr Schicksal:

> *Dies Haus und dies Weib*
> *sind Hundings Eigen...*

Siegmund – nach Heldenart – bagatellisiert seine Wunden, deutet seine Flucht vor der *Feinde Meute* an (und damit unwissend schon die fatale Beziehung zu Hunding) – und macht aller Ermattung zum Trotz der Frau schon sein Kompliment: *die Sonne lacht mir nun neu.*

Sie lacht nur einen Augenblick, schon will der Jüngling wieder aufbrechen, nachdem beider Augen sich über dem Trinkhorn *in starker Ergriffenheit* getroffen haben, unselig, wie er ist, will er Unheil, will er ***Mißwende*** nicht wie eine ansteckende Krankheit weitergeben. Da hält sie ihn mit dem so knappen wie erschütternden Geständnis:

> ***Nicht bringst du Unheil dahin,***
> ***wo Unheil im Hause wohnt!***

Er bleibt, stellt sich vor mit einem seiner Namen: ***Wehwalt.*** Und erwartet Hunding.

Zweite Szene

Der Herr des Hauses kehrt zurück, getragen von seinem düsteren dynamisch punktierten Droh-Motiv:

Hunding: eine Figur, die Respekt verlangt, der Respekt gebührt. Seine an Brutalität grenzende Schroffheit ist Teil seiner Standesauffassung, und allemal spricht für ihn, daß er einst entgegen der Tradition adliger Sippen ein heimat- und familienloses verschlepptes Mädchen zur Frau genommen hat. Bezeichnend, daß nicht er das erste Wort nimmt, sondern, von seinem Blick aufgeschreckt, Sieglinde sogleich eine Art Rechtfertigung meint formulieren zu müssen:

> ***Müd am Herd***
> ***fand ich den Mann…***

Jeglichen Zweifel auslöschend, proklamiert Hunding demonstrativ:

> ***Heilig ist mein Herd:***
> ***heilig sei dir mein Haus!***

Damit ist ein Gesetz formuliert: das des sakralen Charakters der Gastfreundschaft, des Gastrechts, das wechselseitig bindet. Die Bestätigung liegt in dem folgenden Befehl an die Frau: Hunding zögert keinen Augenblick, mit dem Fremden das

Brot zu brechen. Der Fremde aber wird das »heilige« Gastrecht brechen.

Der rohe Kriegsmann ist übrigens ein sensibler Beobachter: *Wie gleicht er dem Weibe!* Sogleich spürt er die besondere Beziehung der beiden, sieht in ihren Augen das gleiche Drachenfeuer glimmen, das man sich als ihr göttliches Erbe erklären mag*.

Der Wirt tastet sich heran an die Person des andern – der weicht aus und fragt die Gegenfrage. Also stellt Hunding sich vor in all seiner Machtfülle:

> *Des Dach dich deckt,*
> *des Haus dich hegt...*

Und erkundigt sich konsequent, aber höflich nun nach dem Namen des anderen. Der zögert – und nennt sich, wie zuvor umschreibend, *Wehwalt**.

Es ist bezeichnend für Sieglindes – ihr unbewußtes – Ahnen, daß sie voller Wißbegier die genealogische Fährte verfolgt:

> *Doch weiter künde, Fremder:*
> *wo weilt dein Vater jetzt?*

(*Fremder* nennt sie ihn hier zum letzten Mal – künftig: *Gast* und *Freund*, bis sie ihm den Namen gibt.)

Im dramatisch schildernden Rezitativstil berichtet nun dieser Wehwaltende von Mutter und Schwester, von Mord und Brandschatzung, von *Wolfe* dem Vater und von der Jagd der *Neidinge* auf Vater und Sohn. Die Spur des Vaters verlor sich im Nichts, dem Wölfing blieb das Fell nur,

> *leer lag das vor mir,*
> *den Vater fand ich nicht.*

Leer *lag das* [Fell] *vor mir*: Da geht es um die altgermanische Vorstellung vom *Werwolf*, der Zwittergestalt von Mann und Wolf, mythische Mensch-Tier-Verwandlung, wie sie auch im *Berserker (Bären-Hemder)* fortlebte und von der auch die VÖLSUNGA-SAGA erzählt.

Den *Siegmund der Wölfing* nicht fand, den Vater: der Hörer findet ihn, dank den wissenden Posaunen, die im Pianissimo das Walhall-, Wotans schon aus dem RHEINGOLD vertrautes Motiv ertönen lassen.

Ein vom Schicksal, von der Norn Geschlagener; und nicht frei von dunkler Ahnung, es bringe Unheil der vom Unheil Verfolgte, äußert Hunding, der widerwillige Gastgeber, sich mißmutig: *froh nicht grüßt dich der Mann...*

Nach Enthüllung der Vorgeschichte schuldet der Gast noch die Erklärung des gegenwärtigen Zustands, auf die Geschichte der Jugend folgt die der jüngsten Gegenwart – die mündet in den erzählenden Augenblick. Eine wilde Ballade vom Kampf für die und um die gegen ihren Willen vermählte Braut. Es scheint, als sei nicht anders als sein Schöpfer Richard Wagner dieser junge Heros einer, der sich in alles ständig einmischen muß, das kann nicht gutgehen, sein heldisches Ungestüm richtet sich schließlich gegen ihn selbst, und nicht zum ersten – wohl aber zum letzten – Mal muß er einer brutalen Übermacht weichen.

Auf den ersten Blick scheint die blutige Episode von der Logik des Handlungsverlaufs her entbehrlich. Der erste Blick aber täuscht, wie so oft. Denn sie hat durchaus sinnvolle Funktion, und zwar auf vierfache Weise.

Zum ersten erklärt sie das äußerliche, aber in diesem Kulturkreis bedeutsame Faktum der Waffenlosigkeit des jungen Mannes. *Zum zweiten* entwirft sie bezeichnend eine Parallelfigur: Der Bericht von der gegen ihren Willen zur Ehe gezwungenen Frau wird erzählt im Hause einer gegen ihren Willen zur Ehe gezwungenen Frau. *Zum dritten* demonstriert der Fall den ritterlich-helfenden Charakter »Wehwalts« und deutet Künftiges dunkel voraus – denn der hier sein Leben aufs Spiel setzte in der Verteidigung einer Frau, er wird es bald ein weiteres Mal tun und dabei sein Leben verlieren. Vor allem aber (und *viertens*): Hunding und sein ungebetener Gast werden hier als Feinde entdeckt, schon bevor die Entführung der Ehefrau den rechtlichen Anlaß der Gegnerschaft liefert. Denn wiederum zeigt die Musik, was die Handelnden in diesem Stadium noch nicht wissen. Als atemlos der junge

Kämpfer berichtet vom Ansturm der Sippen derer, die er erschlug:

> *[sie] stürmten daher;*
> *übermächtig*
> *ächzten nach Rache sie...,*

da weiß und enthüllt die Musik, wer da nach Rache ächzt, es ertönt das dunkel hämmernde Baßmotiv Hundings, das übrigens an das der geknechteten Nibelungen erinnert.

Der Berichtende schließt mit einer innig berührenden Phrase:

> *Nun weißt du, fragende Frau,*
> *warum ich Friedmund – nicht heiße!*

Nur an sie richtet er sich – und dazu ertönt ihrer beider Motiv, das der Wälsungen.

Hunding sieht nun klar, die Situation ist heillos und durchaus tragisch, er wurde in dieser Sache zur *Rache... gerufen*, kam zu spät – und nun ist der von ihm verfolgte *flücht'ge Frevler* sein Gast. Geschützt durch das Gastrecht, vorerst jedenfalls, morgen indes wird er *mit starker Waffe* sich wehren müssen im Rachekampf.

Und *barsch* scheucht der Mann sein Weib ins Schlafgemach, nicht ohne ihr zuvor den Befehl zur Bereitung des Nachttrunks gegeben zu haben. Das hätte er besser nicht getan...

Stummes Spiel nun, eine Pantomime, vom Orchester geführt. Sieglindes Blick sucht den des Gastes, lenkt ihn zwingend auf eine bestimmte Stelle im Eschenstamm. Zart untermalen erst die Holzbläser das Spiel, bis die Baßtrompete entscheidend ausholt, leise nachgeahmt von Oboe und Englischhorn: Es handelt sich – natürlich – um das Schwert-Motiv, wie es zum Finale des RHEINGOLDS erklang:

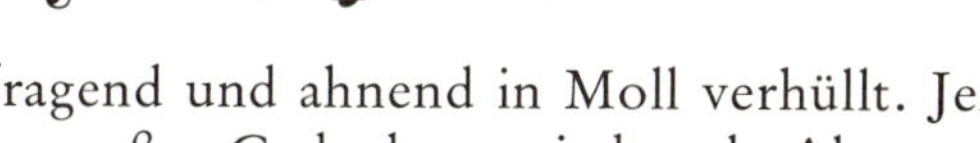

– vorerst fragend und ahnend in Moll verhüllt. Jenes Motiv, das Wotans »großen Gedanken« wiedergab. Abgewandelt trägt es nun den großen Ausbruch dessen, der in dunkler Einsamkeit, vom verglimmenden Herdfeuer matt beleuchtet, einen Ausweg sucht: *Ein Schwert verhieß mir der Vater,* die Erinnerung gipfelt in dem mächtigen *Wälse*-Ruf, Paradenummer des sich ins Heldenfach steigernden Tenors. *Wo ist dein Schwert?* Die Antwort gibt unüberhörbar das in C-Dur gewendete Schmettern der Trompete.

Dritte Szene

Auch Siegmund versteht; aber, sehr bezeichnend: die Vorstellung von der *blühenden Frau* überlagert die des dringlich begehrten Schwertes, die Glut des Herdes verlischt, in der Brust indes bleibt lichtlose Glut – und sie beschwört die Frau.

Das Schwert, Waffe des Zertrennens, vermag auch zu binden, hier ist es das Instrument, über dem die beiden jungen Menschen sich finden – Menschen, die, genau bedacht, Halbgötter sind. Sieglinde huscht aus dem Schlafzimmer in den Saal, vor Hundings wachsamem Mißtrauen geschützt dank dem betäubenden Drogentrank, den sie ihm listig gemischt hat. Nun ist es an ihr, die eine Vorgeschichte, die des Gastes, zu ergänzen durch die andere, die eigene: die von der erzwungenen Hochzeit mit dem ungeliebten Manne. Von einer merkwürdigen Szene ist da zu berichten: Die Gäste trinken, die Braut versinkt in ihrem Schmerz – da tritt ein Fremder herein: *ein Greis in blauem Gewand,* verdeckt das eine Auge, das andere indes strahlt, Angst den Männern einflößend, der Braut aber in einer zart-innigen musikalischen Phrase *Tränen und Trost zugleich* schenkend; und dazu das Schwert, das er bis zum Heft (und motivgestützt) in den Eschenstamm stößt, es dem zusagend, dem es wieder herauszuziehen gelingen werde. Was ein jeder Besucher seitdem versucht hat, vergeblich. *Da wußt' ich, wer der war...*

Wußte sie, daß es der Vater, wußte sie, daß es der Gott war? Der Hörer jedenfalls, bevorzugt durch die Kenntnis

Abbildungen: Siegmund und Sieglinde

23 *Natalija Schpiller als Sieglinde, N. Tschanajew als Siegmund (oben links), Pantomimengruppe; Regie: Sergej Eisenstein, Bühnenbild: Pjotr Wiljams; Bolschoi-Theater, Moskau 1940.*

24 *Liane Synek als Sieglinde, Sebastian Feiersinger als Siegmund; Regie: Heinz Tietjen, Ausstattung: Nicola Benois, 1943; Teatro alla Scala, Mailand 1962.*

25 *Jon Vickers als Siegmund, Gundula Janowitz als Sieglinde; Regie: Herbert von Karajan, Bühnenbild: Günther Schneider-Siemssen, Kostüme: Georges Wakhevitch; Metropolitan Opera, New York 1967.*

26 *Siegfried Jerusalem als Siegmund, Jeannine Altmayer als Sieglinde; Regie: Peter Hall, Ausstattung: William Dudley; Festspielhaus, Bayreuth 1983.*

Geleitet von der Idee, Form und Inhalt, Drama und Mythos in Einklang zu bringen, verfolgte Eisenstein in seiner berühmten Inszenierung, die von offizieller Seite als kulturelles Repräsentationsobjekt des Hitler-Stalin-Paktes in Auftrag gegeben war, eine synkretistische Einheit von Menschen und Umwelt und ließ Sieglindes Erzählung (hier ihre Begegnung mit Wotan während ihrer Hochzeit) durch einen sogenannten »pantomimischen Chor« sichtbar werden. Als zentrales Bildsymbol wandelt sich die Esche am Ende des I. Aufzugs in ein »pantheistisches Sinnbild des Weltalls« (23). Zu epischer Größe wächst das Geschehen mit Hilfe der wenigen und gewaltigen raumfüllenden Elemente von Baumstamm, Halbkreis und blendendem Licht bei Schneider-Siemssen (25). Im Unterschied dazu dokumentiert Benois' Naturbild die Tradition der malerischen russischen Naturdarstellung (24), ohne daß es als interpretatorisches Zeichen entworfen ist. In vielen Details – so den sich verzweigenden Baumwurzeln – der Bayreuther Inszenierung, die das Werk »naiv«, als Märchen, erfahrbar machen will, zeigt sich der bewußt gesuchte Anschluß an Wagners Szenenanweisung (26).

23

24

25

26

des Motivs, hat die Walhall-Klänge unmittelbar deuten können, die jene Passage vom Fremden, der da hereintrat, untermalen.

In hoffnungsvollem Jubel vertraut Sieglinde sich dem Manne an, dem Fremden, der nun keiner mehr ist, die Glut der Liebe flammt auf, wie die im Herd verlosch, das Orchester lodert mit den beiden Entflammten, sechs Harfen (darunter tut Wagner es hier nicht) klingen, als wollten die Saiten zerspringen; es reißt die Tür, die Wand, es reißt die Szene auf:

Winterstürme wichen
dem Wonnemond...,

ein neues Zeitalter bricht an:

Der junge Held singt, als habe sein Komponist sich niemals verlautbart wider das belkantistische Opernvehikel der (Nummern-)Arie...

Die bräutliche Schwester
befreite der Bruder

– das meint wörtlich den Frühling und die Liebe, hier meint es aber auch das Paar, das sich kannte von jeher und das sich nunmehr *er*kennt. Denn Sieglinde erfährt das Wunder:

den heut zuerst ich erschaut,
mein Auge sah dich schon!

Und das Walhall-Motiv befestigt akustisch diesen Rückgriff in die gemeinsame Abstammung und Kindheit. Sieglinde freilich ist auf das optische Moment angewiesen, sieht ihr Bild, wie es der spiegelnde Bach ihr zeigte, nun in dem Gegenüber wieder. Und vom Optischen ins Akustische sich wendend, erkennt sie eine aus weiter Ferne klingende Stimme als plötzlich nah, erkennt deren Ähnlichkeit mit der eigenen; erkennt schließlich in des anderen Auge das Auge des sie grüßenden greisen Fremden, *als der Traurigen Trost er gab* – und als dessen Kind sie sich blitzhaft begriff. Sieglinde erfaßt nunmehr ahnend die Zusammenhänge – noch verhindert ein leises retardierendes Motiv die gänzliche Auflösung. Wieder geht es um Namen, die als solche die genealogische Beziehung herstellen, wie sie die schicksalhafte Bestimmung verheißen. Nicht *Wehwalt*, nicht *Friedmund* noch *Wölfing* heißt der nahe Fremde, er offenbart sich über des Vaters Namen, und der war *Wälse* (wozu wieder dessen Walhall-Motiv tritt).

Sie aber gibt ihm seinen wahren Namen, er heißt jetzt, er *ist* jetzt Siegmund, und er nimmt mit seinem Namen sein Schicksal an:

Siegmund heiß ich
und Siegmund bin ich!

Für keinen anderen als ihn hat einst jener Wälse das Schwert in den Stamm gerammt.

So faßt er dessen Griff und stimmt einen Hymnus an wie ein Gebet:

Heiligster Minne
höchste Not,
sehnender Liebe
sehrende Not...,

sie brennen ihm in der Brust, ihn drängend *zu Tat und Tod*. Die Tat ist vorerst der Gewinn des Schwertes, er gewinnt es mit einem Hymnus an die Minne-Liebe. Das ist merkwürdig und wird merkwürdiger noch dadurch, daß diesen Worten jenes Motiv unterlegt ist, das wir aus dem RHEINGOLD als das Liebesverzicht-Motiv kennen. Im Banne also dieser Tonfolge der Entsagung erlebt Siegmund die Liebe, eine irritierend tiefsinnige Umkehrung. Einst ging einer, ging Alberich daran, sich alle Macht dieser Erde zu erringen – der Preis war der Verzicht, war die Verfluchung der Liebe. Nun geht einer daran – und ihn begleitet das nämliche musikalische Motiv –, mit dem schrankenlosen Bekenntnis zur Liebe Macht über sich selbst zu erringen, sein persönliches, zum ersten Male erfahrenes Schicksal auf sich zu nehmen. Der – ihm unbewußte – Preis wird der Verlust seiner Macht, wird der Verlust seines Lebens sein.

(Oder will der musikalisch-motivische Hinweis auf das Entsagungsmoment andeuten, daß hier ein Verzicht geboten wäre, wo Bruder und Schwester einander sich zu verbinden im Begriff sind? Hat Wotan diese – demnächst Fricka empörende – Folge seines wegbereitenden schwertschenkenden Handelns wohl mitbedacht? Fragen jenseits einer Antwort, es sei denn, sie klärten sich mit Hilfe jener Wotan-Verse im Disput des zweiten Aufzugs, die unkomponiert blieben; siehe dazu auch S. 122.)

Wieder dann ein Akt der Namengebung: Der nun Siegmund heißt, nennt sein Schwert *Notung* – und er reißt es heraus aus der Baumscheide.

Wagner begleitet den Vorgang mit rasenden Orchesterklängen und einer Regieanweisung, die man gerne geändert hätte und von der man sich fragt, warum die um ihre eigene Originalität oft mehr als um die des Werkes besorgten Regisseure sie noch nie zweifelnd bedacht haben, da ihre Nichtbefolgung doch von stringenter Logik wäre. Warum sollte Siegmund das Schwert *mit einem gewaltigen Zuck... aus dem Stamme* ziehen, da es ihm doch von allem Anfang an zubestimmt war? Es kann doch nicht um die billige Pointe gehen, die da vor allen bisher ihre Muskelkraft Erprobenden die überlegene rohe Körpergewalt des Gottessohns beweist. Er ist der Bestimmte und Erkorene – als solcher würde er sich herrlich bestätigen, indem er mit leiser, fast spielerischer Gebärde sein Schwert aus dem Stamme löst und es als sein Triumphzeichen und endgültiges Legitimationsinstrument der Schwester präsentiert. Als Brautgabe.

(Die VÖLSUNGA-SAGA im Kapitel 3: »Da trat Sigmund hinzu..., packte das Schwert und zog es aus dem Stamme, und es war, wie wenn es los da läge vor ihm.«)

Der Rest ist nicht Schweigen, sondern die Explosion von Heldenkraft und Heldenliebe in den gipfelstürmenden Klängen eines entfesselten Orchesters. Siegmund gewinnt die *eigne Schwester... zu eins mit dem Schwert*. (Hier hat die plane tiefenpsychologische Deutungslust ihre üppige Chance.) Die beiden, die Liebe noch nie erfahren haben, bekennen sich in herrischem Trotz und wilder Passion zueinander, wissen nichts von Tabu und Inzest und geben dem Absurden die Leidenschaft des Natürlichen. Und unter dem ekstatischen Stakkato des in höchster Disziplin aus den Fugen geratenden Orchesters fallen sie ineinander hinein: *so blühe denn, Wälsungenblut!*

Von *wütender Glut*, von einem *Schrei* weiß die Regieanweisung; und: *der Vorhang fällt schnell*. Die Musik aber bezeugt um so deutlicher, was er verbirgt.

Zweiter Aufzug

Wildes Felsengebirge

Erste Szene

Wie so oft bei Wagner, bricht das Orchestervorspiel mit der Macht einer Natursymphonie herein, in gehetzter Atemlosigkeit blitzt das Schwert-Motiv auf, dann ertönt das der Wälsungenliebe und Hundings, sie gehen über in das Feuer des Walkürenritts: all dies als tönende Verwirklichung von Siegmunds und Sieglindes einziger Liebesnacht (in der Siegfried empfangen wird).

Der Gott, hier als Kriegsgott, gibt seine Ordre. Gibt sie der liebsten Tochter, sie ist nach dem Geschehen des RHEINGOLDS, ist nach einem (uns vorenthaltenen) Gang in die Tiefe zur Göttin Erda hinzugekommen zu den acht Walküren: Brünnhilde, Wotans und der Wala Kind.

Sie schmettert ihren wilden Schlachtruf, ihr ***Hojotoho***. Der, wird er lediglich gesprochen, zu Albernheit verkommt, der indes als klangmalerischer Ausdruck ungebändigter Wildheit die menschenstimmliche Entsprechung der Tonfolge des Kampfrufs ist:

Eine extreme Zumutung an die hochdramatische Sängerin der Rolle, die im elften Takt ihres ersten Auftritts bereits die Stimme ins hohe C hinaufschleudern muß.

Wotans Befehl ist eindeutig, in dem anstehenden Kampf des geschändeten Ehemanns und entehrten Gastgebers gegen den flüchtigen Gast soll Siegmund der Sieg bleiben. Aber die Dinge nehmen ihre Wendung ins Tragische – wie es unabwendbar ist, wenn der Wahrer des Rechtsprinzips sich zum Wahrer der

Rechtsverletzung aufwirft. Es folgt eine dem bevorstehenden Waffenstreit korrespondierende Streitszene, die der ehelichen Auseinandersetzung. Fricka hat den sich vor ihr verbergenden Gatten (er weiß warum) aufgespürt, sprengt heran mit dem Widdergespann, Brünnhilde entfernt sich weislich ***(In solchem Strauße streit ich nicht gern)***, Wotan seufzend zwar, aber standhaft, stellt sich der ***alten Müh'*** im Versuch neuer Bewährung seines nicht ungetrübten Gewissens. Fricka fordert Hilfe im Bereich jenes Ressorts, das ihrer göttlichen Kompetenz anvertraut ist, und ihr Thema wird sogleich vom Orchester angespielt: Es läßt Hundings Motiv ertönen, der sie, der Ehe Hüterin, zur Ahndung des Verbrechens angerufen hat.

Auf die Anklage hin versucht Wotan – wir kennen diese Wendung von ihm – auszuweichen: Liebe weiß von keinem Gesetz und bedarf keiner Entschuldung. Das aber kann bei Fricka nicht verfangen, ***töricht und taub*** stelle er sich, es geht nicht um die Liebe, sondern um die Verletzung von ***der Ehe heiligem Eid***.

Der Disput wird von Fricka geführt mit Empörung erst, mit zunehmender und endlich triumphierender Kälte dann. Wotan entspricht in einer Gegenbewegung, anfangs respondiert er mit jovialer Überlegenheit, dann leise resignierend, schließlich kapitulierend in ohnmächtigem Zorn. Denn Frickas Position ist die des positiven Rechtes, und sie ist wie dieses unantastbar. Und zuallerletzt darf es angetastet werden durch den, dessen Speer seine Integrität verbürgt. Fricka ist als die Wahrerin von Herd und Ehe die Wahrerin einer auf der Ordnung der kleinsten Bindung beruhenden großen Ordnung, eben der Weltordnung. Die Musik stützt diese Position insofern, als Frickas Worte getragen sind von musikalischen Figuren traditionell-konservativer Machart.

Die Verletzung des rechtlich-sozialen Instituts der Ehe also verlangt gebieterisch nach Sühne. Der Romantiker Wotan hingegen achtet einen Bund gering, den nicht das Gefühl, sondern der Zwang fügte. Da steigert Fricka ihre Argumentation durch das wütende Verklagen der Blutschande:

Wann ward es erlebt,
daß leiblich Geschwister sich liebten?

Wotan, in spielerischer Gelassenheit, begnügt sich mit der von jovialem Humor unterlegten Antwort: *Heut – hast du's erlebt!*

Es ist nicht unbedeutend, daß diese eristische Debatte in Wagners ursprünglicher Textfassung rund 130 Verse mehr umfaßte, die eingefügt waren zwischen Frickas *Wie töricht und taub du dich stellst* bis zu Wotans nahezu zynisch klingender Aufforderung:

so segne, lachend der Liebe,
Siegmunds und Sieglindes Bund!

Einen Bund, den Wotan wenn nicht vorausgesehen, so doch als sich möglicherweise organisch ergebend in sein Kalkül einbezogen hatte. Denn in jenem später getilgten Part finden sich unter anderem die Verse:

Das Zwillingspaar
zwang meine Macht:
Minne nährt' es
Im Mutterschoß;
unbewußt lag es einst dort,
unbewußt liebt es sich jetzt...

(Womit die Andeutung einer Antwort auf unsre Frage nach Wotans Berechnung auch der Inzestverwicklung gegeben wäre. Doch siehe die Anmerkung unten S. 152f.)

Die Streichung dieser großen Versgruppe sollte übrigens nicht verstanden werden als Ansatz zur materiellen Ökonomie – solche Not hat Wagner kaum je bekümmert. Vielmehr ist diese ursprüngliche Partie von einem höheren Maß an Verständnis für Wotans Haltung, also für das geschwisterliche Liebespaar, grundiert, als es dem notwendigen Ende der Auseinandersetzung geziemt, die doch auf die Überlegenheit von Frickas Rechtsstandpunkt hinauslaufen muß.

Heut – hast du's erlebt, und die Celli lassen das liebliche Motiv der Winterstürme aufklingen.

Die Erfahrung der Psychologie und ihr folgend die der Dramaturgie weiß, daß und wie familiärer Streit, insbesondere der unter Ehepartnern, das Wesen der Kontrahenten bloßlegt. Im Akt der Anklage, Klage und Rechtfertigung entblättern sie sich selbst und enthüllen einander. Symptomatisch für den Göttervater und sein herrisches Tun schon sein Bekenntnis (hier gilt es dem in seinen Augen legitimen Widerstand gegen den erzwungenen Ehebund):

denn wo kühn Kräfte sich regen,
da rat ich offen zum Krieg.

An Wotans vorerst unerschütterter Gelassenheit, Ausdruck jener Selbstgerechtigkeit, die er sehr bald wird aufgeben müssen, scheint Fricka anfangs zu scheitern. So bricht sie denn *in höchste Entrüstung* aus, den Einzelfall nutzend als Bild für die totale Auflösung des von der Integrität des göttlichen Willens zusammengehaltenen Systems. In der Gewährung der Zuchtlosigkeit des *frevelnden Zwillingspaares* manifestiert sich das Ende aller sittlich bedingten Ordnung:

zerreißest die Bande
die selbst du gebunden,
lösest lachend
des Himmels Haft…

Denn das auf Gesetz und Ordnung beruhende Weltregiment, garantiert durch die Bereitschaft und Fähigkeit *auch* der Götter, sich ihm zu unterwerfen, gerät ins Wanken, wenn herrscherliche Willkür je nach Wunsch und Willen es meint außer Kraft setzen, jedenfalls es ignorieren zu können. Die tödliche Gefahr, die ausgeht von dem Bösen und den Bösen, wird eben zur Gefahr nur durch die Selbstinfragestellung des Guten und der Guten. Wagner in seinem Brief an den Freund August Röckel vom 25./26. Januar 1854: »Alberich und sein Ring konnten den Göttern nichts schaden, wenn diese nicht bereits für das Unheil empfänglich waren« (dazu siehe unten S. 310f.).

Wie aber darf man, darf Fricka Ahndung des Ehebruchs erwarten vom erhabenen Ehebrecher? Der dem Allgemeinen geltende verzweifelte Blick wendet sich jetzt dem persönlichen Schicksal dieser Götterfrau zu, ihrem privaten Leid, es bricht ihr Schmerz, bricht langes Verletztsein heraus angesichts der vom Göttervater beharrlich gebrochenen ehelichen Treue. Frickas ethischer Rigorismus gilt mithin nicht nur dem ihr anvertrauten sakralen Ressort, er schließt naturgemäß auch den privaten Bereich ein. Hier erfahren wir denn das Leid der Kinderlosen, wie sie es erfuhr durch Wotans wilde erotische Eskapaden, und vorausweisend ist in solchem Zusammenhang die Rede von den Walküren, die wir noch nicht kennenlernten: von

... den schlimmen Mädchen,
die wilder Minne
Bund dir gebar...

– und von deren Mutter oder Müttern wir nichts erfahren. Zu ihnen gesellte sich Brünnhilde sodann, von Fricka geehrt durch das schöne Attribut *deines Wunsches Braut*, weil immerhin mit einer Göttin gezeugt – aber als peinlicher Abstieg muß der Klagenden erscheinen, als *niedrigste Schmach*, daß der Gott ein Paar *gemeiner Menschen* erzeugte. Dieses Paar straflos davonkommen zu lassen hieße: die Göttin zertreten.

Die wütende Anklage nötigt nunmehr Wotan, vom Besonderen ins Allgemeine zu gehen, seinen aus dem *großen Gedanken* erwachsenen großen Plan zu enthüllen. Fricka, sich ans Nächste klammernd, hat in ihrer konservativen Gesinnung und Gesittung nur *stets Gewohntes* verstanden. Gegen ihr statisches, »mütterliches« Prinzip stellt Wotan das dynamische, das des ewig Lebendigen, des Wandels und Wechsels. Das schließt, zumindest in seiner Deutung, auch seine erotische Libertinage ein – entgegen der »Treue« oder wohl richtiger der Unverführbarkeit Frickas. Hier aber geht es nicht um die Details, hier geht es um das Unerhörte. Es folgen sieben Verse, die das Manifest von Wotans Weltenrettungsplan sind, wie er ihn entwickelte, seit er der Gegenmacht weichen, den Ring seinem legitimen Anspruch behauptenden Besitzer überlassen mußte: *Eines höre!* (und dazu zuckt das Schwert-Motiv)

Not tut ein Held,
der, ledig göttlichen Schutzes,
sich löse vom Göttergesetz.

So nur taugt er
zu wirken die Tat,
die, wie not sie den Göttern,
dem Gott doch zu wirken verwehrt.

Das meint: Siegmund als das Prinzip einer dem Vertragszwang nicht unterworfenen Freiheit kann, darf den Bösen, das Böse bekämpfen. Der Gott aber ist gelähmt – Dialektik des dem eigenen Gesetz unterworfenen Herrschertums. Im Gespräch mit Brünnhilde wird diese Antinomie zu letzter Deutlichkeit gesteigert werden.

Fricka pariert klug, *mit tiefem Sinne* will Wotan die ihm persönlich geltende Anklage ablenken, und seinen Versuch, Siegmunds Handeln aus dessen Autonomie zu erklären, entlarvt sie mitleidlos, das Gespinst von Wotans Scheinlogik zerreißend, die Rüstung seiner Selbsttäuschung sprengend: Siegmund ist des Vaters Instrument, *durch dich trotzt er allein.* Sobald der Gott seinen Favoriten auserwählt hat zu bestimmtem Zweck, ist dieser nicht mehr »der Freie«, ist er konditioniert, ist nur der verlängerte Arm eines übergeordneten politischen Willens und strategischen Planens. Zunehmend in die Enge getrieben, hilflos schließlich und bloßgestellt als die in Siegmund wirkende Kraft, in seiner Täuschungsabsicht durchschaut dank der dem Gatten *Tag und Nacht auf den Fersen* folgenden Kontrolle durch die Gattin (was in der Tat bei Betracht von Wotans herrischem Eigensinn nicht eben eine angenehme Erfahrung sein kann), bricht sein Widerstand endlich zusammen. Frickas argumentierende Worte:

Mit Unfreien
streitet kein Edler,
den Frevler straft nur der Freie.
Wider deine Kraft
führt' ich wohl Krieg:
doch Siegmund verfiel mir als Knecht!

– diese Worte sind nicht leicht zu entschlüsseln, sie wollen wohl bedeuten: Siegmunds Verbrechen hat ihn zu einem Unfreien gemacht, er ist nicht satisfaktionsfähig, gegen ihn zu *streiten* ist nicht möglich (anders als gegen Wotan seinen Herrn), er kann lediglich *gestraft* werden – so ist er Fricka verfallen als ihr *Knecht*. Wofern Wotan das Verfahren hemmt und die Strafung hindert, erniedrigt, entweiht er die Göttin.

Wotan ist demontiert, er kapituliert in dumpfer Resignation. Versucht noch, Brünnhilde vorzuschieben, ihr ein freies Walten konzedierend – auch da entdeckt Fricka listig die listige Parallele zur Beziehung Wotan/Siegmund, sie verlangt strikte Ordre an die Walküre:

> ***… deinen Willen***
> ***vollbringt sie allein:***
> ***verbiete ihr Siegmunds Sieg!***

Brünnhilde erscheint im Hintergrund, ihr martialisches ***Hojo-toho!*** erstirbt, als sie die gefürchtete Stiefmutter erblickt, die sich nun aufreckt zur Höhe ihres souveränen Triumphes. Triumph auch des »Rechtes«, dessen peinliche Wahrung den Untergang der Götterwelt verhindern soll. Fricka beherrscht die Bühne als ihre Walstatt mit einem Hymnus, der pathetisch getragen wird von einer Melodik religiöser Inbrunst:

> ***Deiner ew'gen Gattin***
> ***heilige Ehre***
> ***beschirme heut ihr*** [Brünnhildes] ***Schild!***

Denn es werde das Ende der Götterwelt bedeuten, würde heute nicht

> ***mein*** [der Göttin] ***Recht***
> ***gerächt von der mutigen Maid.***

Sie fordert von Wotan den Eid. Wotan, ***in furchtbarem Unmut und innerem Grimm,*** stößt wie tonlos heraus: ***Nimm den Eid!***

Ein Gruß noch an Brünnhilde, dann verläßt Fricka als Siegerin den Platz.

Zweite Szene

Brünnhilde tritt hinzu auf den zarten Klängen der Posaunen. Was nun folgt, ist der theoretische Unterbau des voraufgegangenen Disputs und seines trostlosen Ausgangs. Ist mehr noch, nämlich die theoretische Zentralszene der ganzen Tetralogie. Und darüber hinaus der wort- und klangmächtige Ausdruck von Wagners ihn ständig bewegendem Bestreben, das Geschehene ins Geschehende hineinzunehmen, Vergangenes zusammenzufassen, zu resümieren und zurückzurufen in das Gedächtnis des Betrachters im Banne der pädagogischen Zauberformel: Du mußt es dreimal sagen.

Man hat die Szene als zu lang, zu umständlich, zu undramatisch und statisch getadelt – und damit Wagners Intention verkannt, denn eben all dies wollte er. Wollte in aller Grundsätzlichkeit etwas Opernwidriges tun, nämlich eine philosophische Grundüberzeugung darlegen. Die seines traurigen Gottes, die wiederum wesentlich lebt von der seines Meisters Schopenhauer*.

Ein Dialog mit Brünnhilde, der ein Monolog ist, Selbstanalyse und damit Analyse des Weltzustands, bar aller Illusion. Klage und Beichte zugleich, niemandem anzuvertrauen als dem Wesen, das identisch ist mit seinem Willen:

unausgesprochen
bleib es denn ewig:
mit mir nur rat ich,
red ich zu dir. –

Die Summe der demütigenden Auseinandersetzung mit Fricka ist eingegangen in die programmatische Erkenntnis, das leidenschaftliche Bekenntnis:

In eigner Fessel
fing ich mich,
ich Unfreiester aller!

Ein schmerzensreicher Wahnmonolog, er setzt ein mit dem furchtbaren Ausbruch der Götternot, mit der aus ihr folgenden Selbstcharakteristik: *Der Traurigste bin ich von allen!*

Dann folgt unter dem sanften Zureden der geliebten Tochter ein *Buch Genesis*, die Geschichte, deren einige Kapitel wir schon aus dem RHEINGOLD kennen, vorgetragen in einer Art dramatischen Sprechgesangs und bei Schilderung der jeweiligen Geschehnisse charakterisiert durch die begleitend erinnernden Leitmotive. Wotan entwirft noch einmal das düstere Panorama des Weltgetriebes, die Zeiten ineinander verwebend und mit ihnen die sie bewegenden Energien von Gewalt und Lüge und Schuld, wie sie sich endlich materialisieren in dem verfluchten Ring. *... in der Macht verlangt' ich nach Minne:* damit bekennt er sich als ein Anti-Alberich. Der Schwarzalbe verriet das eine um des andern willen – Wotan hingegen will alles, ist der, der Unmögliches begehrt. Die Erdgöttin, vor dem Ring warnend, raunte dunkel vom Ende der Götter – um mehr, um alles zu wissen, stieg Wotan zu ihr hinab und kehrte als ein anderer zweifach bereichert zurück: bereichert um Brünnhilde – und um das Wissen, daß Alberich *ein schmähliches Ende der Ew'gen* plant. Woraus sich der Auftrag an die acht Walküren und Brünnhilde ergab: *kühner Kämpfer Scharen* zu sammeln in Walhalls Saal. Auf diese Weise ist die Gefahr gebannt, die aus Alberichs *nächtigen Scharen* hätte erwachsen können – jedoch:

Nur wenn je den Ring
zurück er gewänne,
dann wäre Walhall verloren...

Die folgenden Worte Wotans sind grammatisch abgefaßt im sogenannten konditionalen Irrealis: Neuerlich im Besitz des Ringes, würde Alberich Wotans Prätorianergarde »umdrehen« und mit ihrer Kraft Walhall bekriegen und besiegen:

... die Kühnen selber
zwäng' er zum Kampf;
...
Sorgend sann ich nun selbst
den Ring dem Feind zu entreißen.

Dessen »legitimer« Eigner aber ist, verpuppt in Drachengestalt, der Riese Fafner, dem Wotan vertraglich verbunden, an den er vertraglich gefesselt ist, und die Ohnmacht des Mächtigen ballt sich dialektisch in dem verzweifelten Bekenntnis:

der durch Verträge ich Herr,
den Verträgen bin ich nun Knecht.
Nur einer könnte,
was ich nicht darf...

Solch scheinbarer Ausweg aber ist ein Irrweg, hier erweist sich Wotan als schmerzlich belehrter Schüler Frickas: Der »Freie«, der

unbewußt,
ohne Geheiß
aus eigner Not,
mit der eignen Wehr
schüfe die Tat...

– er wäre ja auch als Freier das Geschöpf des Gottes, also sein Instrument, bewegt von seinem leitenden Willen: *O göttliche Not!* Not, die den Gott bis zum Ekel wider sich selbst treibt,

denn selbst muß der Freie sich schaffen;
Knechte erknet ich mir nur!

So auch Siegmund, den Brünnhilde, noch arglos hoffend, vorsichtig ins Spiel bringt. Aber Wotans Schwert in seiner Hand als Signum der mangelnden Eigenständigkeit erweist auch Siegmund als Figur im Plan göttlichen Selbstbetrugs. Die Antinomie ist unaufhebbar: *Einen Freien kann ich nicht wollen*, das willentliche Element erledigt den Akt freien Handelns. Hier erweist Alberichs Fluch furchtbar sich auch an dem Gott – ob er auch der Ringbesitzer nicht mehr ist. Das gleich Wotan aufgewühlte Orchester läßt neben anderen Themen nunmehr auch das Fluch-Motiv ertönen:

Was ich liebe, muß ich verlassen,
morden, wen je ich minne,
trügend verraten,
wer mir traut!

Das klingt allgemein, doch meint es auch Siegmunds Todesurteil. Des Göttervaters Zusammenbruch gipfelt in dem von Fluch- und Schwert-Motiv begleiteten Ausbruch:

Auf geb ich mein Werk;
nur eines will ich noch:
das Ende,
das Ende! –

Aufhebung des eigenen Willens. Identifizierung des eigenen Willens mit der höchsten Notwendigkeit. So Wagner 1854 in dem Brief an den Freund Röckel (siehe unten S. 310f.). Wotan »schwingt sich bis zu der tragischen Höhe, seinen Untergang – zu wollen. Dies ist alles, was wir aus der Geschichte der Menschheit zu lernen haben: Das Notwendige zu wollen und selbst zu vollbringen«. Indes erfaßt hier der Schöpfer des Schöpfergottes ein Ziel, das Wotan vorerst noch nicht sehen kann: »Das Schöpfungswerk dieses höchsten, selbstvernichtenden Willens ist der endlich gewonnene *furchtlose*, stets liebende Mensch: *Siegfried*.« Es wird sich freilich zeigen, daß auch Wagner in diesem Stadium sein eigenes Werk anders sieht, als er es vollenden wird: Siegfried wird weder »stets lieben«, er wird auch nicht ganz ein »Mensch« sein, er wird sogar – das mag man seinem menschlichen Teil zuschreiben – das Fürchten lernen. Wenn aber sich hier in Wagners planendem Blick eine tröstliche Wendung anzudeuten scheint, dann verdankt sie sich nicht etwa Wotans Absichten – sondern Brünnhildes Eigenwillen und ihrer Liebe.

Vorerst aber beherrscht das finale Motiv die Szene, *das Ende!* – Die Stimme des Gottes erstirbt, es dringt mit Erdas Motiv ihre düstere Weissagung herauf, gemäß welcher der Sohn des finstren Feindes für *der Sel'gen Ende* sorgen wird – wozu in bezeichnender Verzerrung das Walhall-Motiv ertönt, danach das des Schwertes. Alberich, liebe-los zwar, aber nicht zeugungsunfähig, hat mit Gold (von dem ihm offenbar noch einiges geblieben ist) *ein Weib... bewältigt* und geschwängert. Diesen Sohn grüßt Wotan mit angewidertem Fluch. Und wendet sich nach aller Weltenschau und Endvision dem gegenwärtigen Augenblick zu:

Fällen sollst du Siegmund,
für Hunding erfechten den Sieg!

Brünnhilde kann den Wahnsinnsauftrag nicht fassen, widerspricht, sträubt sich – da schwillt dem Vater die Zornesader, autoritär spielt er das gleiche Argument aus, dessen peinvolle Gültigkeit er im Fall Siegmund hat bitter erfahren müssen:

Wer bist du, als meines Willens
blind wählende Kür?

Hier nun erleben wir ein eindrucksvolles Beispiel für die Gültigkeit schlichtester psychologischer Erkenntnisse. In dem großen Manne hat sich ein gewaltiges Potential an Zorn und Wut, an Verzweiflung angesichts der erkannten Hilflosigkeit der eigenen Position, der Sinnlosigkeit des eigenen Tuns gestaut – das wendet sich nun explodierend gegen ein zufällig anwesendes und durchaus unschuldiges Objekt. Brünnhilde will ja nur andeuten, daß sie für unmöglich hält, was da befohlen wird, es kann doch nicht sein, was sie da erfährt, das *Wort* des Vaters scheint ihr mit Grund *zwiespältig* – da donnert er auf sie herab, das Vertrags-Motiv will seine Rechtsposition stärken, und also:

Besorge, was ich befahl:
Siegmund falle!
Dies sei der Walküre Werk!

Er stürmt fort und überläßt die Tochter seinem Befehl und ihrer Einsamkeit und Verzweiflung, ein wild aufwogendes Orchester winkt ihm nach. Brünnhildes Verlassenheit wird deutlich in ihren vom Orchester abgelösten Worten, dann meldet sich leise das Walküren-Motiv:

Weh, mein Wälsung!
Im höchsten Leid
muß dich treulos die Treue verlassen!

Als sie sich abwendet, sorgt in einem Melodiebogen von grenzenloser Zartheit und Innigkeit das Englischhorn für eine Stimmung von erhabener Trauertiefe. Nach zehn Takten gibt es seine Stimme an die Oboe weiter.

Die dritte Szene

gehört dem flüchtenden Liebes-Geschwisterpaar. Untermalt von den erinnernden Klängen des Orchesters mit dem Wälsungen-, dem Liebes-Motiv steigert die atemlose, von ihren Schuldgefühlen und Angstvisionen panisch gehetzte Sieglinde sich in einen Ausbruch von Wahnsinn hinein, der schließlich in Ohnmachtsstarre mündet. Die beiden Figuren handeln kontrapunktisch, je wilder in ihrer Schreckensekstase Sieglinde, um so gefaßter, trostvoller behütend ihr Bruder. Das Orchester liefert dazu lautmalend ein Gewebe von hier zartinniger, dort brutal zuschlagender Intensität – bis hin zum nachahmenden Bellen der Hundemeute des Verfolgers (im Blech).

Die vierte Szene

ist eine der erhabensten der ganzen Operntradition. Sie führt noch einmal Siegmunds reine Menschlichkeit vor – die man auch als Teil seiner Göttlichkeit empfinden mag. Er als einziger unter den handelnden Männern der Tetralogie ist frei von eigensüchtigem Wollen, von Machtwillen und schnöder Ichbefangenheit. Nicht Siegfried, sondern er ist »der furchtlose, stets liebende Mensch«.

Brünnhilde schreitet heran, im Dienste ihres Amtes mit Schild und Speer, ihr Roß am Zügel. Die Szene der Todverkündung wird getragen von vor allem zwei Motiven: dem dreitönigen sogenannten Schicksals-Motiv:

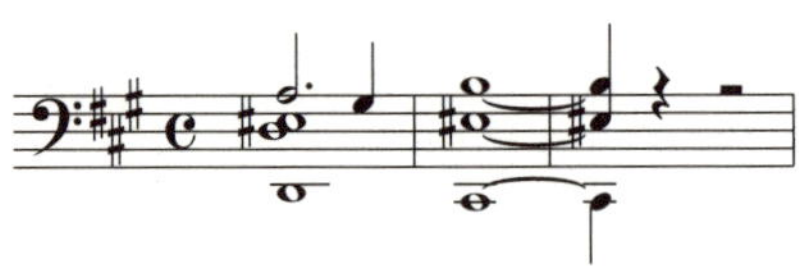

das an eine Tonfolge aus Carl Maria von Webers FREISCHÜTZ-Ouvertüre erinnert und das (Rappl, S. 97) als »die antizipierte

Schicksalsfrage der Nornen: ›Weißt du, wie das wird?‹« zu hören ist. Es entwickelt aus sich heraus das weitere der Todesklage:

das sogleich Siegmunds schlichte, kaum von Überraschung zeugende Frage unterlegt: *Wer bist du...?* Mit dem Schicksals-Motiv antwortet Brünnhilde, und ihr erstes Wort ist bereits ihre Botschaft:

Nur Todgeweihten
taugt mein Anblick...

Der Tod des Helden aber läßt Walhall aufschimmern, das Motiv verweist auf mythische Zukunft. Noch fünf weitere Fragen richtet Siegmund an die Walküre, die Todesbotschaft vorerst wie selbstverständlich hinnehmend: Wohin? Und zu wem? Und auch zum Vater? Und auch zu einer Frau? Und schließlich: wird Sieglinde ihn begleiten? All diese Fragen sind geführt vom (modulierten) Motiv der Todesklage. (Übrigens verbinde man mit den »Wunschmädchen« nicht die Vorstellung einer frivolen Willfährigkeit. Das altnordische *ósk-meyjar* meint »Mädchen«, die des Herrschergottes »Wünsche« *[ósk]* im Sinne von Befehlen erfüllen und darüber hinaus freundlich das Trinkhorn reichen.)

Daß Siegmund die reinste Männer-Heldengestalt Wagners ist, erweist sich auch in seiner Fähigkeit zu jenem Verhalten, das im allgemeinen nur Wagners Frauen auszeichnet: zu Opfer und Entsagung. Als Brünnhilde ihm visionär die Herrlichkeit einer Jenseitsexistenz in Walhall schildert, wo er sogar den Vater wird wiederfinden können (neben Wotan, er weiß nichts von beider Identität), da fordert er wie selbstverständlich auch die Gemeinsamkeit mit der Geliebten in dieser Existenzform des paradiesisch-ewigen Lebens. Brünnhilde muß sie ihm verweigern. Da wendet er sich ab mit einer unsäglich ergreifenden Gebärde der selbstsicheren Bestimmung:

So grüße mir Walhall,
grüße mir Wotan...,

nicht zu ihnen gehört er, sondern zu Sieglinde. ... *zu ihnen folg ich dir nicht*, und diese fraglos entschlossene Weigerung basiert musikalisch auf dem Schicksals-Motiv. Nicht minder fraglos entschlossen dagegen (hier noch) Brünnhilde mit dem Motiv der Todesklage. Noch einmal ein Disput, er bleibt folgenlos bis auf Brünnhildes mitleidvolles Angebot:

Siegmund, befiehl mir dein Weib:
mein Schutz umfange sie fest!

Da droht er in wildem Aufbäumen, die Ohnmächtige zu töten, selbst Brünnhildes visionäre Offenbarung, daß er auf diese Weise auch sein Kind töten wird:

befiehl mir dein Weib,
um des Pfandes willen,
das wonnig von dir es empfing

– hält ihn in seinem sich steigernden Todes-Tötungswahn nicht zurück: Das Schwert, das gegen den Feind nutzlos sein wird, soll nun wider den Freund seinen Dienst tun:

Zwei Leben
lachen dir hier:
nimm sie, Notung,
neidischer Stahl!
Nimm sie mit einem Streich!

Nun der bewegende Augenblick von Brünnhildes Ungehorsam. Aufgewühlt von der Todesverachtung, der Todessehnsucht dieser heillosen Liebe, von dem Absolutheitsanspruch dieser Bindung, verweigert sie sich ihrem Auftrag:

Beschlossen ist's;
das Schlachtlos wend ich:
dir, Siegmund,
schaff ich Segen und Sieg!

Die fünfte Szene

beginnt mit zarter Poesie, das Schlaflied, das der Mann seiner Geliebten singt, wird jedoch brutal abgerissen durch das hämmernde Motiv von Hundings Stierhorn. Während Siegmund dem Gegner entgegenstürmt, lallt Sieglinde phantasierend Bilderfolgen der Kindheit und erlebt noch einmal den Schreckensschock der Zerstörung ihres Heims, der Tötung der Mutter, den Hilferuf nach den fernen Vater und Bruder. Das Stier-Motiv Hundings und das Schwert-Motiv Siegmunds kämpfen widereinander, mit Worten schlagen die Männer nach altgermanischer Heldensitte aufeinander ein, bevor sie sich treffen, unter Blitz und Donner und wütenden Orchesterklängen versucht Sieglinde sich selbstmörderisch zwischen die Kämpfenden zu stürzen, da holt Siegmund unter dem anfeuernden Ruf Brünnhildes – und von ihrem Schild gedeckt – zum tödlichen Schlag aus gegen den andern:

Triff ihn, Siegmund!
Traue dem Schwert!

Er traut ihm vergebens, Wotan tritt dazwischen *in glühend rötlichem Schein,* unter dem machtvollen Ton der Tuben und ihrem Vertrags-Motiv streckt er, Hunding schützend, seinen Speer dem einst von ihm dem Sohne geschenkten Schwert entgegen:

Zurück vor dem Speer!
In Stücken das Schwert!

Dem nunmehr Waffenlosen stößt Hunding seine Waffe in die Brust – bezeichnend handelt es sich, durchaus unritterlich, um den Speer, der keine Nahkampfwaffe im Fußkampf ist, sondern der seinen Träger kennzeichnet als den Mann, der ein Wild zu jagen auszog. Hunding tut es als Exekutor des göttlichen Vaters seines Opfers, der somit indirekt Sohnesmord begeht. Siegmund sinkt tot, Sieglinde wie tot zu Boden. Sanft pochen die Pauken, fahl tönt in den Bläsern das Wälsungen-, das Schicksals-Motiv. In der die Szene einhüllenden

Dunkelheit reißt Brünnhilde die wahnbetäubte Sieglinde auf ihr Roß, flieht mit ihr die Walstatt. Zuvor aber bleibt ihr noch, was Wagner einer Szenenanweisung anzuvertrauen versäumt: die Bruchstücke des Siegmund-Schwertes aufzulesen. Die praktischen Bedingungen der Inszenierung bedacht, haben Regisseur und Darsteller es damit nicht leicht, denn der bildliche Zusammenhang will Brünnhilde ein huschendes Eindringen in die von Wotan beherrschte Szene verwehren. Das Motiv des Walkürenritts begleitet sie.

Hunding zieht seinem Opfer den Speer aus der Brust, Wotan lehnt sich an den seinen, *schmerzlich auf Siegmunds Leiche blickend.* Diese Anweisung Wagners nehmen Regisseure zuweilen zum übertreibenden Anlaß, eine Szene von rührender Sentimentalität zu entwerfen und Wotan den toten Sohn und Hoffnungsträger innig in die Arme schließen zu lassen. Das aber widerspricht der Logik der Dinge. Denn gemäß Brünnhildes Ankündigung wird Siegmund ja nun Walhall gehören und damit auch dem Vatergott. *... der bald du folgst:* Daß nun statt des toten Mannes eine lebende Frau der Walküre *folgt*, und zwar weiterhin in der *Erdenluft*, sollte dem Vatergott nicht als Anlaß dienen können, auf die *Translatio* des Sohnes zu verzichten. Und Wotans schmerzbewegte Trauer vor allem beziehen zu wollen auf den in Siegmund scheiternden Weltenrettungsplan wäre insofern unangemessen, als dieses Scheitern Wotan längst bewußt und von ihm bekenntnishaft proklamiert worden ist: im Disput mit Fricka erst, im Monolog mit Brünnhilde dann. Versteinernder Schmerz angesichts der Heillosigkeit des schicksalhaften Weltenverhängnisses, das ist es, was Wotan in dieser Geste des trauernden Blickes auf die Leiche des Sohnes kennzeichnet. (Und in der Tat wird ja von einer Fortexistenz Siegmunds wo auch immer künftig nie die Rede sein.)

Das Orchester malt mit Inbrunst in den Posaunen das Schicksals-Motiv. Mit einem *verächtlichen Handwink* erledigt Wotan den sieglosen Sieger, mag er zum Zeugnis des erfüllten Schwurs nunmehr Fricka gehören. Unter dem Schlag des verachtenden *Geh! – Geh!* fällt der Elende zu Boden. Sein abgeschiedenes Selbst soll der Göttin den fälligen Rapport erstatten.

Den Gott aber erinnert nun ein wütender Bläserakkord an seine Strafpflicht. Er, sonst voller Wohlwollen, *wo kühn Kräfte sich regen*, und nicht ohne Verständnis für gesetzwidriges Tun, auch seinerseits von je versucht, nach Stimmung und Willkür zu verfahren, vermag Insubordination nicht hinzunehmen – sie rührt an die Basis seines Herrschaftssystems. So rast er davon, der flüchtigen, *Frechen*, der *Verbrecherin* nach.

Dritter Aufzug

Auf dem Gipfel eines Felsenberges

Wieder ein charakterisierendes Vorspiel, wie schon zum ersten und zweiten Aufzug. Und die Charakterisierung ist in diesem Falle von leidenschaftlicher Intensität. Das Orchester entwirft in gewaltigem Fresko die Vorstellung von Kampf und Tod, vom wilden Ritt der Walküren durch die Lüfte, im Sattel die toten Helden. Auch der zweifach tödliche Kampf zwischen Siegmund und Hunding leuchtet hier noch gewitternd nach. Um das Hauptthema des Walkürenritts (es klang gelegentlich schon anspielend an)

ist ein Tonbild gebaut, das mit seinem aufpeitschenden martialischen Rhythmus ein (allzu) beliebter Orchesterreißer wurde und das mit schneidender Wucht hinweist auf das blutige Geschäft der ***schlimmen Mädchen***. Ihre Aufgabe: in Wotans Auftrag die toten Helden der Schlacht auszuheben für Walhalls Schutztrutz-Garde.

Walküren: das Wort ist dem Altnordischen entlehnt, wo es *val-kyrja* heißt und die »Kür«, die Lese der *valr* meint, womit die auf dem Schlachtfeld Gefallenen bezeichnet sind. Der Begriff ist erhalten im neuhochdeutschen *Wal-Statt*, Ort der Toten, und so hat auch *Wal-Hall* eine Bedeutung, die Wotan der zu Recht neugierig fragenden Fricka zum Ende des RHEINGOLDS hochmütig vorenthielt, nämlich »Halle der gefallenen Kämpfer«, eine Art Heldenhimmel (siehe oben S. 100). Einst waren die Walküren in ihrer mythologischen Urschicht dämonische Todesgottheiten, die altnordischen Götter- und Heldensagen haben sie dann domestiziert im Sinne etwa einer Annäherung an das Volk der Amazonen und sie zu menschenähnlichen Kriegsmädchen gemacht – so übernahm Wagner sie aus der VÖLSUNGA-SAGA. Er gibt ihnen eigene (erfundene)

Namen und stattet sie aus mit Worten und Gebärden einer wilden und durchaus unreflektierten ruppigen Lustigkeit. Wer ihre Wildheit als peinlich empfindet, möge indes bedenken, daß sie ja nicht eigenhändig töten sollen, sondern allenfalls kämpfend assistieren und den Toten dann wiederum zu neuem Leben verhelfen. Dies alles sagt aus über sie die ihnen zugeteilte Musik, »ein sinfonisches Gedicht von ungeheurer Plastik, niederwerfend im durchgehaltenen punktierten Rhythmus, prunkvoll instrumentiert mit vollem, riesigem Apparat, mit solcher Meisterschaft (oder sogar Raffinesse) der Orchesterbehandlung, daß man von einem wahren Lehrstück sprechen kann« (Pahlen, S. 134).

Erste Szene

Der Ort ist der *Gipfel eines Felsenberges.* Die gepanzerten Mädchen sammeln sich und tauschen in munterer Rede ihre Erlebnisse aus nach Kriegerart, denn *Arbeit gab's!*, sich kennzeichnend durch den *Hojotoho*-Walkürenruf (siehe oben S. 120). Die Rösser benehmen sich ungebärdig, wie die Kämpfer es taten, und gemäß dem Temperament ihrer Reiterinnen, die sich nunmehr anschicken, nach Walhall aufzubrechen und Wotan die Ernte zu bringen: *die Wal* (also die Gefallenen). Ein virtuos komponiertes Ensemble, das zu führen der höchsten Kunst des Dirigenten wie des Regisseurs bedarf. Indessen,

Acht sind wir erst:
eine noch fehlt:

Brünnhilde. Sie jagt heran, im Sattel nicht den toten Helden, sondern eine Frau. In höchster Not fleht sie die Schwestern an um Schutz, fliehend zum ersten Mal, denn Heervater hetzt sie. Atemlos erklärt sie den Mädchen, was wir schon wissen: den Versuch der Rettung Siegmunds im Trotz gegen Walvaters Befehl. Sie bittet um Hilfe für die sinnberaubte Sieglinde –

vergebens, nicht einmal ihr Roß wollen die verschreckten Schwestern zur Verfügung stellen für die Flucht der von Wotans Wälsungenhaß Bedrohten (denn Brünnhildes treuer *Grane* ist nach dem wilden Ritt zusammengebrochen). Die Angst der acht Walküren vor Walvaters Zorn ist erbärmlich und spricht gegen sie wie gegen ihn – da fährt Sieglinde auf aus ihrer totenähnlichen Starre: *Nicht sehre dich Sorge um mich,* das aufgewühlte Orchester wird leiser und stimmt das Schicksals-Motiv an. Sie will, dem *Harst* (das Wort bedeutet im Mittelhochdeutschen *Kampfgruppe*) wider ihren Willen entzogen, nichts als den Tod. Da weiß Brünnhilde ihr das Lebensmotiv zu geben, weiß aus dem göttlichen Wissen ihrer »Runen«, was sie schon (II. Aufzug, 4. Szene, siehe oben S. 134) dem die Nachricht in wildem Todestrieb hinnehmenden Siegmund anvertraut hatte: *ein Wälsung wächst dir im Schoß!* Die Verwandlung ist total, nunmehr will Sieglinde nichts als leben, fleht um Rettung um ihres Kindes willen. Und wieder ist Brünnhilde bereit, sich zu opfern, Wotan aufzuhalten, während ihr Schützling Sieglinde flieht. Wohin? Im Osten dehnt sich Wald, in einer Höhle bebrütet Fafner dort in Drachengestalt den Nibelungenhort – man weiß, diese Gegend ist Wotan unbehaglich, mehr noch, sie scheut der Mächtige (vorerst jedenfalls, das wird er als *Wanderer* nicht mehr tun). Mit heftigen Segenswünschen schickt Brünnhilde die Gerettete auf also den Weg nach Osten, und nun erklingt in feierlicher Herrlichkeit jenes Motiv, das Siegfried gehören wird, wieder (wie schon in anderen Klangbildern) sich der Jubelstimmung der aufsteigenden Quart bedienend und den Hörer wissen lassend, was die Beteiligten noch nicht wissen können:

Den *hehrsten Helden der Welt* verheißt Brünnhilde der Frau, sie gibt ihr als eine Art Taufgeschenk die Brautgabe Siegmunds zurück, das zerstückte Schwert, das der Sohn einst neu fügen und schwingen wird als ein Siegender. Und nun wiederholt Brünnhilde das existenzverleihende Ritual, wie es einst Sieglinde an Siegmund vollzog. Wiederholt es gegenüber Siegmunds und Sieglindes Sohn: *den Namen nehm er von mir...* – den Namen Siegfried.

Nunmehr blüht in Sieglindes Dank eine der wunderbarsten Melodien der Tetralogie auf unter den Worten

O hehrstes Wunder!
Herrlichste Maid!

Ein arioser Melodiebogen, gesungen *in größter Rührung*, einer der musikalischen Höhepunkte des Rings, von Wagner nunmehr reserviert über zwanzig Jahre hin und vorerst – im Gegensatz zu der Technik einer beharrlichen Wiederverwendung bezeichnender Themen – nicht wieder angewandt. Bis dann die Melodie im Finale der Götterdämmerung wieder aufklingt, erst in Brünnhildes Schlußgesang, dann im gewaltigen Turmbau der letzten Klänge mit rauschhaft überwältigender Gewalt. Man hat sie als das Versöhnungs-Motiv bezeichnet und ihr damit eine allzu allgemeine, also wenig sagende Bedeutung verliehen. Dieter Schnebel schlägt vor: *das Motiv der unbedingten Liebe*, und zu dieser Charakterisierung stellt sich Wagners Kennzeichnung, wie er sie am 23. Juli 1872 laut Cosimas Diarium formuliert hat: »Ich bin froh, daß ich Sieglinden's Lob-Thema auf Brünnhilde mir reserviert habe, gleichsam als Chorgesang auf die Helden« (doch siehe dazu unten S. 308f.). Ein mächtig sich wölbender Spannungsbogen, man wird ihn verstehen wollen im Sinne des Jubels über einen hier in der Walküre sich verheißend ankündigenden Beginn – dann, nach dem großen Brand, als Trauergesang auf ein vollzogenes Ende. Ein Ende, das Sieglinde und ihr Sohn, Brünnhilde ihnen zur Seite, in Wotans ursprünglichem Plan zu verhindern berufen waren. Trauergesang auf ein Ende, das vielleicht kein Ende, das »offen« ist, so jedenfalls scheint Wagner es anzudeuten, wenn er im Zusammenhang der von Cosima gebuchten Äußerung sagt: »es gibt keinen Schluß für die Musik«. Keinen Schluß vielleicht auch für das Musikdrama, das Abbild der Weltentragödie. Sieglindes Dankhymnus, einer der sich bewußt werdenden Mütterlichkeit, wird den verglimmenden Brand der GÖTTERDÄMMERUNG überwölben und dominierend herausragen aus dem kunstvollen Gewebe der anderen Themen.

So flieht Sieglinde denn nach Osten, in den großen Wald, in dem aber nicht nur der hortbesitzende Drache Fafner haust, sondern auch Alberichs Bruder, der Schmied Mime – beide im Banne des Ringes und seines Fluches. (Daß die Frau sich auf ihren dornenreichen Weg offenbar zu Fuß macht, nachdem keines der timiden Panzermädchen sein Pferd hergeben wollte, soll hier nur vermerkt, nicht aber zum Problem ernannt werden.)

Die zweite Szene

ist eine einzige wütende Anklage des richtenden Herrn gegen die schon Verurteilte. Ausdruck freilich mehr der tief brennenden Enttäuschung des liebenden und sich verraten fühlenden Vaters als des richtenden Gottes. Die um Nachsicht, um Gnade für die Schwester flehenden Walküren fertigt er schroff ab: *Weichherziges Weibergezücht!* Und in einem rezitativischen Ausbruch bringt er nun Punkt um Punkt das Register der Vergehen, der Verbrechen vor – vor allem doch deutlich machend, daß deren Kern besteht in dem Verrat des innigen Vertrauens, der Preisgabe einer bis zur Identität gesteigerten Gemeinsamkeit:

Keine wie sie
kannte mein innerstes Sinnen:
...
Sie selbst war
meines Wunsches schaffender Schoß,

was, etwas schlichter ausgedrückt, sagen will: *Sie war die Umsetzung meines Willens.* (Und eben diese Anklage wird die kluge Tochter im versöhnenden Gespräch der nächsten Szene als Argument gegen den Kläger verwenden: Durchaus des Gottes, vielmehr des Vaters innigsten Willen erfüllte sie, als sie sich gegen seinen Befehl aufbäumte.)

In hämmerndem Stakkato schlägt die autoritäre Anklage auf die Hilflose ein in einer rhetorischen Figur, die jeweils sechsmal die hehre Position der Tochter in Wotans Huld aufbaut nach dem Muster *Wunschmaid warst du mir* – und sie dann einreißt durch das trommelnd zustoßende *gegen mich doch.* Die Sentenz lautet: *Walküre bist du gewesen…* Und in der Trauer des Schönklangs, das Motiv der Todverkündung abwandelnd, kündigt sich der Abschied an: *Nicht send ich dich mehr aus Walhall…* Mit der furchtbarsten aller hier denkbaren Konsequenzen:

Von göttlicher Schar
… geschieden,
ausgestoßen
aus der Ewigen Stamm…

wird Brünnhilde in bannenden Schlaf eingeschlossen sein, wehrlos dem Manne preisgegeben, *der am Wege sie findet und weckt.* Die Schreckensschreie der entsetzten Schwestern prallen ab an der herrischen Autorität, die göttliche Jungfrau wird degradiert zum Spottbild der Hausfrau, die dem Manne gehorchend am Herde sitzt und spinnt. Brünnhilde bricht unter dieser Androhung zusammen, ihre Schwestern werden von Wotan harsch verjagt, *Weh! Weh!* ist ihr letztes Wort in der Sache.

Der Sturm der Elemente verebbt, der Abend sinkt herab, der bald in Nacht übergehen wird. Die Musik überläßt es den Holzbläsern, überzuleiten zu der Abschiedsszene zwischen den beiden Götterwesen, deren jedes dem andern näher stand als irgendeinem andren: mit zarten, wehmutsvollen Klängen, die aufgenommen werden von den Streichern.

In der dritten Szene

tritt Brünnhilde nun vor ihren Herrn, schüchtern und rezitativisch ihre Verteidigung in die Frage kleidend:

War es so schmählich,
was ich verbrach...?

Es folgt, wie so oft bei Wagner, die Rekapitulation des Geschehenen. Das Drama des ersten Tages endet, indem es dem großen Dialog des ersten Aufzugs, dem zwischen Wotan und Fricka, dann dem des zweiten Aufzugs, dem zwischen Wotan und der Walküre, nunmehr einen dritten folgen läßt, den zwischen Wotan und der degradierten Walküre – der korrespondierend im Sinne einer Kontrafaktur auf die beiden vorausgehenden bezogen ist. Ein Dialog, innerhalb dessen Wotan sich im Bereich seiner Machtmittel und Rechtstitel bewegt (wie es ihrerseits damals Fricka hielt), auf dessen Stufen aber Schritt um Schritt Brünnhilde seine starre Position auflockert und relativiert (was ihm damals Fricka gegenüber nicht gelingen konnte). Wieder verbietet dem Gott sein Selbstverständnis als Wahrer des Rechtes, das Gesetz zu beugen – wohl aber kann er ihm die mildeste Form der Auslegung und Umsetzung geben.

In langer Rede bekennt Brünnhilde sich noch einmal zu ihrem Vergehen, erinnert an ihren Auftritt vor Siegmund (und dazu ertönt wieder das Motiv der Todverkündung, siehe oben S. 133), erinnert an ihre Erschütterung und Scham angesichts seiner Liebe, seines Leides, seines Mutes; unfähig, andres zu tun, als ihm nur zu dienen – und endet auf einem wiederum bestrickenden Melodiebogen *(Der diese Liebe mir ins Herz gehaucht)* mit – Ausdruck der tiefen Erschütterung – einem nur schwer entwirrbaren anakoluthischen Satzgebilde (von *Der diese Liebe* über vier Verse hin bis *trotzt' ich deinem Gebot*).

Wotan beginnt – endlich – zu begreifen:

So tatest du,
was so gern zu tun ich begehrt,

doch was nicht zu tun
die Not zwiefach mich zwang?

(Inwiefern *zwiefach*, läßt sich wohl nur durch den Drang nach dem Stabreim erklären.)

Vor allem aber meldet sich in ihm eine gewisse Wehleidigkeit, er fühlt sich verletzt, da Brünnhilde sich dem schönsten Gefühl der mitleidenden Liebe meinte hingeben zu dürfen, während ihm auferlegt war, sich selber zu versehren und im Schmerz zu verzehren angesichts der Not,

in den Trümmern der eignen Welt
meine ew'ge Trauer zu enden...,

wider sich selber zu handeln. Solche Wogen männlichen Selbstmitleids münden wieder in das Trennungsgebot:

Du folgtest selig
der Liebe Macht:
folge nun dem,
den du lieben mußt!

Da bricht noch einmal Angst aus in der Frau, die, da sie nicht gehorchen wollte, nicht gehorchen konnte, fortan *dem herrischen Manne gehorchen* soll. Der aber muß, damit sie überhaupt dieses Los zu ertragen vermag, von der edelsten Art sein – von ihrer Art. Ein Gedanke blitzt auf wie ein Rettungslicht, leise mit vertraulicher Heimlichkeit weckt sie Wotans Erinnerung, tut es mit den Klängen des Motivs von den Wälsungen: *Du zeugtest ein edles Geschlecht...* Sie wagt so die allerkühnste Vorstellung von ihrem dereinst nahenden Erwecker, mit ihr können wir staunend ahnen, was Wotan vorerst nicht versteht: *Schweig von dem Wälsungenstamm!* Denn mit ihm ist seine größte Niederlage verbunden, die erzwungene Ausführung von Frickas Gebot. Als er dann von der wissenden Tochter erfährt, daß die andere Tochter, daß Sieglinde ein Kind gebären wird, da ertönt in den Hörnern das Siegfried-Motiv – eine Klangfolge, die Wotan – im Gegensatz zu Brünnhilde und uns – noch nicht kennt. So wenig wie er den Hinweis versteht auf sein, auf Siegmunds Schwert, dessen Fragmente nun Sieglinde bewahre (dazu das Schwert-, ihm folgend das Schicksals-Motiv). Diese Wendung des Gesprächs und der Dinge wehrt Wotan in cholerischem Aufbrausen ab, wie es in Augenblicken seiner Schuldeinsicht von je seine Art ist – und in der Erkenntnis seiner Ohnmacht: denn Frickas Bannstrahl gegen Ehebruch und Blutschande gilt sinngemäß ja auch Sieglinde. Er erkennt sich noch nicht in dem Enkel und verweigert sich jeder emotionalen Beeinflussung, besteht auf der Strafe – und rettet sich nach erprobter Herrschaftsmanier in die Zeitnot des Überbeschäftigten: *Doch fort muß ich jetzt...*

In festen Schlaf wird er sie versenken, die Akkorde des Orchesters sinken in chromatischen Halbtönen mit ihr herab in traumlos betäubende Tiefe wie New-Age-Klänge, verzweifelt bittet Brünnhilde noch einmal um eine Schutzwehr, so *daß nur ein furchtlos freiester Held* sie auffinden könne. Wozu im aufgewühlten Orchester die Hörner das Siegfried-Motiv blasen, von Wotan immer noch nicht vernommen, also zögert er, da fordert sie von ihm den abwehrenden Feuerwall, den das Orchester schon zuckend funkeln läßt, und ertrotzt sich endlich den Schutzschirm wider die Eroberung durch einen Unwürdigen.

Wotan, überwältigt und ergriffen von der edlen Erhabenheit der Gefühle seiner geliebten Tochter – wie einst diese von denen des Bruders Siegmund –, kapituliert, wie einst auch Brünnhilde kapitulierte. Unter dem machtvollen Brausen des Orchesters stimmt er seinen Abschiedsgesang an:

Leb wohl, du kühnes,
herrliches Kind!

gewährt ihr den lodernden Feuerwall, der jeden Feigen verscheuchen wird. Das gipfelt in der herrischen und ahnungsvollen Vision:

Denn einer nur freie die Braut,
der freier als ich, der Gott!

Zu diesem prophezeienden Befehl ertönt aus dem Orchester in den Posaunen mit gewissermaßen unwiderstehlicher Macht

Abbildungen: Die Einschläferung Brünnhildes

27 *Bühnenbildentwurf: Leo Pasetti; Nationaltheater, München 1921.*

28 *Frida Leider als Brünnhilde, Rudolf Bockelmann als Wotan; Regie: Heinz Tietjen, Ausstattung: Emil Preetorius; Festspielhaus, Bayreuth 1934 oder 1936.*

29 *Norman Bailey als Wotan, Rita Hunter als Brünnhilde; Regie: Glen Byam Shaw und John Blatchley, Ausstattung: Ralph Koltai; Sadler's Wells Opera im Coliseum, London 1970.*

30 *Franz Ferdinand Nentwig als Wotan, Janis Martin als Brünnhilde; Regie und Ausstattung: Herbert Wernicke; Théâtre de la Monnaie, Brüssel 1991.*

Der expressiven Übersteigerung des Walkürenfelsens von Pasetti, wo das Gestein in die auflodernde Bewegung der Flammen hineingerissen wird, ist bei Preetorius eine eher streng-lineare, monumentale Lösung entgegengesetzt, die sich an Adolphe Appias Entwurf von 1892 orientiert. Die Gleichzeitigkeit von Realistik und behutsamer Reduktion auf das Symbolelement, in den dreißiger Jahren durchaus gewagt, war die Erklärung dafür, daß sich die Inszenierung, die in leichter Variation in Berlin (Staatsoper 1936; Städtische Oper 1951), Mailand (1938), Amsterdam (1946), Rom (1952) und in Wien von 1957 bis 1973 gezeigt wurde, zu einem wichtigen Bindeglied zur Szenographie der Nachkriegsgeschichte entwickeln konnte. Das »Ring«-Geschehen in den Bildern eines zeitentrückten Weltraumdramas, ein von Koltai häufiger verwendeter Bildtypus, stellt den Gegenpol zu den gleichzeitigen Experimenten einer zeitlichen Fixierung dar. Als Summe solcher Deutungen erscheinen Vielfalt und Reichtum der spielerischen Assoziationen bei Wernicke. So machen sie etwa im Politischen durch den stehenden Blick auf die Alpen (mit Walhall), wie er sich Hitler von seinem Obersalzberg aus geboten haben mag, die Geschichte des Machtmißbrauchs der Kunst sinnfällig. Und so reichen die Anspielungen im Bereich der Kunstreflexion mittels des Flügels, der im Sinne eines optischen Leitmotivs als Walkürenfelsen, als Siegfrieds Bahre und als Ausgangspodest von Brünnhildes Weltenbrand fungiert, bis hin zu Luchino Viscontis Film »Tod in Venedig«.

27

28

29

30

das Motiv dessen, der einst der Freie und der Freier sein wird: das Siegfried-Motiv. In diesem Augenblick, so darf man vermuten, glimmt in Wotan der Wille auf, noch einmal zu versuchen, was seinem planenden Kalkül mit Siegmunds Mission so furchtbar mißlang: Befriedung der Welt kraft indirekter Anwendung von Mitteln, die unmittelbar anzuwenden ihm sein Gesetz verwehrt – bar eines steuernden Bewußtseins, das den frei handelnden Exekutor zum Unfreien, zum Geschöpf des Schöpfers machen würde.

Das Loge-, das Walküren-Motiv gehen über in das des schlaftrunkenen Feuerzaubers:

»Wotans Abschied«: eine Szene von machtvoller und gefühlsmächtiger Innigkeit, die melodieselige Führung der Stimme ist prangend orchestriert – und deshalb auch ungemein beliebt als isoliert vorzutragendes Paradestück im Konzertsaal. Die Augen der beiden Gottwesen, deren eines nun seine Gottheit verliert, versinken ineinander, der gescheiterte Gott tritt zurück hinter den glückhaften Erwecker:

> *Dem glücklichern Manne*
> *glänze sein* [des Augenpaares] *Stern:*
> *dem unseligen Ew'gen*
> *muß es scheidend sich schließen.*

Die große Entsagung – und mit präziser Konsequenz holt Wagner dazu das Liebesverzicht-Motiv aus dem RHEINGOLD hervor, es erklingt im Englischhorn.

Der Gott wendet sich ab von Brünnhilde, *küßt… die Gottheit von ihr,* bettet sein Kind *auf einen niedrigen Mooshügel.* Deckt sie zu mit ihrem Schild, betrachtet *mit einem schmerzlichen Blicke* die Schlafende (wie er einst das andere Opfer seiner rigiden Rechtsherrschaft, den toten Siegmund, betrachtete) – dann befiehlt er (nach dem Schicksals-Motiv) mit dem Vertrags-Motiv den Feuergott Loge heran, aus dessen zuckendem, funkelndem Motiv, vom Speer heranbefohlen, nun die Flammen hervorbrechen. Lodernde Feuerwogen füllen die Bühne, bewegt vom Motiv des Feuerzaubers, das auch klingt wie ein Wiegenlied.

Dann versiegelt der Gott herrisch die Stätte:

Wer meines Speeres
Spitze fürchtet,
durchschreite das Feuer nie!

Die musikalische Faktur aber dieser pathetischen Bedingung beschwört den Erwecker, den Wotan kaum, den Brünnhilde ahnend, den das Orchester (und wir mit ihm) mit Gewißheit erkennen. Wotan und Posaunen und Tuben singen mit grandioser Intensität das Siegfried-Motiv (das zum ersten Mal erklang, als Brünnhilde der wiedererweckten Sieglinde die prophetischen Worte vom *hehrsten Helden der Welt* zusingt, den sie *im schirmenden Schoß hege,* siehe oben S. 140).

Die Bedingung aber, die von der Furcht vor des *Speeres Spitze* spricht, will auch an den Speer als Symbol erinnern. Er verdinglicht die Verträge und ihre Unantastbarkeit – wer an sie gebunden ist, mithin ihre Verletzung *fürchtet*, kann der Erwecker der Walküre, kann der zur freien Tat Auserwählte nicht sein. (Der Auserwählte freilich, er wird eines Tages den Speer nicht nur nicht fürchten, sondern ihn zerschlagen: SIEGFRIED, III. Aufzug, 2. Szene.)

Mit dem Speer gebietet Wotan dem lodernden Feuermeer seinen Weg um das Brünnhilden-Bett. Er hat Siegmund in den Tod, hat Brünnhilde in todesgleichen Schlaf verbannt. Sie werden einander nicht wieder sehen. Er ist jetzt ganz allein; und wird es bleiben. Seine Einsamkeit, statuarisch aufgereckt vor dem lodernden Gluthorizont, wird begleitet von einem orchestralen Crescendo ins Piano. In das Feuerzauber-Motiv ist leise, aber mit deutlicher Insistenz das des Schicksals hineingewoben (oben S. 133). Sich dem anderen widersetzend, mag es klingen wie ein Ritardando: Das Ende – vielleicht ist es noch aufzuhalten. Aber ein Ende wird sein.

Und der Gott wird sich, seiner Gottheit nicht achtend, auf die Wanderschaft machen durch seinen verfallenden Herrschaftsbereich. Auf der Suche nach dem, der das Hoffen noch lehren, noch rechtfertigen kann.

Anmerkungen

Wagner im November 1854, bei Niederschrift der Kompositionsskizze des zweiten und dritten Aufzugs der WALKÜRE, brieflich an die Fürstin Carolyne von Sayn-Wittgenstein: »Es gibt doch eigentlich kein Leiden der Welt, das hierin nicht zu seinem schmerzlichsten Ausdrucke gelangt.« – Eben diese Skizze versah Wagner mit 16 verschlüsselten Eintragungen, die sich auf Mathilde Wesendonck beziehen, einsetzend mit der Sigle *G. s. M.!*, was aufzulösen ist als »Gesegnet sei Mathilde!«. Im Falle des vorliegenden Buches ist das *M.* der Widmung aufzulösen in: *Monica, Angel in Campo.*

zu S. 109: ***Wie gleicht er dem Weibe! / Der gleißende Wurm / glänzt auch ihm aus dem Auge:*** »Funkelnde, blitzende Augen sind das Zeichen des Freien, sie sind für die Völsunge charakteristisch«: VÖLSUNGA-SAGA, S. 66, Anm. 4. – Ebenfalls:

zu S. 109: ***Des Dach dich deckt...*** – Dieses Vorstellungsritual darf man nicht als konventionelle Routine begreifen. Name ist Schicksal und Charakter; und Name ist soziale Realität. Hundings Charakter offenbart sich in der degradierenden Assoziation mit dem »Hund«, Wagner übernahm den Namen (der etymologisch wohl eher mit *Hunnen* und *Hünen* zusammenhängt) aus der altnordischen Überlieferung. Die Namenklärung aber will zugleich Ordnung bringen in die heikle kommunikative, also soziale Situation. In archaischen Kulturen, in dünnbesiedelter Landschaft kennen sich die Machthabenden, Namen verbinden sich zu Familiennetzen, deren Stränge Verwandtschaft herstellen oder Versippung. In dem ältest überlieferten germanisch-deutschen Heldenlied, dem um 800 aufgezeichneten HILDEBRANDSLIED, fragt der alte Hildebrand seinen jungen Widersacher (und er fragt, um den sich drohend ankündigenden Vater-Sohn-Kampf aufzuhalten) nach dessen Namen und Familie. Und begründet: *Ibu du mi ênen sagês, ik mi de ôdre wêt... Wenn du mir einen [nur] sagst, weiß ich mir die anderen...* Aus solcher Tradition ist die Vorstellungs- (und Verstellungs-)Zeremonie im Hause Hunding zu verstehen.

zu S. 122: Die Frage, ob denn Inzest und Ehebruch in Wotans Planen eingeschlossen waren, ist so müßig nicht, wie sie scheinen mag. Denn die tragischen Verwicklungen des Künftigen gehen von dieser Stelle aus (die vom Ring und seinem Fluch nicht berührt wird). Es rechtfertigt sich mithin, hier einmal das Experiment konditionaler Geschichtenerzählung zu wagen: Was wäre, wenn...

Wir setzen den Fall (und ignorieren die nordischen Quellen, also vor allem die VÖLSUNGA-SAGA):

Wotan hat einen Sohn gezeugt (und zugleich eine Tochter), aus dem bekannten Motiv. Er hat anderes zu tun, als sich jahrelang um die Erziehung des Knaben zu einem »Freien« zu kümmern; so überläßt er ihn eines Tages sich selbst, um ihm die Chance der Bewährung zu geben: *In wildem Leiden / erwuchs er sich selbst...*

Er bestimmt ein sieghaftes Schwert für den Sohn. Das dieser sich aber erst in einem, nach einem bestandenen Bewährungsabenteuer erringen soll. Der Erwerb des Schwertes ist zugleich Wiedererwerb der Schwester, Wiedervereinigung der beiden Verlorenen. Das zu bestehende Abenteuer besteht in der Bedrohung durch Hunding, dem Feinde in wildem Sippenstreit. Dieses Arrangement meint Fricka, wenn sie sagt: *Du schufst ihm die Not / wie das neidliche Schwert.*

Soweit das Geschehen laut Textbuch. Nunmehr die mögliche Fortsetzung: Die Geschwister genießen das Glück des Wiederfindens, verlieben sich aber nicht erotisch ineinander. Kein Inzest also. Das heißt: Frickas Intervention bleibt aus, ihre Zuständigkeit entfällt. Damit erübrigt sich auch ihre Wotan entmachtende Kasuistik. Siegmund dank dem heilbringenden Schwert besiegt Hunding, Sieglinde ist frei (wofür auch immer); und Siegmund kann seinen weltenrettenden Weg antreten, den Wotan für ihn, für den Wotan ihn vorgesehen hat. Kann, außerhalb des Vertragsrahmens stehend, den Ring zurückerobern. Was freilich nicht abgeht ohne eine weitere Tötung. Denn Fafner belegt in unvorstellbarem Phlegma seinen Schatz. Den er in durchaus a-kapitalistischer Verfahrensweise, das Prinzip Kapitalismus verratend, nicht hecken läßt, der also zinslos vor sich hindämmert, wie es fruchtlos auch sein Herr hält. Lediglich die Tarnkappe und ihren Zauber hat er benutzt und sich in die furchtbarste aller Machtgestalten hineinbeschworen, eben in die des Lindwurms. Daß er sich, um sich des Eroberers zu erwehren, nicht der Allmacht des Ringes bedient, mag vielleicht aus der Trägheit des Dummen zu erklären sein (aber als dumm haben wir ihn nicht kennengelernt, vielmehr als listig und brutal), eher wohl aus seinem Verdacht, es möchte die Fluchfunktion des Ringes (die er blutig schon einmal bestätigt hat) sich erneut aktivieren, wenn seine Magie erprobt wird. Siegmund also erobert den Ring zurück, und gemäß der Reinheit seines Charakters wie der planenden Regie Wotans ist unbezweifelbar, daß er ihn dem Rhein zurückerstatten wird. Damit aber: *Gerettet ist Gott und die Welt!*

(Da bleibt dann freilich immer noch ein dunkler Punkt: Die Götterburg Walhall steht ja auf kriminellen Fundamenten, ist bezahlt mit geraubtem Gut. Dessen fragwürdige Qualität nur unwesentlich geläutert wird durch die Tatsache, daß der Raub dem primären Unheilbringer und Räuber Alberich abgezwungen wurde. Wotan in der vierten Szene des RHEINGOLDS: ***Mit bösem Zoll zahlt' ich den Bau!*** Diesen Defekt muß Wotan auf irgendeine Weise noch bereinigen, indem er den Nibelungen-Drachenhort wenn nicht Alberich zurückgibt, so doch, sagen wir: wohltätigen Zwecken zuführt. Denn er mag sich als dessen Verwalter empfinden, nachdem er durch seinen Sohn ihn wieder erobert hat.)
Angesichts solcher Spekulation stellt sich die Frage: Hat Wotan eingeplant oder zumindest vorausgesehen, daß die Wiedervereinigung der Geschwister zu einer Vereinigung von Liebenden sich steigern würde? Und hat er in souveräner Mißachtung der von ihm legitimierten Rechtsordnungen diesen Vorgang für eine freundliche Bagatelle erachtet? ***(Heut – hast du's erlebt!)*** Dann hat er sich fahrlässig verkalkuliert, hat nicht bedacht, daß Fricka intervenieren wird, intervenieren muß – und mit ihrem Eingriff die Tragödie auslösen wird.
Oder die andere Möglichkeit: Die Dinge sind ihm entglitten, er hat Inzest und Ehebruch nicht geahnt und nicht gewollt, ist nun selber Opfer von Naturgewalten und Trieben, die sich der Kompetenz seiner Herrschaft entziehen. Die Autonomie – die scheinbare – der beiden göttlichen Menschenkinder macht sie, macht alle zu Gebundenen, zu Opfern. Die Tragödie nimmt ihren Lauf; ist frei, die Freien zu knechten.

zu S. 127: »The tremendous monologue, that seems long only to those who merely feel that Wotan is telling them something they know already and have no inward eye and ear for the drama that is being played out in the Gods tortured soul« (Newman, S. 522).
Zu Wagners Konzept der sich wiederholenden Retrospektiven und ihrer epischen Umständlichkeit Newman, S. 581 (anläßlich der Auseinandersetzung Erda/Wotan zum Beginn des dritten SIEGFRIED-Aufzugs): »Superficially regarded, the long episode merely takes us afresh over ground familiar to us. But, as is the case with all these ›narrations‹ and quasi-narrations of Wagner, it takes us over in a new way. We do not see the events of old happening under our eyes as before, but as they now shape themselves in retrospect in the mind of this character or that, coloured by his present mood. To achieve this psychological transformation is the business even more of the musician than of the dramatist; and thanks to Wagner's music it is really a new Wotan and a new Erda who play out the following scene before our eyes.«

Zweiter Tag: Siegfried

»Den Kindern hat der erste Akt von Siegfried am besten gefallen – was R. freut, da es für die Popularität desselben zeugt, während sonst die Künstler vor diesem ersten Akt bis jetzt wie vor etwas Unbegreiflichem stehen.«

Cosimas Tagebuch am 25. Juni 1876

»Siegfried also auch glücklich eingezogen auf dieser [der Münchner] Bühne; R. meint, es sei um so merkwürdiger, als es eine Art Intermezzo sei, die Tragödie sei die Götterdämmerung.«

Cosimas Tagebuch am 10. November 1878

Personen

Siegfried *(Tenor)*; Mime *(Tenor)*; der Wanderer (Wotan) *(Baßbariton)*; Alberich *(Bariton)*; Fafner (Drache) *(Baß)*; Brünnhilde *(Sopran)*; Erda *(Alt)*; Waldvogel *(Sopran)*

reine Spieldauer: etwa viereinhalb Stunden

Erster Aufzug

Wald

Das Vorspiel setzt *mäßig bewegt* ein *(b-Moll, 3/4)*. Eine Reihe von Tonfolgen, denen man jeweils eine gewisse oder auch eine bestimmte Bedeutung, mithin die Funktion von Leitmotiven geben kann. Leiser Paukenwirbel grundiert eine (vor allem durch ein in einer Septime fallendes Terzenmotiv gefärbte) Atmosphäre des Grüblerischen, Bläser wie Streicher erinnern an den Hort, an das klirrende Hämmern in Alberichs Industrieschmiede, an den fluchbehafteten Ring, an Wotan/Siegmunds (demnächst Siegfrieds) Schwert. Es soll all dies, das noch vor geschlossenem Vorhang ertönt, hinführen auf die Gedanken des albischen Mannes, der seine Schmiedewerkstatt eingerichtet hat in einer Felsenhöhle, waldüberwuchert, weltfern, schutzbedürftig.

Das einzelne Motiv hat in Wagners Kompositionskunst die Funktion der punktuellen Charakterisierung jeweils einer Person, einer Handlung, einer Idee. Hat vor allem aber die Aufgabe, den jeweiligen Augenblick zu integrieren in das große Geschehen, die Oberfläche abzuheben und den Unter- und Hintergrund des Gestus, der Tat, der Szene sinnfällig zu machen. Sobald die einzelnen Motive sich verbinden zu einem Geflecht, vereinigen sie sich zu einem Chorgesang, dessen einzelne Partikel aufgehen in einem ihnen übergeordneten Ganzen: Erinnerung weckend, Fernes heranholend, Künftiges andeutend, Denkräume öffnend und in der Polyphonie des Akustischen die Polyphonie des Geschehens versinnlichend; und die Komplexität seiner Schichten aufdeckend.

Man hat der Verführung nicht entgehen wollen, die Tektonik der Sonate/Symphonie als Analogie für den Aufbau der RING-Tetralogie heranzuziehen, und hat demgemäß deren dritten »Satz« ein »Scherzo« genannt. Ohne guten Grund, beschwingte Heiterkeit hat im SIEGFRIED wie in der vierteiligen Tragödie insgesamt keinen Ort. Gelegentlich zwar blitzt Witz auf, und wer will, mag des jungen Helden Tollerei mit dem Bären, der sich ja von je als beliebtes Spielzeug für Kinder empfahl, oder seinen tölpelhaften Versuch, auf der selbstgeschnitzten Rohrflöte den Gesang der Vöglein zu imitieren (zweite Szene des zweiten Aufzugs), als lustig, als »scherzend« empfinden – das sind schelmische Tupfer, die entscheidenden Vorgänge sind jedoch der gewalttätige Totschlag am Riesen-Drachen, dann am Ziehvater; entscheidend ist die brutale Entmachtung des Gott-(Groß-)Vaters und schließlich die erhabene Illusion einer Erweckung zu höherer Daseinsform durch die Liebe. Kein Scherzo – auch dieser Satz ist ein Drama inmitten des Dramas, einer Tragödie mit wenigen lichten Augenblicken auf tiefdunklem Grunde.

Vorerst aber geht es um ein Kind auf dem Weg zu seinem Erwachsenwerden, auf dem Weg zu sich selbst. Mime hat sich nach der gewalttätigen Entmachtung des dämonischen Bruders und Zwingherrn Alberich aus dessen Machtbereich heraus- und in Wald und Höhle zurückgezogen. Sie sind des Knaben Siegfried Spielzimmer. Der Schmiedezwerg hat ihn, eher gleichgültig nachgebend (oder auch widerstrebend) denn gutmütig, aufgezogen, nachdem die sterbende Sieglinde ihm das Neugeborene anvertraut hat. Und mit ihm als einziges Erbteil die Fragmente des Schwertes Notung.

Der Vorhang öffnet sich zur

Ersten Szene

Mime *sitzt... am Ambosse und hämmert mit wachsender Unruhe an einem Schwerte*. Das Nibelungen-Schmiede-Motiv des RHEINGOLDS begleitet sein helles Hämmern:

> *Zwangvolle Plage!*
> *Müh' ohne Zweck!*

Der Zwerg führt sich ein nicht anders, als wir ihn schon aus Alberichs Unterwelt kennen: mit einer zeternden Klagelitanei. Hier gilt sie dem Unvermögen seiner Kunstfertigkeit. Immer wieder zerbricht in Siegfrieds Handgewalt der jeweils geschmiedete Stahl entzwei wie ***Kindergeschmeid'***. Allein Siegmunds Schwert Notung könnte seiner zerschwingenden Kraft widerstehen – jedoch, dessen Stücke zu kitten reicht des Meisters Kunst nicht. Das treibende Motiv aber solches handwerkenden Mühens ist durchaus egoistisch, ist Rache- und Machtgier: Mime will den Drachen erledigen, in den sich mit Hilfe der verzaubernden Tarnkappe der Riese Fafner verwandelt hat. Will dem Monster das Weltenherrschaft verheißende Ringgeschmeide entreißen, sich dann rächen an dem terroristischen Bruder. Das aber kann nur gelingen dank ***Siegfrieds kindischer Kraft*** und dem heilen Schwert Notung in seiner Faust. Baß- und Kontrabaßtuba malen in dunkelster Eintönigkeit ***Fafner***, den ***wilden Wurm***:

Dann tritt der junge Mann auf, vielmehr stürmt herein, auf den man seit der Walküren-Verheißung wartet, in wilder Waldkleidung, begleitet von dem ihm zugehörigen Hornruf, der hier freilich vorerst lediglich den Streichern anvertraut ist:

Es beginnt der lange eristische Dialog zweier sehr entgegengesetzter Naturen*.

Im drastischen Gegensatz zur Säuernis des jammernden Ziehvaters vibriert Siegfrieds erster Auftritt von knäbisch-naturhafter Vitalität. Er hat sich einen Bären eingefangen, nur so zum Spaß und um der gehobenen Geselligkeit willen. Ihn am Seile, erschreckt er den angstvoll zitternden Zwerg: ***Hoiho! Hoiho! Hau ein!*** Mime hofft, sich einiges Wohlwollen versprechen zu dürfen zufolge eines fertiggeschmiedeten Schwertes – vergeblich, Siegfried zerschlägt es zu Stücken und würde am liebsten mit der Klinge dem ***schändlichen Stümper*** den Schädel spalten:

> ***Wär' mir nicht schier***
> ***zu schäbig der Wicht,***
> ***ich zerschmiedet' ihn selbst***
> ***mit seinem Geschmeid,***
> ***den alten albernen Alp!***
> ***Des Ärgers dann hätt' ich ein End'!***

Das hört sich nicht gut an und verweist darauf, daß sehr früh schon ein Tötungsgedanke in dem Knaben sich regt. Doch hat es mit der Ausführung noch einige Weile, vorerst muß Siegfried zu sich kommen – und den vom Ziehvater bereiteten Braten nebst Sud schmeißt er ihm aus der Hand. Der Gedemütigte bricht aus in eine penetrant klagende Weise von simpler Machart, der man anhört, daß Siegfried sie sich oft schon hat anhören müssen, und die sentimental winselt um Mitgefühl mit dem sich aufopfernden Pflegevater:

Inmitten all des jammernden Selbstmitleids lernt man doch einiges über die gewiß nicht zu unterschätzende Müh der Aufzucht des Kleinkinds – und erfährt beiläufig, daß sich auch das ***tönend Horn*** des Knaben der Kunst des schmiedenden Zwergs verdankt. Aus dem vorerst überraschend gemäßigt antwortenden Siegfried kann man unschwer die Unterstimme des »Herrenmenschen« heraushören, der aus »Instinkt« den anderen, den »Unterwertigen«, nach Kräften bis zum Ekel verachtet, ja haßt. Das gipfelt in einer beißenden Karikatur des mißgestalteten Ziehvaters:

Seh ich dich stehn
gangeln und gehn,
knicken und nicken,
mit den Augen zwicken:
beim Genick möcht' ich
den Nicker packen,
den Garaus geben
dem garst'gen Zwicker!

Auch hier wieder die gedanklich antizipierte Mordtat. Man kann mit Theodor W. Adorno versucht sein, in dieser Degradierung eines Menschenantlitz tragenden Wesens den Versuch der hohnvollen Wiedergabe eines so schäbig wie landläufig überlieferten Judenbilds zu sehen und zu hören – und denkt dann doch wieder daran, daß der notorische Antisemit Wagner die einzige »genuine« Judenfigur seines Werkes, nämlich die Kundry in seinem PARSIFAL, mit Zügen von betörendem Reiz ausgestattet hat und sie aus freiem Willen nur Gutes, lediglich im Banne des Bösen Böses tun läßt.

Nunmehr bahnt sich tastend ein erster Aufklärungsunterricht an in Sachen von Elternschaft und physischer Herkunft. Belehrungen, die, wie die Kinderpädagogik weiß, am ehesten geliefert werden können mit Hilfe einer vergleichenden Betrachtung der Tierwelt. Siegfried fragt nach Mimes *minnigem Weibchen*, nach einer Mutter – und ihn hohnvoll parodierend *(Das zullende Kind zogest du auf)*, fragt er nach *seiner* Mutter und bastelt sich dabei eine eigene primitive Abstammungslehre, vom äußeren Anschein ausgehend: Er hat sein Gesicht als Widerspiegelung im Bach erkannt. Wir erinnern uns, so erkannten sich einst (WALKÜRE, I. Aufzug, 3. Szene) seine Eltern. Und zu der Erkenntnis von dem *eigen Bild* treten die Hörner heraus, erst ertönt isoliert das Siegfried-Motiv, dann blasen sie das Wälsungen-Motiv, führen zurück und voraus in den Raum seiner eigenen Herkunft:

Dann buchstabiert er weiter in seiner Abstammungsfibel: Sowenig ***ein glänzender Fisch*** der ***Kröte*** gleiche, sowenig wie mithin der ***Fisch aus der Kröte*** könne gekrochen sein, so wenig kann Siegfried von Mime – und gar ***ohne Mutter*** – gemacht sein.

Nicht ganz zu Unrecht repliziert Mime irritiert:

> ***Greulichen Unsinn***
> ***kramst du da aus!***

– aber Siegfried ist nun nicht mehr aufzuhalten in seinem bohrenden Fragedrang auf der Suche nach sich selbst. Jetzt fällt ihm ein, warum er immer wieder aus dem Wald, der ihm mehr doch Heimat ist als die Höhle, zurückgelaufen ist zu Mime:

> ***Von dir erst muß ich erfahren,***
> ***wer Vater und Mutter mir sei!***

Und er erzwingt sich die Auskunft mit Hilfe körperlicher Gewaltanwendung gegenüber dem Schwachen, wie sie ihm offenbar selbstverständlich ist. Nun endlich bequemt Mime sich zur – begrenzten – Aufdeckung von Siegfrieds Herkunft, nicht ohne zuvor noch einmal betont zu haben: ***... und dennoch verdankst du mir dich*** (was in Grenzen zweifellos zutrifft). Wir erfahren mit Siegfried:

> ***Einst lag wimmernd ein Weib***
> ***da draußen im wilden Wald...***

Die entscheidende Aussage: ***Ein Kind trug sie im Schoße***, wird getragen vom Motiv des Wälsungenleids und der Wälsungenliebe, dem leise und innig dann zu den Worten ***doch Siegfried, der genas*** das Siegfried-Motiv folgt, von einem einzelnen, des Kindes Verlassenheit andeutend, Horn geblasen. Er begreift: ***So starb meine Mutter an mir?*** Folgt weiter die elementare Frage der

Namengebung – er erhielt den seinen auf der Sterbenden Geheiß (die sie ihn Brünnhilde verdankt, WALKÜRE, III. Aufzug, 1. Szene). Nunmehr weiterfragend und den mechanisch in seine sentimentale Verdienstlitanei wie in ein *Starenlied* fallenden Mime *(Als zullendes Kind)* harsch unterbrechend, erfährt er auch den Namen seiner Mutter: Sieglinde. Freilich zögert Mime anfangs, und den Namen des Vaters schließlich verschweigt er wahrheitswidrig, den er doch weiß, wie sich im Verlauf der Wissenswette (2. Szene) erweisen wird. Hier hat Wagner sehr hellhörig die Psychologie des Schwachen charakterisiert, der als einzigen Besitz den Mehrwert seines Wissens hütet, das er nicht preisgibt auch in einer Situation, in der die Offenlegung gänzlich unverfänglich wäre. Diese verschlagene Verschlossenheit des anderen ist auch Siegfried nicht unbekannt, so fordert er ein Indiz für die Verläßlichkeit dieser Angaben: Das liefert ihm Mime in den beiden zerbrochenen Teilen des väterlichen Schwertes, welches er *als schwachen Lohn* von der sterbenden Kindsmutter erhalten hat. Wie im Reflex fährt Siegfried auf:

Und diese Stücken
sollst du mir schmieden...

Es wiederholt sich jetzt die Szene von Alberichs Zwingburg (RHEINGOLD, 3. Szene), Wagners kolossales Drama ist zusammengehalten durch ein Netz von korrespondierenden Gesten, Personen, Handlungen (die szenisch dem musikalischen Leitmotiv entsprechen): Nunmehr erfährt der Underdog Mime durch sein ungebärdiges Ziehkind den gleichen Befehlsschwall, wie er ihn einst durch den wüsten Bruder erfuhr:

Auf! Eile dich, Mime!
Mühe dich rasch...

Und selbst das Betrugs-Motiv taucht hier wieder auf (damals der Tarnkappe geltend): *Täusche mich nicht...*

Mit der geschmiedeten Waffe aber will der Jüngling noch heute

Aus dem Wald fort
in die Welt ziehn...,

um nie wiederzukehren und Mime ***nie wieder zu sehn.*** Der Ausbruch geht so heftig jubelnd wie freudig zu, und der Komponist wird, seinen Hörern zum Dank, einmal mehr rückfällig und leistet sich, seiner eigenen Theorie zum Trotz, eine kleine liedhafte Arie:

So stürmt er davon, und das Orchester stürmt mit ihm im Freiheitsrausch, da nichts ihn mehr bindet und zwingt, und die Worte haben, gelöst von der Musik, ihre eigene poetische Kraft:

Mein Vater bist du nicht;
in der Ferne bin ich heim;
dein Herd ist nicht mein Haus,
meine Decke nicht dein Dach.

Was allerdings die Drohung angeht, er ***flute davon..., dich, Mime, nie wieder zu sehn!***, braucht Mime sich vorerst keine Sorgen zu machen, so wenig wie wir uns mit ihm: In einer halben Stunde wird der wilde Knabe wieder da sein. Denn ihm fehlt ja noch die selbstgesetzte Vorbedingung für den Ausbruch: das Schwert.

In der Zwischenzeit aber wird sich sein Großvater einschalten und einen rätselhaften Auftritt inszenieren. Der hilflose Schmied indes bricht, vielmehr ***knickt*** jammernd zusammen angesichts seines ihm deutlichen Unvermögens, das allein den Erfolg seiner Pläne garantierende Schwert zu schmieden. Die Lösung dieses Problems aber liefert ihm, wenn auch auf fatale Weise mit den fatalsten Folgen, die folgende

Zweite Szene

Aus dem Walde tritt ein Wanderer in Mimes Höhle*. *Der* Wanderer, wie der Kenner weiß: Die erhabene Gestalt sagt es ihm und die Krempe des Hutes, die das Fehlen des einen Auges tarnt. Mime aber ist der Kenner nicht. Allerdings wird ihm hier auch des Gottes eigentliche musikalische Signatur, nämlich das Walhall-Motiv, vorenthalten. Vielmehr schreitet der Fremde einher auf vier imposanten, ihn majestätisch wie Säulen tragenden Akkorden:

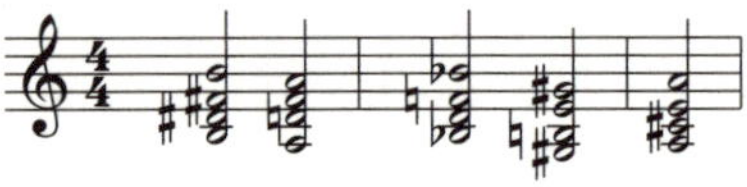

Er begrüßt den Hilflosen mit nicht allzu feiner, in Höflichkeit verhüllter Ironie als ***weisen Schmied*** – just in dem Augenblick, als der am Ende all seiner Weisheit ist. Und erbittet sich das feierliche Recht der Gastfreundschaft aus. Wotan also ist es, der um die Wärme von des ***Hauses Herd*** ersucht – und ist es doch wieder nicht. Denn nach dem Verlust seines Sohnes Siegmund, dann nach dem des ihm liebsten, nächsten, mit ihm nahezu identischen Wesens: nach dem Verlust Brünnhildes, hat er sich neutralisiert, sich in (vorläufiger) Resignation verwandelt in den *Wanderer,* der nicht mehr souverän leitend, sondern geleitend, begleitend die Welt durchstreift. Sein so großer wie im einzelnen Kalkül unstimmiger Weltenrettungsplan scheint gescheitert, doch bleibt noch eine geringe Chance des Gelingens, wie ihm nach dem anfänglichen Affekt wider den Wälsungenstamm und seine Nachkommenschaft offenbar andeutend aufgegangen ist – wenn auch vorerst nur sehr vorläufig. Diese Chance liegt wieder bei dem »Freien«, wieder bei dessen eine Steuerung nicht erlaubender Autonomie – ein Konzept, das mißlingen mußte im Falle Siegmund, der zweckhaft für seine Sendung konditioniert war. Wohingegen Siegfrieds Existenz dem Gott-Großvater anfangs unbekannt und dann, von Brünnhilde kundgetan, zumindest unbehaglich war, seinem ursprünglichen Planen also nicht »teleologisch« zugeordnet ist.

Es folgt die »Wissenswette«, eine ausladende Zweierszene, deren die Logik des Geschehens nicht eigentlich bedarf und deren dramaturgische Rechtfertigung lediglich in ihrem Ausgang besteht: nämlich in der Eröffnung, daß nur Siegfried das Schwert Notung wird neu schmieden können. Aber wie gewohnt ist sie auch bedingt durch Wagners ihn ständig treibendes Bedürfnis nach Vergegenwärtigung des Gewesenen, nach vorläufigem Resümee und erinnernder Reprise – dieser Neigung zollt sie auf eindrucksvolle Weise ihren Tribut.

Beziehungsvoll der Kontrast zwischen dem vollen Blechklang des sonoren Wanderer-Motivs und den die Einlassung Mimes nervös unterlegenden Bratschen. Der verschreckte Schmied versucht, sich der geforderten Gastfreundschaft, ihrer sakralen Eigentümlichkeit zum Trotz, zu entziehen, die Begründung ist wieder eines der Zitate, die vernetzend die Teile zum Ganzen verknüpfen:

Unheil wohnte
immer bei mir:
willst du dem Armen es mehren?

Das gemahnt an Sieglindes Wort (WALKÜRE, I. Aufzug, 1. Szene):

Nicht bringst du Unheil dahin,
wo Unheil im Hause wohnt!

Der Wanderer autorisiert sich durch sein vorgebliches Vielwissen und dessen Nutzen für den, der aus ihm herausfragen würde, was ihm frommt. Das imponiert Mime nicht: *ich weiß mir grade genug.* Womit er recht hat, denn was er hier erfragen könnte und was ihm ungefragt schließlich eröffnet wird, trägt nicht eben bei zu seinem Frommen.

Die Posaunen lassen wiederum auch den Ahnungslosen nicht im Ungewissen, um wen es sich handelt bei dem ungebetenen Besucher. Als der sich insistierend und keinen Widerstand duldend niederläßt: *Hier sitz ich am Herd*, da ertönt herrisch das Vertrags-Motiv, das mit Runen dem Speer Wotans eingegraben ist:

Indessen, Verträge hin und Speer her, der wandernde Gott verhält sich nicht eben nobler als sein robuster Enkel. Er nutzt auf seine Weise die Schwäche des Schwachen, tut es nicht ohne sadistischen Zug und zwingt ihm ohne alle Not das Ratespiel auf. Ein Motiv, das, ohne innige Verbindung mit dem Nibelungen-Komplex, altnordischen Quellen entstammt. Großmütig und scheinriskant setzt der Wanderer seinen Kopf als Pfand für den Fall, daß der Kontrahent nicht aus ihm herausfrage, *was* ihm *frommt*. Da macht Mime seinen ersten Fehler, indem er sich einläßt auf das ungleiche Spiel. Aus dem ersten folgt zwanghaft der zweite: Er holt aus dem unheimlichen Fremden nicht das ihm, dem Fragenden, Unbekannte heraus, von dem ihm doch versprochen war, daß es ihm nützen werde. Sondern er fragt nach dem, was er schon weiß. Das ist die Verhaltensform des Unsicheren: Es verlangt ihn nach Selbstbestätigung, und seine Reaktion macht deutlich, daß er in all seiner Listigkeit und Verschlagenheit des Argwohn verlangenden Umgangs mit sprechenden Wesen seit undenklicher Zeit ungewohnt ist. Er fragt also – und das Schmiede-, das Rheingold-, das Riesen-Motiv erklingen jeweils am gehörigen Ort. Es handelt sich um die Hierarchie in der Schichtung der Welt. Wagner fand sie vorgeprägt im Wurzelwerk der *Yggdrasil*, der Weltesche der eddischen Mythologie: Die Menschen und Asen, die Riesen und schließlich die Todesgottheiten wohnen jeweils unter den weltumspannenden Wurzeln des Baumes.

Wagners Wotan geht es erst um die unterirdischen Nibelungen; dann um die irdischen Riesen; endlich um das überirdische *Geschlecht... auf wolkigen Höhn* – und bei ihm steigert das

Orchester sich zu erhabenem Pathos, und die Wagnertuben verkünden Walhall mit dessen Motiv. Bemerkenswert, daß der Wanderer, nach den Schwarzalben nunmehr die Lichtalben vorstellend, sich selbst als ***Licht-Alberich*** benennt. Das ist zum einen etymologisch korrekt, denn *Albe-rîch* meint mittelhochdeutsch »Herrscher der Alben«, und somit ist im Falle des Unterirdischen ein Appellativ, also eine Gattungsbezeichnung, zum Eigennamen geworden. Zum andern aber stellt diese Namensvariante Wotans die prinzipielle Korrespondenz zwischen den beiden unversöhnlichen Antagonisten her, die, um die Weltherrschaft ringend, Herren und Opfer einer komplementären Beziehung sind.

Unversehens steigert Wotan sich in eine Art augenblicksvergessender Selbstvorstellung hinein, läßt sich pathetisch, den Speer ***wie unwillkürlich*** in den Boden rammend, durch Blitz und Donner autorisieren – das Orchester tut im Fortissimo das seine hinzu. Indes kann man sich des Verdachts nicht erwehren, daß der Mächtige sich hier im dunkeln Walde Mut zusingt – denn eben den ***Haft der Welt hält*** er nunmehr nicht länger fest ***in der Hand***, und schöner Selbstbetrug deutet sich an bei der Behauptung:

> ***ewig gehorchen sie alle***
> ***des Speeres starkem Herrn.***

Der Ausgang der oktroyierten, fahrlässig akzeptierten Wette bringt keine Überraschung, der Fremde behält – natürlich – sein Haupt, und Mime hofft zu Recht auf dessen Abgang. Doch der Wanderer hat sich eine Strafe erdacht für des anderen Versagen. Da der nicht zu erfragen vermochte, was ihm nützt, dreht der Gast den Spieß um und verlängert dreist das Spiel auf willkürliche Weise, zwingt dem Zwerg nunmehr die Lösung dreier Fragen auf und fordert zum Pfand nicht mehr und nicht weniger als dessen Haupt. Da macht Mime den dritten Fehler, er geht ein auf das ungleiche Spiel, ***in furchtsamer Ergebung sich fassend***. Nahezu klingt wie ein Abschiedslied, was er traurig nun vorbringt:

Lang schon mied ich
mein Heimatland,
lang schon schied ich
aus der Mutter Schoß;
mir leuchtete Wotans Auge,
zur Höhle lugt' er herein:
vor ihm magert
mein Mutterwitz.
Doch frommt mir's nun, weise zu sein…

Es lohnt sich, anläßlich dieser schlichten Verse die Aufmerksamkeit auf den Umstand zu richten, daß sich grundsätzlich viele der Mime gehörigen Textpassagen auszeichnen durch Prägnanz und eine bis zur Aphorismuswürdigkeit zugespitzte Schärfe. Die Formel *magert mein Mutterwitz* hat zitatreifen Reiz. Als Ansatz einer Erklärung für diesen merkwürdigen Umstand mag die Überlegung dienen, daß Mime keine liedhaften, keine ariosen Partien zugebilligt sind. Er ist eine unpoetische Figur, realistisch und sachbezogen, und sein Dichter war in seinem Falle dispensiert von der Notwendigkeit, sonderliche Wort- und Stilfügungen zu bilden, die zuweilen krampfig wirken, immer aber der spezifischen Aura einer Person poetisierend dienlich sein sollen – vor allem aber sind sie bewußt gemäß dem Prinzip der angemessenen Sangbarkeit formuliert.

Überdies gibt die Passage ein Rätsel auf. Will sie sagen, mit der vom Walhall-Motiv untermalten Erwähnung von Wotans Auge, wie es in die Höhle lugte, sei angedeutet, daß Mime die Identität seines Gastes erkannt hat – worauf überdies das einschränkende Folgegeständnis des »magernden Mutterwitzes« hinwiese? Um so verwunderlicher, daß er sich einläßt auf das Wettspiel mit dem unschlagbaren Gott. Oder ist doch eine in der Vergangenheit zurückliegende Begegnung gemeint?

Nun also ist – gemäß seinem willkürlichen Arrangement – die Reihe an Wotan. Allererst fragt er – und da mag ein Schuldkomplex mitspielen – nach jenem Geschlecht, dem er *schlimm sich zeigte*. Das Orchester hilft der Antwort auf mit dem Wälsungen-Motiv. Mime erweist sich als beschlagen, nun plötzlich weiß er auch den Namen des Mannes, den er vorhin

Siegfried noch mürrisch verweigerte: Siegmund. Weiß ihn und den der Schwester mit einem marschartig-hüpfenden Rhythmus zu nennen, der den leisen Triumph solches Wissens markieren soll. Mit seiner zweiten Frage arbeitet Wotan sich zielsicher an die Pointe seines Spiels heran. Er zielt auf Fafner – dazu ertönt dessen unheimliches Kriech-Motiv – und damit auf das Schwert, das den Drachen fällen kann, wenn Siegfried es schwingt. Womit sich Wotans neuer Plan schon in knapper Andeutung offenbart: Siegfried als der Vollstrecker der ursprünglichen Sendung seines Vaters! Der verblendete Zwerg gibt wieder fröhlich sein Wissen preis und erzählt des Schwertes Notung Geschichte. Wozu sich am gehörigen Ort das Schwert- und das Siegfried-Motiv melden: Durch sie beide wird der Wurm erledigt werden. Nun aber anläßlich der von Wotan mit größter Intensität vorgebrachten dritten Frage fällt Mime ein, daß es dieses Schwert noch gar nicht gibt, daß er es zu schmieden unfähig ist, er verflucht die Stücke, wünscht, er möchte sie gestohlen (also fortgeschafft) haben.

Wer schweißt nun das Schwert,
schaff ich es nicht?
Das Wunder, wie soll ich's wissen?

Eben dies hätte er fragen sollen, als die Reihe noch an ihm war, die Weite seines Wissenshorizontes wollte er prahlerisch vorzeigen, das nächstliegende Unwissen fiel ihm nicht ein. In panischem Schrecken erfährt er nun, was er hätte erraten können, und die Trompeten schmettern zu dieser herrischen Voraussage das Schwert-Motiv:

»Nur wer das Fürchten
nie erfuhr,
schmiedet Notung neu.«

Mit dieser Eröffnung ist die dramaturgische Funktion der ganzen umständlichen Rätselszene geliefert: Sie will auf Siegfried als den einzig fähigen Schmied des Schwertes hinaus. Und Wotan im Banne seines Fricka-Komplexes weiß, daß er diesen Auftrag nicht unmittelbar erteilen, daß er ihn nicht steuern darf – so bereitet er ihn gewissermaßen stimmungsmäßig vor. Seinen billigen Gewinn aber, das Haupt seines armseligen Kontrahenten nämlich, vermacht er *dem, der das Fürchten nicht gelernt!* Wer hier noch unwissend ist, wird durch das Orchester unüberhörbar belehrt, aus dem Siegfrieds Motiv erklingt. *Lächelnd* räumt der Wanderer die Szene, *wie vernichtet* bleibt der andere zurück. Was heißt *wie* – Mime *ist* hier schon vernichtet, der Rest ist seine Exekution. (Zu der altnordischen Quelle dieser Wettszene siehe P. W., DER TRAURIGE GOTT, S. 160–164.)

Die dritte Szene

setzt ein mit einem Tongemälde faszinierender Art, das Mimes totaler Wirrnis und Verwirrung Ausdruck gibt, seiner gänzlichen Desorientierung, die schließlich in der Angstvision von dem ihn fressenden Fafner gipfelt. Das flirrt und flackert in Worten und Klängen, Loges vibrierendes Feuer-Motiv spielt hinein und in der Tiefe das des Riesenwurms: »Dies ist einer der Augenblicke, wo Wagners Musik die Schwelle zum Impressionismus überschreitet« (Rappl, S. 103).

Das Chaos der Sinnenverstörung weicht der simplen Klarheit des Eindeutigen, Siegfried bricht wieder hervor aus dem Wald, begleitet vom schmetternden Schwert-Motiv. Mime gibt sich anfangs gänzlich verloren, memoriert verschreckt-mechanisch *Nur wer das Fürchten nie erfuhr*, setzt, wiederum seine Lebensklugheit beweisend, hinzu:

Zu weise ward ich
für solches Werk!

Denn in der Tat, Furcht am rechten Ort ist (im Gegensatz zur Angst) sehr wohl auch das Attribut eines »Weisen« im Sinne von Lebenserfahrenen*.

Dann faßt er sich, gibt sich noch nicht verloren, wissend, daß er zum Gelingen seines Fafner-Mordplans just jenen Mann braucht, dem sein Kopf verfallen ist. Jenen Mann, *der das*

Fürchten nicht gelernt und der auf Grund dieser Voraussetzung das Schwert schmieden kann. Jenen Mann, der auf Grund dieser Voraussetzung den Drachen erledigen kann. Jenen Mann, dem auf Grund ebendieser Voraussetzung Mimes Kopf verfallen ist. Klassische Aporie, das Problem ist unlösbar. Des Ziehvaters Problem: Er hat im Vollzug seiner pädagogischen Mühen versäumt, dem Kind das Fürchten beizubringen. (***Doch das ließ ich dem Kinde zu lehren!*** will sagen: »Dies das Kind zu lehren unterließ ich«, Mime drückt sich reichlich verwirrt aus, auch bleiben seine beiden vorhergehenden Verse unklar: ***Wohl flöh' ich dem, der's Fürchten kennt***; ebender ist doch ungefährlich für ihn – und unbrauchbar, vielleicht ist das gemeint.) Statt dessen wollte er das Kind die Liebe zum Ziehvater lehren: ***das gelang nun leider faul!***

Realist, der er ist oder doch zu sein sucht, greift Mime nicht nach dem Nächstliegenden, sondern Wichtigsten, denkt er zuerst nicht an das Schwert, sondern an sein Leben: ***Wie bring ich das Fürchten ihm bei?*** Wieder weicht er aus in die Kunst der Lüge, behauptet, im Auftrag der Mutter zu handeln, wenn er den Knaben das Fürchten lehrt. Mimes folgende Lektion ***(Fühltest du nie im finstren Wald)*** ist ein Stück brillanter »expressionistischer« Lyrik, in der es säuselt, summt, saust, braust, flackert, flimmert und schwirrt und grieselt, bis das Herz birst (Mime hat es in dieser Schreckensimpression die Grammatik verschlagen, und so ***berstet*** es bei ihm). Deutlich lallt aus seiner Horrorlitanei noch die Angst, in die ihn die Erscheinung des Wanderers versetzt hat, sie evoziert akustische und optische Schreckensauslöser im finstern Wald – und das flirrende Orchester hilft gewaltig mit. Das alles aber kann dem jungen Bäumeausreißer nicht nur nicht imponieren, vielmehr wünscht er sich, Mimes Impressionen ***nachsinnend***:

> ***gern begehr ich das Bangen,***
> ***sehnend verlangt mich's der Lust!***

Also steigert Mime das Verfahren seiner Angstprojektion und verweist auf Fafner, ***einen schlimmen Wurm...: Fafner lehrt dich*** *das Fürchten.* Nunmehr ein aufschlußreicher Blick auf die Topologie, die geographischen Hinweise der WALKÜREN-Szene (III. Aufzug, 1. Szene) an Sieglinde wiederaufnehmend: Des Riesenwurms Neidhöhle liegt *im Ost, am Ende des Walds*. Darauf reagiert Siegfried mit der wunderlichen Ergänzung: *Dann wär's nicht weit von der Welt?* – was Mime ihm bestätigt. Hier also kündigt sich die Welt an, die Siegfrieds Untergangsarena sein wird, und der Weg zu ihr ist der Umweg über die Drachentötung und die Erweckung der Walküre. Auf bezwingende Weise führt Wagners Orchester uns diesen Weg: Zu dem nachsinnenden Siegfried treten die Motive, die Brünnhildes Einschläferung begleiteten und bewirkten, Feuerzauber und Wiegenlied (siehe oben S. 151).

Solchermaßen aufgereizt, ist Siegfrieds nächster Schritt von strikter Logik:

... Schaffe das Schwert,
in der Welt will ich es schwingen.

Mime memoriert schon im Sinne einer Aufforderung an Siegfrieds Handwerkskunst die Bedingung,

Wer das Fürchten nicht kennt,
der fänd' wohl eher die Kunst.

Das hält Siegfried nicht verstehend für eine faule Ausrede des *Stümpers* – und damit ist der letzte Anstoß gegeben, der ihn zum Schmied seines Schwertes, damit seines Glückes und endlichen Unglückes macht*.

Her mit den Stücken,
fort mit dem Stümper!
Des Vaters Stahl
fügt sich wohl mir:
ich selbst schweiße das Schwert!

Er macht sich ans Werk, und zwar nicht nach Mimes Art, der versucht hatte, die Bruchkanten zu verlöten, sondern die Teile in kleinste Späne zerfeilend, schmelzt er sie neu zusammen. Tut es *mit Ungestüm* und *großem Eifer*, und die solide Handwerksarbeit löst einige kluge Kommentare aus in den begleitenden Reden. So Siegfried, hier einmal tiefsinnig über seine Jahre hinaus:

Was der Meister nicht kann,
vermöcht' es der Knabe,
hätt' er ihm immer gehorcht?

Und Mime begreift, in welch störendem Maße Bewußtheit und Intelligenz dem Prozeß des Vollbringens und Gelingens gelegentlich hinderlich sein können:

Hier hilft kein Kluger,
das seh ich klar:
hier hilft dem Dummen
die Dummheit allein!

– und staunend gesteht er:

Nun ward ich so alt
wie Höhl' und Wald
und hab nicht so was gesehn!

Er sieht auch die Konsequenz des Gelingens, und sie betrifft gemäß des Wanderers Weissagung ihn:

Wie berg ich nun
mein banges Haupt?

– denn dem anderen, der nun den Beweis ablegt für die Eigentümlichkeit des Nichtfürchtenkönnens, ist es verfallen. Einzige scheinbare Rettungschance: Fafner bringt Siegfried das Fürchten bei – doch eben dann kann der Knabe den *Wurm* nicht würgen, für Mime den Ring nicht erobern. In der Tat, die Lage scheint hoffnungslos: *Verfluchte Klemme!* Doch er wäre nicht Mime, dächte er nicht an

klugen Rat,
wie den Furchtlosen selbst ich bezwäng'.

Und der Rat wird ihn hinführen zu der klassischen Waffe des Schwachen: Gift.

Siegfried aber feilt und facht und singt sich dazu ein schmetterndes »Schmelzlied«, eine Arbeits-Weise, die wiederum dankenswert erinnert an die verpönte Gattung der Arie:

Notung! Notung!
Neidliches Schwert!

Ein Gesang, dem Siegfried-Sänger nicht weniger Kraft abverlangend als dem Schwertschmied. Dazu lodert die Glut im Orchester wie im Herd, und der Blasebalg gibt skandierend den Rhythmus an. Mime indes, nachdem er das Staunen verlernt, nutzt die Zeit, sich seinen Plan zu erlisten, der sein Haupt retten soll. Einen Mordplan. Dem vom Drachenkampf durstig Erschöpften wird er einen Betäubungstrank einträufeln – Giftgebrautes spielt ja in der Tetralogie seine bedeutsame Rolle, man denkt an Sieglindes Schlaftrunk für Hunding, denkt an den Vergessenstrank nach Hagens Rezept, den Gutrune Siegfried geben wird (und denkt in solchem Zusammenhang allemal auch an Tristan und Isolde).

Den Betäubten aber will er dann aus dem Weg räumen mit *der eignen Waffe*:

Mit Witz und List
gewinn' ich beides [Hort und Ring]
und berge heil mein Haupt.

Sein Kalkül steigert sich in einen Rausch von schwindelnder Siegesgewißheit, triumphierend apostrophiert er den Wanderer, nachträglichen Wettgewinn einklagend:

Hei! Weiser Wandrer!
Dünkt' ich dich dumm?
Wie gefällt dir nun
mein feiner Witz?
Fand ich mir wohl
Rat und Ruh?

Nunmehr korrespondieren die Künste der beiden: Während der eine das Eisen kocht, kocht der andere einen Sud. Dessen Tun Siegfried, mit Wichtigerem beschäftigt, beiläufig zur

Kenntnis nimmt, so ahnungslos wie prophetisch kommentierend: ***was er kocht, ich kost es ihm nicht!***

Indes schmettert Siegfried ein zweites Schmiedelied (»Das sind ganz merkwürdige Lieder«, Wagner an Mathilde Maier am 15. Januar 1863*, womit er wohl selber den »Rückfall« in das Arienartige andeutet), dessen strophische Struktur markiert wird durch jeweils den Anfangs- und Endrefrain des ***Heiaho – Heiah***. Mime kommentiert die Parallelaktion mittels einer Entsprechungsformel:

> ***Er schafft sich ein scharfes Schwert,***
> ...
> ***ich braut' ein Truggetränk...***

Die beiden Künstler steigern sich nunmehr zunehmend in eine Stimmung lodernder Euphorie: Siegfried im Schaffensrausch des Hämmerns, Schleifens und Feilens; Mime in einer irrwitzigen Herrschaftsvision von alberichgleicher Vermessenheit, und wieder fällt auf, daß die Worte sich ihm williger fügen als der widerspenstige Notung-Stahl und sich reizvoll steigern mit seiner sich steigernden Wahnsinnshybris. Da kompensiert er hohnvoll die unendliche, nun scheinbar endende Erniedrigung des elenden Knechtsdaseins:

> ***Der verachtete Zwerg,***
> ***wie wird er geehrt!***
> ***Zu dem Horte hin drängt sich***
> ***Gott und Held...***

Da unterwirft er sich delirierend die Welt und was in ihr west:

> ***Vor meinem Nicken***
> ***neigt sich die Welt,***
> ***vor meinem Zorne***
> ***zittert sie hin!***

Die Stimmen überlagern sich in wechselseitig steigernder Maßlosigkeit, Siegfrieds sieggewisser Hymnus wird kontrapunktiert durch den Rache- und Herrschaftsrausch des tobenden Zwergs:

> ***Mime, der kühne,***
> ***Mime ist König,***

Fürst der Alben,
Walter des Alls!

Das Werk ist gelungen, das Schwert geschmiedet unter dem Brand der Glut und der Wucht des Hammerschlags, gekühlt im zischenden Wasser – Siegfried kann es nunmehr *schwingen*. Er spaltet in gewaltigem Schlag mit schmetterndem Hochgesang, der dem Tenor das riskanteste Gelingen in der Spitzenlage abfordert, den Amboß, der Akt endet in höchsten Tönen, das Orchester jubelt, ja tobt mit den beiden jeweils auf ihre Weise Verblendeten. Merkwürdig ist, daß Siegfried der ihn legitimierenden Waffe als Taufspruch einen Tötungsbefehl mitgibt, der bewußt oder unterbewußt schon auf Mime gemünzt zu sein scheint, so daß in dieser Schlußszene ein Mordplan den anderen unterschwellig begleitet:

Schlage den Falschen,
fälle den Schelm!
Schau, Mime, du Schmied...

Indes der andere sich kreischend gratuliert: *Hei, Mime! Wie glückte dir das!*

Nichts glückt ihm, sein Sterben wird so elend sein, wie sein Leben war. Ein Behinderter von allem Anfang an, Böses machend, weil böse gemacht.

Aber auch Notung, leuchtend *trotzig und hehr*, und *kein Schlag soll nun dich mehr zerschlagen*, wird seinen Schmiedemeister und Kampfesherrn nicht retten, wird das *Ende der Ew'gen* nicht abwenden, wird es gar befördern mit trügerischem Sieg – und das Ende ihres Lichtsohns dazu.

Zweiter Aufzug

Tiefer Wald

Wieder ein Orchestervorspiel nach Wagners Art (hier: *Träg und schleppend – f-Moll*): Dunkel und ächzend, drohend und warnend reiht es Motive von Neid und Haß, von Rache und Not. Das Riesen-Motiv (siehe oben S. 76) klingt an, aber in degenerierter, in verzerrter Form, und will des Riesen Fafner fragwürdige Verwandlung in das Monstrum andeuten, an die Gestalt seiner früheren Lebensform erinnernd. Alles übertönend aber in den Posaunen: das Fluch-Motiv, es verkündet, daß es in der folgenden Auseinandersetzung um nichts geht als den Kampf um den Ring.

Erste Szene

Tiefer Wald, im Hintergrund die Neidhöhle, finstere Nacht. Vor der Behausung des Riesendrachen lauert Alberich – wie lange schon? Unermeßliche, ungemessene Zeit. Hell aufblitzender Schein läßt ihn sehr plötzlich vermuten, daß *des Wurmes Würger* naht. Wie das? Entweder erwartet Alberich zu jedem Augenblick des Drachen Ende mit Selbstverständlichkeit, da er von der Verläßlichkeit seines Fluches weiß. Oder – eher anzunehmen – seine dämonische Natur hat ihn bereits von Siegfrieds Unternehmen informiert (wie sehr bald aus dem Disput mit Wotan hervorgehen wird).

Der Wanderer tritt auf, das Walküren-Motiv hat ihn herangeführt durch die Lüfte. Wütend versucht Alberich, den verhaßten Urheber seiner Schmach zu verjagen. Das geht über in eine gemäß Wagners Neigung lang ausholende und die jeweiligen Positionen begründende und bestätigende Debatte. Wotan ist von einer fast heiter anmutenden Gelöstheit, das Wanderer- und das Walhall-Motiv beglaubigen ihn, jovial scheint er sich über die Dinge erheben zu wollen, Endzeitbewußtsein hat ihn wenn nicht frei, so doch freier gemacht, so hat er sich, wandernd, für die Rolle des Betrachtenden entschieden, der sich gemäß Goethes großem Wort Gewissen leisten kann – im Gegensatz zum Handelnden, »der immer gewissenlos ist«.

Zu schauen kam ich,
nicht zu schaffen…

– dazu ertönt das feierliche Wanderer-Motiv. Sie durchschauen einander illusionslos, die beiden Ringverlierer, und Alberich hält dem Gott noch einmal das dessen Herrschaft einschränkende Zentralproblem entgegen, seine Bindung an sein eigengegebenes Gesetz:

Nicht du darfst
was als Zoll du gezahlt,
den Riesen wieder entreißen:
du selbst zerspelltest
deines Speeres Schaft;
in deiner Hand
der herrische Stab,
der starke, zerstiebte wie Spreu!

(Wieder nimmt es ein Nibelung mit der Grammatik nicht so genau, der Konjunktiv Praeteriti des starken Verbs *zerstieben* sollte besser *zerstöbe* lauten.)

Alberich läßt nicht ab, setzt weiter nach und faßt in seine Worte, was Wotan verschwiegen der geliebten Tochter im großen Mono-Dialog des zweiten WALKÜREN-Aufzugs anvertraut hatte: Wenn er, Alberich, je den Reif gewönne, dann naht das *Ende der Ew'gen* (siehe oben S. 128). So jetzt der Nibelung: *Das sehrt dich mit ew'ger Sorge!* Denn unter Alberich als dem Herrn des Ringes

… zittre der Helden
ewiger Hüter!
Walhalls Höhen
stürm ich mit Hellas Heer:
der Welt walte dann ich!

Diese furchtbare Drohung ist auch ein Augenblick der bitterkomischen Ironie, denn mit ähnlichen Worten hatte Bruder

Mime sich soeben vermessen in seine visionären Herrschaftspläne verstiegen.

Nun enthüllt Alberich, was er bereits an Vermutungen hegt, Wotans Pläne angehend: Gefesselt durch sein eigenes Handlungsverbot halte der andere sich an *Heldensöhne* (zu ihnen das Schwert-Motiv),

> *die traut deinem Blute entblüht.*
> *Pflegtest du wohl eines Knaben,*
> *der klug die Frucht dir pflücke,*
> *die du nicht brechen darfst?*

»Pflegen« ist wohl allzu wohlwollend – und handfest – ausgedrückt, wahr aber ist, daß der Wanderer durch seinen Auftritt in Mimes Werkstatt den Weg eines Knaben vorbereitet hat, der ausziehen will, das Fürchten zu lernen, und der sich für diesen Aufbruch in die Welt, Richtung Neidhöhle, sein Schwert geschmiedet hat.

Wotan kann gelassen Alberichs Unterstellung abwehren, nicht er hat die »führende« Funktion, sondern Mime hat sie und der von diesem Geleitete: *Nichts weiß der von mir...* Alberich aber möge nach Belieben verfahren.

Damit aber schlägt die Szene um, es begibt sich etwas Staunenswertes: Die beiden giftigen Opponenten werden für einen Augenblick zu Komplizen, vereinen sich fast zu einer Compagnonnage. Alberich staunt ungläubig: *Deine Hand hieltest du vom Hort?* Da breitet die bisher gehemmte Liebe zum Enkel ihre Gefühle hörbar aus, zart bewegt entringt sich dem Gott das Bekenntnis:

> *Wen ich liebe*
> *laß ich für sich gewähren;*
> *er steh' oder fall',*
> *sein Herr ist er...*

Das klingt auf schöne Weise, als gelte es nur dem Helden – und meint doch vor allem Wotan selbst insofern, als es mit Nachdruck den eigenen Verzicht betont, alle Verantwortung ablehnt, die Autonomie des Nachkommen deklariert. Wir aber können nachsinnend uns dennoch schon hier der Frage nicht entziehen, ob diese Autonomie des jungen Helden nicht nur Scheincharakter trägt.

Nunmehr offenbart Wotan sein Vorwissen, ein Held naht, wird Fafner fällen, der Ring gehört dem, der ihn errafft. Die wunderliche Partnerschaft kommt zur Sache, vereint wollen sie Fafner aufstören: Der eine warnt, der andere – Wotan – ruft den Weckruf:

Warnst du ihn vor dem Tod,
willig wohl ließ' er den Tand.
Ich selber weck ihn dir auf.

Wotan benutzt dabei jenes Intervall einer »übermäßigen Quart«, den Tritonus, der in der alten Musik verpönt war, der großen Intonationsschwierigkeit halber und deshalb als *Diabolus in musica* verteufelt wurde. Er wird von Wagner konsequent der tönenden Aura des Drachen-Riesen zugeteilt, deren Ödnis spiegelnd. Entsprechend reagiert Fafner mit dem gleichen Intervall, dazu pochende Paukenschläge, dumpfes Streichertremolo: »Die Armseligkeit seines Ausdrucks ist der Spiegel seiner armseligen Gefühle« (Pahlen, S. 110). In der Verblendung des mit dem Fluch des Ringes Behafteten aber hört Fafner nicht, begreift nicht. Wotan läßt ihn wissen, es sei einer gekommen, ihn zu warnen (nämlich Alberich):

er lohnt dir's mit dem Leben,
lohnst du das Leben ihm
mit dem Horte, den du hütest?

Das meint: Er – Alberich – sei in der Lage, Fafner zu retten – als Lohn erwarte er den Hort.

Prompt sekundiert Alberich dem verhaßten Partner, der ihm plötzlich den Ring zu gönnen scheint, ruft sein *Wache!*, kündigt den nahenden Helden und dessen Kampfabsicht an, seine Kraft, seine Kühnheit, sein Schwert (so ergänzt Wotan). Alberich nun ganz konkret:

Laß mir den Ring zum Lohn,
so wend ich den Streit;
du wahrest den Hort
und ruhig lebst du lang!

Darauf könnte Fafner getrost eingehen, seine paradoxale Lebensform als die eines seinen Besitz fruchtlos bebrütenden Kapitalisten würde sich nicht ändern – indes, auch er ist Opfer des Fluches, wählt zwanghaft sein Ende:

Ich lieg und besitz –
laßt mich schlafen!

... das schlug fehl, stellt Wotan sachlich fest, und gegen des Todbestimmten Wahn stellt er seinen vom Erda-Natur-Motiv unterlegten Schöngesang von allem, das *nach seiner Art* ist, unabänderlich. Im Sturmwind macht er sich davon, Glanz bricht aus und wieder ab. Alberich aber kündigt die flüchtige Gemeinsamkeit auf und schickt ihm seinen wütend drohenden Fluch – unterstützt durch dessen Motiv – nach:

ihr leichtsinniges
lustgieriges
Göttergelichter!

(das freilich sind sie seit langem schon nicht mehr...)

Euch seh ich
noch alle vergehn!

Und damit wird er recht behalten. Was dem Finaltableau der GÖTTERDÄMMERUNG einen irritierenden Akzent gibt.

Zweite Szene

Mime und Siegfried *sind zur Stelle.* Der Zwerg versucht noch einmal, am Ort künftigen bedrohlichen Geschehens – und um seinen Kopf besorgt – seinem Ziehkind das Fürchten beizubringen. Doch diese sehr menschliche – wenngleich nicht humane – Kategorie fehlt dem Knaben, er ist noch vormenschlich, erst das Weib, die Liebe erst wird ihn das Fürchten lehren. So ist es denn von tiefsinniger Konsequenz, daß zu Siegfrieds Frage *(Hier soll ich das Fürchten lernen?)* jenes Thema Brünnhildes laut wird, unter dem sie ihrem Schlaf verfiel. Übrigens ist Mimes Verhalten in diesem Augenblick so widersinnig, wie seine heillose Situation es erfordert. Zwar hat er sich schlau seinen den doppelten Gewinn garantierenden Plan ausgeheckt, dennoch liegt ihm offensichtlich daran, es mit einem zu tun zu haben, der sich fürchten kann – das heißt: dem also sein Kopf nicht verfallen wäre. Anderseits: der das Fürchten Kennende würde ja gewiß den Drachenkampf nicht auf sich nehmen wollen...

Jedenfalls malt Mime dem Knaben noch einmal in wüster Schilderung die Schrecklichkeit des bevorstehenden Kampfes gegen das Untier aus. Was alles den jungen Mann nicht rührt. Vielmehr erkundigt er sich, klar kalkulierend, nach der Anatomie des Monsters, nach dem Sitz seines Herzens:

Das sitzt ihm doch
wo es jedem schlägt,
trag' es Mann oder Tier?

Dahinein wird er Notung stoßen. Und wieder versucht er, wie zuvor schon, mit Gebärden des aufrichtigen Ekels sich des verhaßten Zwerges zu entledigen – und wer dessen klägliches Ende vorausahnt, wird die Frage *wann werd ich den Albernen los?* als lediglich rhetorisch empfinden. (Übrigens erklärt sich das merkwürdige *albern* nicht aus Stabreim-Not, mithin kann man annehmen, daß Wagner das Attribut ableitet von der Gattung der Alben.)

Noch eine Drohung fügt Siegfried an: Erst dann werde er den Drachen umbringen, wenn der den am Quell lagernden Mime *weggesoffen* habe. Es ist deutlich: um eine Affekthandlung wird es bei dem tödlichen *jähen Streich* gegen den Ziehvater nicht gehen. Mime trollt sich, murmelt im Abtreten seinen Segenswunsch:

Fafner und Siegfried,
Siegfried und Fafner –
Oh, brächten beide sich um!

(Die Wiederholung der Namen oder Begriffe in umgekehrter Reihenfolge [a:b – b:a] ist in der Geschichte und Praxis der Rhetorik ein beliebtes Stilmittel, Chiasmus genannt. Hier mag

Abbildungen: Der Drachenkampf

31 *Bühnenbildentwurf: Amable; Opéra, Paris 1901.*

32 *Bühnenbildentwurf: Ludwig Sievert; Opernhaus, Frankfurt am Main 1925.*

33 *Matti Salminen als Fafner, Helge Brilioth als Siegfried; Regie: Götz Friedrich, Bühnenbild: Josef Svoboda, Kostüm: Ingrid Rosell; Royal Opera House Covent Garden, London 1975.*

34 *Philip Kang als Fafner, George Gray als Siegfried; Regie: Claus Helmut Drese, Bühnenbild: Ul de Rico, Kostüm: Waltraut Engelberg; Opernhaus, Zürich 1989.*

Das Märchenmotiv des Drachenkampfes, das sich zunächst noch in naivem Vertrauen auf das fiktionale Spektakel (31) und selbst bei einer progressiven szenographischen Haltung in der Reduktion auf abstrahierte Formen von Baumstämmen und einer gebrochenen Ebene problemlos darstellen ließ (32), wurde nach 1945 zu einem der am schwierigsten zu lösenden Momente des »Rings«: Neben der Umdeutung in eine bedrohliche Maschine und dem in jüngster Zeit geläufigen Zitat des Drachen in der Gestalt, wie er anfangs dargestellt wurde, auf einer im übrigen leeren Bühne ist die Auffassung der Szene als eines geheimnisvollen, unberührten Naturzustands eine originelle Abweichung, die bei Friedrich/Svoboda wie bei Drese/Rico vom Gesamtkonzept her, das die mythologische, zeitgeschichtliche und ideologische Deutung vereint, ermöglicht wird (33, 34).

31

32

33

34

es die schicksalhafte Verstrickung der beiden Figuren ausdrücken wollen.)

Jung-Siegfried streckt sich behaglich unter der Linde aus... Hier müssen auch wir einhalten und scheinbar inkonsequent das Konzept unserer Darstellung verlassen, die prinzipiell darauf ausgerichtet ist, sich an anderes nicht zu halten als den Nachvollzug und die Erklärung des (musikgebundenen) Textes der Tetralogie. Aber den Neueinsatz später im Orchester des dritten Aufzugs wird recht hören nur der, dem bewußt ist, daß exakt an dieser Stelle Wagner die Arbeit unterbrochen und sich sehr anderen Schöpfungen zugewandt hat (nämlich dem TRISTAN und den MEISTERSINGERN)*.

So aber vollzog sich der komplizierte zeitliche Ablauf des Schaffensprozesses: In die Orchesterskizze zum zweiten SIEGFRIED-Aufzug trägt Wagner unter dem 18. Juni 1857 ein: »Tristan bereits beschlossen«. Zehn Tage später schreibt er an den Freund Franz Liszt, daß »ich mich endlich dazu entschlossen habe, das obstinate Unternehmen der Vollendung meiner Nibelungen aufzugeben. Ich habe meinen jungen Siegfried noch in die schöne Waldeinsamkeit geleitet; dort hab' ich ihn unter der Linde gelassen und mit herzlichen Tränen von ihm Abschied genommen: – er ist dort besser dran als anderswo.«

Und nach drei Takten zu Siegfrieds *Daß der mein Vater nicht ist* findet sich der Vermerk vom 27. Juni: »Wann seh'n wir uns wieder??«

Sie sahen sich denn doch früher wieder, jedenfalls fürs erste und vorläufig, als zu diesem Zeitpunkt vom Komponisten vermutet. Es scheint so, als habe er den abrupten Bruch nicht ertragen können, so macht er sich in der zweiten Julihälfte noch einmal an die Arbeit und vollendet bis zum 9. August die Kompositions- und dann die Orchesterskizze bis zum Ende des zweiten Aufzugs. Sieben Jahre später, Ende 1864 (inzwischen hat König Ludwig ihn nach München berufen, ist der TRISTAN abgeschlossen, hat sich Wagners Leben in mannigfacher Beziehung verändert, und er steckt mitten in der

Komposition der MEISTERSINGER) macht er sich an die Partiturreinschrift des zweiten SIEGFRIED-Aufzugs. Was auch Ludwig zu verdanken ist, nachdem er ihm den »offiziellen Auftrag« zur Vollendung des RINGS gegeben hat. Der zweite Aufzug ist in der Erstschrift der Partitur am 2. Dezember 1865 vollendet, in endgültiger Fassung wiederum vier Jahre später (Februar 1869) in Tribschen (bei Luzern). Im gleichen Jahr 1869 macht Wagner sich an die Partitur des dritten Aufzugs (die im Februar 1871 vollendet sein wird). Ein staunenswertes Zeugnis für die Kontinuität eines schöpferischen Willens, der ungeachtet turbulenter Lebenskrisen und sich mächtig vordrängender sehr anders gearteter Werke nicht ablassen kann und den einer Kapitulation gleichenden Abbruch nicht erträgt.

Der Brief an Franz Liszt weiß von diesen dispersen Schicksalen einer großen Kompositionskonfession noch nichts, da heißt es (offenbar unbewußt an Brünnhildes Schlaf erinnernd): »... ich habe mitten in der besten Stimmung den Siegfried mir vom Herzen gerissen und wie einen lebendig Begrabenen unter Schloß und Riegel gelegt. [...] Nun, vielleicht bekommt ihm der Schlaf gut; für sein Erwachen bestimme ich aber nichts...«

Es scheint, als habe es sich von sich aus bestimmt.

Siegfried unter der Linde. Die Musik schenkt uns ein Stück impressionistischer Naturversinnlichung durch raffiniertesten Orchesterklang, das zu Recht als rühmenswertes Musterbeispiel schildernder Klangkunst gilt. Es flimmern die Achtelbewegungen des Waldwebens wie vom leisen Wind berührte Blüten und Blätter, »weben« ein Klangnetz über den Schauplatz:

Achtel, die dann wenig später hinüberleiten in die Sechzehntelfigur

Noch einmal gehen die Gedanken des Knaben zurück zu dem widrigen Ziehvater, das führt zwangsläufig zu der Frage nach dem leiblichen Erzeuger: *Wie sah mein Vater wohl aus?* Vermutlich ihm gleich. Folgt eine verächtliche und die früheren Überlegungen wiederaufnehmende Abstammungslehre, die einen bedauernswerten Abkömmling Mimes durch dessen traurige Gestalt peinlich auszeichnen müßte*:

griesig und grau,
klein und krumm,
höckrig und hinkend,
mit hängenden Ohren,
triefigen Augen...

Mit gleichem Fragegestus *(Aber – wie sah...?)* nun der Weg zur Mutter, deren Aussehen der Sohn sich *nun gar nicht... denken* kann. Man muß, die suchende Frage hörend, bedenken, daß das Waisenkind ja noch nie einem menschlichen Wesen, noch nie gar einer Frau begegnet ist. Die sehr rührende Vermutung:

Sterben die Menschenmütter
an ihren Söhnen
alle dahin?...

läßt im Orchester nach dem Cello die Violinen eine zarte, poesievolle Melodie singen, die erinnert an das im RHEINGOLD der Liebesgöttin Freia gewidmete Motiv:

Womit wohl auch leise angedeutet ist, daß der nun seine Kindheit ablegende Jüngling auf dem Weg über die Vergegenwärtigung der Mutter – *ein Menschenweib* – zur Liebe finden wird.

Der Zauber des Waldwebens verdichtet sich, die Streicher sind nun mannigfach aufgeteilt, ein bestrickendes Mittel der Stimmungserzeugung, seit dem Vorspiel zum LOHENGRIN von Wagner virtuos angewandt, sie wispern und lispeln und raunen und produzieren ein Wunder an Klangmalerei mit magisch-bezaubernder Wirkung. Und nun imitiert das Orchester, was zu imitieren die Komponisten von Vivaldi über Beethoven bis Messiaen immer wieder gereizt hat: die Stimmen der Vögel, Musik vor aller Musik. In diesem Konzert meldet sich auch schon die Stimme des Waldvogels, die Siegfried nach Tötung des Drachen und der Sinnenerweckung durch den Blutgenuß schicksalhaft retten und weitergeleiten wird:

Folgt eine Szene von – um es mit einer Formulierung Thomas Manns zu sagen – leicht faßlichem Humor: Siegfrieds Versuch mit der selbstgeschnitzten Rohrflöte – an der er mit grellem und unreinem Ton (hergestellt im Orchester durch das an sich melancholische und sanfte, hier schrill mißbrauchte Englischhorn) scheitert. Es kann nicht überraschen, daß man das Befassen mit diesem Rohrgegenstand zum Zwecke tiefenpsychologischer Deutung herangezogen und mißbraucht hat. Aber es geht hier um einen anderen Lernprozeß in der Entwicklung des jungen Mannes als den der erwachenden Sexualität. Dem Gesang und Zwitschern der Vögel lauschend, erinnert er sich im Selbstgespräch an eine der durchaus beachtenswerten Belehrungen des verhaßten Ziehvaters:

Ein zankender Zwerg
hat mir erzählt,
der Vöglein Stammeln
gut zu verstehn,
dazu könnte man kommen.

Nun will er dazu kommen, will von der Mutter hören, will Welt erfahren, will seinen Begreifensraum erweitern. Die Natur hat ihm durch die Vogelstimmen Wichtiges zu vermitteln, wie aber lernt man ihre Sprache verstehen? Durch Nachahmung. Das ist nicht unlogisch gedacht:

> *sing ich so seine Sprache,*
> *versteh ich wohl auch, was er spricht.*

Und doch muß die Lektion mißlingen: Denn noch ist der junge Held nicht aufgenommen in das Verständigungssystem der großen Natur und ihres Kosmos, noch bedarf es des Initiationserlebnisses der kämpfenden Bewährung und der Erweckung von Liebe durch Liebe. Sein ihm eigenes Instrument ist das – von Mime kunstvoll gefertigte – Horn, auf ihm spielt er nun seine Menschenmelodie, korrespondierend der Waldvogelstimme, erst in der Nachahmung des Vogelrufs:

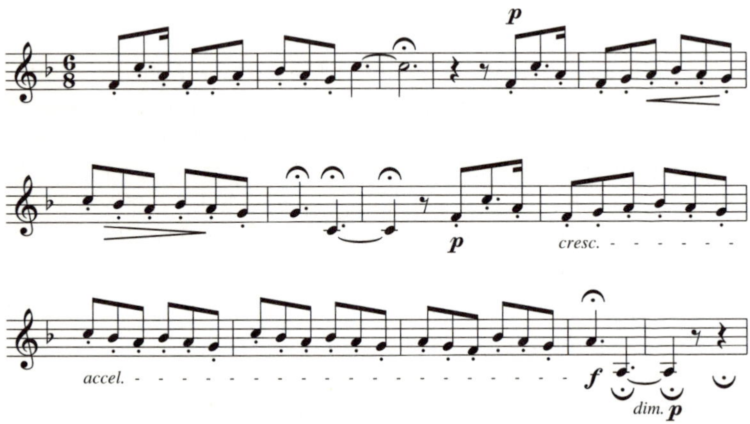

und dann geht die Stimme der nachgeahmten Natur über in seine persönliche Melodie, in seinen Hornruf (das Ganze ist ein Virtuosenstück jedes berufenen Hornisten):

Es sei nicht verschwiegen, daß diese Szene sich in der Praxis einer jeden Inszenierung als heikel erweist. Was man einem etwa Siebzehnjährigen gern ja gerührt abzunehmen bereit ist an hilfloser Naivität und kindischer Ungeschicklichkeit, das mutet erfahrungsgemäß befremdlich an, wenn der doch jeweils im reifen Mannesalter stehende Sänger es darstellt. Man muß sich mit der leisen Peinlichkeit resignierend abfinden, die sich allemal einstellt, wenn der Erwachsene sich imitierend aufführt als ein Kind.

Siegfried hofft, sein Horn werde ihm *einen lieben Gesellen* heranlocken – es wälzt sich, auf die Baßinstrumente der Bläser gestützt, der Riesenwurm heran.

Ei, bist du ein Tier,
das zum Sprechen taugt...?

Fafner, zwar tonal eingeschränkt auf den übermäßigen Quartenschritt des Tritonus, hat das Sprechen nicht verlernt, wie schon die fruchtlose Unterhaltung mit dem Paar Wotan/Alberich gezeigt hat. In der wüsten Manier der archaischen Heroen reizen sich nunmehr die ungleichen Gegner durch wechselseitige Beschimpfung zum Kampf. Das *prahlende Kind* springt mit gezücktem Schwert an, es entwickelt sich in turbulenter Choreographie ein rasendes Gefecht, das Orchester kämpft es in wildem Aufbäumen mit, Siegfrieds Horn und sein Schwert tönen über dem Abgrund von Fafners Riesenwurm-Motiv und dem Klangteppich des Streicherrauschs. Die Bühnentechnik ist gefordert zu höchster Leistung, entsprechend gefordert die Spannung des Publikums angesichts des staunenmachenden Monstrums – bis der junge Held dem Untier das Schwert in den Leib stößt, das nunmehr nicht länger ein Tier ist. Fafner singt sein Sterbelied und offenbart sich darüber wieder als der Riese, der er einmal war. Annähernd ein Wesen nach Menschenart, und die Regietradition der letzten Jahrzehnte hat gut getan mit der konsequenten Pointe, in dieser finalen Situation den aus dem RHEINGOLD vertrauten *Plumpen* sich in dessen letztem Atemzug der Drachenverkleidung entringen zu lassen.

Die Pauken klopfen leise und stockend, wie ersterbende, wie aussetzende Herztöne, und die Melodik der letzten Worte ist nun nicht mehr eingegrenzt auf das karge Intervall der Drachenphase, die Motive des Fluches, Siegfrieds und der Riesen treten bezeichnend hinzu, der Sterbende blickt zurück, blickt voraus, wird zum sehenden Propheten, stellt sich dem Unwissenden vor, gesteht seine nie verjährte Mordtat an dem Bruder. Als wolle er dieses Verbrechen wiedergutmachen, warnt er seinen Töter vor dem auf ihn wartenden Tod, fordert den Blinden auf, klar zu sehen und Mimes tödlichen Mordplan zu durchschauen:

*Blicke nun hell,**
blühender Knabe;
der dich Blinden reizte zur Tat,
berät jetzt des Blühenden Tod!

Ersterbend gibt er sich auf unter dem Fluch-Motiv des Orchesters:

Merk', wie's endet!
Acht auf mich!

Die Mahnung befolgend, will Siegfried von seinem Opfer noch seine Abstammung erfahren, sterbend wiederholt der Riese aber nur noch den Namen *Siegfried.* Die Paukentöne verstummen. Siegfried, der wie vom Leben, so auch vom Tod nichts weiß, bleibt ungerührt: *Zur Kunde taugt kein Toter.* So viel immerhin weiß er.

Der junge Held hat nun einen Initiationsritus absolviert, ein Bewährungsabenteuer bestanden, den Wächter sieghaft überwunden, der in der Mythentradition den Eintritt in die angestrebte Welt versperrt, nun ist er frei zu sich selbst, ist welthell*sichtig*: *Blicke nun hell...*

Die Konsequenz folgt unmittelbar. Er zieht dem toten Riesentier das Schwert aus der Brust, das Drachenblut benetzt seine Hand, *wie Feuer brennt* es, er saugt es ab in einer Reflexbewegung: Da macht es ihn welthell*hörig*, nunmehr versteht er die Sprache der Vögel. Was der eigene Wille im

Schnitzen des Rohres zur Pfeife und was der befragte Mund des sterbenden Riesen nicht mehr zu vermelden vermochte in seiner Todesweisheit, das also bewirkt sein Blut: Siegfried wird Teil der allwissenden Natur, wird auf solche Weise selber wissend.

Aus dem Vogelkonzert tönt nun die eine Stimme des Waldvögleins hervor, süß tirilierend mit zierlicher Sopranstimme, die in diesem Part des Geschehens die Führung übernimmt:

Sie wird in der letzten Szene mit Mime sich immer wieder und höchst bedeutungsvoll einmischen und einen Teil der Regie übernehmen. Vorerst ist sie Wegweisung, Verheißung und Ermunterung des Ahnungslosen:

O fänd' in der Höhle
den Hort er jetzt!
Wollt' er den Tarnhelm gewinnen,
der taugt' ihm zu wonniger Tat:
doch wollt' er den Ring sich erraten,
der macht' ihn zum Walter der Welt!

Und Siegfried pariert dankbar. Den Hort läßt er gleichmütig liegen, von materiellen Reichtümern dieser Welt weiß er nichts. Was den Tarnhelm angeht, so wird man in Vorkenntnis der GÖTTERDÄMMERUNGS-Ereignisse dem Waldvögelein eine gehörige oder eher doch ungehörige Portion Zynismus attestieren müssen. Denn: einmal nur wird Siegfried das Zaubergerät anwenden – und die *wonnige Tat* wird bestehen in dem schäbig-grausamen Betrugsmanöver an der daran zerbrechenden Brünnhilde.

Vorerst nimmt er Tarnkappe und Ring folgsam, aber nahezu mechanisch an sich, des einen wie des anderen magische Kraft nicht erahnend, weil nicht begehrend. *Walter der Welt* zu sein liegt nicht in seiner Absicht, er wünscht vorerst über sich selber zu walten. (Das Klügste freilich möchte es gewesen sein, das eine wie das andere beim Hort liegen zu lassen, die Machtinstrumente werden ihn zwanghaft in das Räderwerk der Machtauseinandersetzungen führen und schließlich zermalmen. Aber weiter gedacht hätte das geheißen: Mime oder Alberich hätten des Ringes sich bemächtigt, die Folgen wären unabsehbar abzusehen gewesen...)

Dritte Szene

Der Einsatz ist als retardierende Etappe eingebaut vor das Ereignis von Mimes kläglichem Ende. Alberich, scheint es, hat die vorausgehenden Vorgänge belauscht. Wieder stoßen die beiden feindlichen Brüder aufeinander, wieder einmal, wie einst im Streit der Riesen, bringen drohend Kain und Abel sich in Erinnerung, wieder ersehnt jeder innig des andern Tod, jeder giert mit geifernder Wut nach dem Besitz der magischen Herrschaftsinstrumente, und sie erörtern nach längst vertrauter Manier rekapitulierend ein Stück uns längst bekannter Vorgeschichte im Stile wechselseitiger Vorhaltung: Wer raubte das Gold? Wer schuf den Tarnhelm? Wer den Ring? Wer erzog (sich) den Drachentöter?

(Die rätselhaft klingenden Verse Alberichs

Der Zauberring
zwang mir den Zwerg erst zur Kunst

wollen besagen: Du Zwerg vermochtest den Tarnhelm zu schmieden erst, nachdem ich dir mit Hilfe des Zauberrings die entsprechende Kunstfertigkeit aufgezwungen hatte.)

Mime, intrigenkundiger als der gewalttätige Bruder, gibt dann scheinbar nach und schlägt einen Kompromiß vor: Dir den Ring, mir den Tarnhelm. Das aber durchschaut der durch Mißtrauen geschärfte Verstand des Bruders, das Tarninstrument in Mimes Hand hieße: Alberich werde nie *sicher* schlafen *vor deinen Schlingen*. Nun greift Mime in höchster Wut zum letzten seiner Mittel und erwägt, wie schon einmal mit eklatantem Erfolg getan, Siegfried einzusetzen als tödliche Hilfstruppe seiner Verbrechensplanung:

der rasche Held,
der richte, Brüderchen, dich!

Fatale Fehlprophetie: *Er* wird es sein, der gerichtet werden wird. Siegfried tritt hervor, sinnt in schöner Arglosigkeit nach über den Wert der beiden ihm wertlos erscheinenden Beutestücke, die er nahm, *weil guter Rat mir es riet,* und die ihn jetzt tauglich dünken als Zeugen, als Indizien seiner Heldentat. Das erinnert an die dem Mittelalter vertraute zeichenhafte Wahrheitsfunktion der Dinge, so werden Schwert und Ring auch in einer entscheidenden Szene des zweiten GÖTTERDÄMMERUNGS-Aufzugs wiederum als Indizien mitspielen müssen – und werden es auf furchtbar verwirrte und verwirrende Weise tun. So steckt Siegfried denn die Tarnkappe in den Gürtel, den Reif an den Finger (und wieder ist deutlich, daß Wagner ihn als Fingerring auffaßt, nicht etwa als Armreif).

Mime schleicht sich wieder heran, erwägt in der dem Ränkeschmied eigenen Haltung des Mißtrauens, es könne vielleicht sein Mörderspiel durchkreuzt worden sein durch den umherschweifenden *weisen Wandrer*, der damit wieder die Führungsrolle sich angemaßt und *das Kind beschwatzt*, etwa über *der Beute Wert* aufgeklärt hätte...? Doch droht Mime Gefahr von anderer Seite. Denn zuvor schon hat sich die Stimme des Waldvogels vernehmen lassen, koloraturenfreudig vermittelt sie Siegfried eine entscheidende Botschaft:

Hei! Siegfried gehört
nun der Helm und der Ring!
O traute er Mime,
dem treulosen, nicht!
Hörte Siegfried nur scharf
auf des Schelmen Heuchlergered'!
Wie sein Herz es meint,
kann er Mime verstehn:
so nütz' ihm des Blutes Genuß.

(Das konjunktivische *nütze* ist ein Adhortativ: So soll es nützen...!)

Wagner fügt, das Deutliche noch deutlicher zu machen und unser Ohr zu schärfen für *des Schelmen Heuchlergered'*, die Regieanweisung hinzu, es habe Siegfried *den Sinn des Vogelgesanges wohl vernommen*. Die Regisseure der Szene hingegen haben ihn durchweg nicht vernommen. Denn was nun folgt im langen letzten Disput Siegfried/Mime, scheint ja hinauszulaufen auf eine selbstmörderische Aktion des ränkeschmiedenden Zwergs, indem er, von allen guten oder unguten Geistern verlassen, wieder und wieder dem ausersehenen Opfer den Anschlag auf dessen Leben offen preisgibt*:

zum ew'gen Schlaf
schließ ich dir die Augen bald!
Wozu ich dich brauchte,
hast du vollbracht...

Und:

Dich und deine Art,
haßt' ich immer von Herzen...

Und weiter:

Siegfried, mein Sohn,
das siehst du wohl selbst,
dein Leben mußt du mir lassen!

Siegfried aber ist nun ein Eingeweihter, des Blutes Genuß nützt ihm in der Tat, wie dessen *Herz es meint, kann er Mime verstehn*, also reagiert er in nüchterner Sachlichkeit:

Daß du mich hassest,
hör ich gern:
doch auch mein Leben muß ich dir lassen?

Mime kreischt dawider: *Das sagt' ich doch nicht?*

In der Tat, er *sagte* es nicht, er *dachte* es. »Siegfried, having tasted the dragon's blood, becomes witness to mime's thoughts as well as his words« (John Culshaw). Und Kurt Pahlen (S. 148) fragt zu Recht: »... befähigt das Drachenblut Siegfried nicht nur zum Verstehen der Vogelstimmen, sondern auch zur Wahrnehmung geheimer Menschengedanken?« (Wobei Mime in den menschlichen Status zu erheben als großzügig erscheinen mag.)

Zum Verstehen dieser gewiß schwer darzustellenden Szene bedarf es der Einsicht, daß Mimes Äußerungen auf zwei unterschiedlichen Ebenen plaziert sind. Zum einen brechen aus ihm seine mordlüsternen Gedanken heraus. Gedanken, nicht Worte. Die »hört« der erweckte Siegfried, das heißt, er versteht, »liest« sie. Und das immer wieder mitsingende Waldvogel-Motiv bezeugt, daß es sich um den Vorgang eines meta-akustischen Hörens handelt. Auf diese ungehört verstandenen Signale antwortet er mit sachlich entsprechenden Worten, und auf diese reagiert wiederum Mime von einer zweiten Schicht aus, der des tatsächlichen (akustischen) Aussprechens. Was einen Dialog des baren Aberwitzes ergibt und über Mimes Begreifen geht:

Was du doch falsch mich verstehst!...
Die größte Mühe
geb ich mir doch,
mein heimliches Sinnen
heuchelnd zu bergen,
und du dummer Bube
deutest alles doch falsch!

Siegfried also hört, *was Mime meint*, bis hin zu dem triumphierenden Geständnis (*mit sorglichster Deutlichkeit* artikuliert):

Ich will dem Kind
nur den Kopf abhaun!

Und dem ausersehenen Opfer das Trinkhorn mit dem Gift aufdrängend, den Ziehsohn noch einmal an Kindheit und Abstammung erinnernd durch die Anrede *Wälsung* und *Wolfssohn (=Wölfing)*, versteigt er sich delirierend zu dem kernigen Trinkspruch: *Sauf und würg dich zu Tod...* Indessen, *er* ist es, der sich zu Tod verkalkuliert hat, mit einem *jähen Streich* des Schwertes erledigt Siegfried die elende Kreatur eher beiläufig – *aus dem Geklüft* belohnt Alberich den Vorgang mit hohnlachenden *Haha!*. Wozu er, seine Pläne bedacht, wenig Grund hat. Denn der Ring ist nun noch schwerer erreichbar geworden. Der Sieger wirft den Leichnam in die Drachenhöhle, wälzt den leblosen Rumpf des Riesenwurms vor deren Eingang, nun bedecken die beiden toten Körper den Hort, nach dem sie so heftig gierten. Und die Musik bedeckt sie mit einem Komplex aus dem Schmiede-, Fluch-, Grübel-, Horn- und Riesenwurm- und Ring-Motiv.

Tötung des Ziehvaters – ein notwendiger Akt? Es hätte Siegfried den unseligen mannigfach Behinderten wohl auch mit einem Fußtritt in die Abgründe seiner verdienten Nichtigkeit verstoßen können, aber mythische Gerechtigkeit hält sich nicht an delikate Abwägung, denkt extrem und handelt radikal. Dem mag das sogenannte Grübel-Motiv Rechnung tragen, die absteigende Septime aus dem Vorspiel zum ersten Aufzug,

das Wagner in diesem Augenblick insistierend vernehmen läßt.

Die Regisseure haben, sehe ich recht, vor der sinnhaft faßbaren Darstellung dieser Szene des gespaltenen Mime bisher versagt – mit der ermutigenden Ausnahme Herbert Wernickes in seiner Inszenierung für Brüssel und Frankfurt am Main von 1991. Er hat die einfachste und eben deshalb überzeugende Lösung gefunden für den Auftritt des gedoppelten Heimtückers. Das dem Verstehen dienliche Requisit ist in dieser Lösung ein schwarzer Hut, ein Bowler. Den setzt der Albe auf, mit deutlicher Gebärde, und den nimmt er ab, mit heftigem Schwung, wann immer die eine seiner beiden Rollen aus ihm spricht oder eben die andere. Mit Hilfe dieses so simplen wie demonstrativen Kleidungsspiels erscheint er als Eins plus Eins. Und Siegfried sekundiert dem Begreifen dieser Pantomime, indem er, wann immer der Doppelzüngige lediglich seine *Gedanken* aussingt, dazu die Augen schließt, also von innen hört.

Leiche hier und Leiche dort. Nun ist der Sieger einsam, wie das den Siegern wohl gehen kann. Will es aber nicht bleiben und klagt sein Waisenschicksal nicht ohne kindliche Larmoyanz dem Vöglein, das er beneidet um seine Brüder und Schwestern: *Doch ich – bin so allein...* Wieder lagert er sich unter der Linde, wieder webt der Wald, wieder der Gedanke an die Mutter, und der weitet sich aus: Er fragt das *freundliche Vöglein* nach einem *gut Gesell**.

Das Vöglein – natürlich – weiß Antwort und Rat, weiß *das herrlichste Weib*, weiß von ihrem Felsenbett, der schirmenden Feuerwand, weiß von dem Erweckungsvorgang, weiß sogar den Namen Brünnhilde. Sehnende Erregung erwacht in dem jungen Manne, die Sinne brennen, das Blut pulst in der Brust wie in dem sich steigernd erregenden Orchester, er fragt verwirrt nach dem ihm Unbegreiflichen und vorerst Ungreifbaren, der Vogel singt etwas vom Schmerz der Liebe:

Lustig im Leid
sing ich von Liebe;
wonnig aus Weh
web ich mein Lied:
nur Sehnende kennen den Sinn!

Eine weitere Frage bringt Siegfried mit der Antwort den bestätigenden Beweis seiner Berufung: *nur wer das Fürchten nicht kennt*, wird Brünnhilde erwecken – und nun fühlt er sich getroffen: *mein Vöglein, der bin ja ich!* Noch eine Frage, die nach dem Weg – dann stürzt er dem flatternden Weiser nach, Sehnen sehrend im Herzen, brennend vor Lust, begehrend, von der Frau zu lernen, was Fafner ihn nicht lehren konnte: das Fürchten. Stürzt hinein in seinen Anfang, in sein Ende. Und das Orchester taumelt jubelnd mit ihm in einen auch den Hörer mitreißenden Aktschluß, der wie der des ersten Aufzugs gemahnt an die altüberlieferte Finalfigur einer Stretta.

Dritter Aufzug

Wilde Gegend am Fuße eines Felsenberges

Das Vorspiel *(Lebhaft, doch gewichtig, g-Moll, 4/4)* ist eines der faszinierendsten Orchesterstücke Wagners, der, nachdem er 1857 seine Arbeit am SIEGFRIED im zweiten Aufzug unter der Linde abgebrochen hatte (siehe oben S. 186f.), die Schule der MEISTERSINGER und des TRISTAN absolvierte und sich 1869 nach zwölfjähriger Unterbrechung wieder dem RING, wieder dem SIEGFRIED zuwendet. Gewaltig treibt über dem Wotans Welt signalisierenden Walkürenritt-Motiv die Energie sprengender Spannung in den tiefen Bläsern und Streichern das dunkle Erda- (oder Natur-)Motiv dominierend hervor, das einst strahlende Es-Dur des RHEINGOLDS aufnehmend und nun modulierend in Moll. Um es zu überführen in die majestätisch-feierliche Variante:

In der Umkehrung aber ist die Tonfolge in absteigender Linie sehr bezeichnend ein dem Ende der Götter, der Götterdämmerung zubestimmtes Motiv:

Dazu treten in der Folge nach erprobtem Muster in kunstvollem Geflecht andere Zentralmotive wie das des Wanderers oder des Speeres (oder Vertrags) oder eines, das mit Bläserakkorden in absteigenden Halbtönen den wissenden Schlaf Erdas beschreibt, ihr Dasein charakterisierend in den Tiefendimensionen weit unter der Handlungswelt der Täter und Opfer.

Erste Szene

Der sich öffnende Vorhang enthüllt eine *wilde Gegend*, und unter Sturm und Wetter, Blitz und Donner schreitet der Wanderer heran und postiert sich mit herrischem Weckruf vor dem Eingang zur Unterwelt. Die *Wala* ruft er – so variiert Wagner seine *Erda*. Den einen wie den anderen Namen entnimmt er der nordischen Mythologie, *Erda* heißt dort (etymologisch entsprechend) *Jörd*, Wagners mythologisierender Schöpfungswille verbindet sie naturgemäß mit der altgriechischen *Gaia*: die Erdgöttin, Prinzip des Gebärenden, Bewahrenden, der Weisheit vor allem Wissen. Sie steht gegen das Prinzip des handelnd Tätigen, des aktuellen Geschehens, der blinden (und blindmachenden) Tat, die nur auf den Anfang sieht – *Erda* sieht das Ende. So gibt Wagner ihr denn den anderen Namen *Wala*, eine lautliche Abwandlung des altnordischen Substantivs *völfa* oder *völu*, was so viel heißt wie *Wahrsagerin, Seherin*.

Welchen Grund, welchen Anlaß aber hat der Gott in diesem Stadium des Geschehens, der Göttin *den Schlummer* zu scheuchen? Ihn treiben bei aller euphorischen Entschlossenheit, wie er sie dem mittlerweile von ihm erkannten und anerkannten Siegfried verdankt, dunkle Unruhe und ein Rest Ungewißheit. Eben weil die Wala sie ihm entgegen seinem Begehr nicht nehmen wird, nicht nehmen kann, wird er sie kurzerhand selber tilgen. Vorerst aber folgt nach Wagners Art ein ausholendes Zwiegespräch:

Daß ich nun Kunde gewänne,
weck ich dich aus dem Schlaf!

Erda – wie jeder aus dem Schlaf Geweckte nicht eben frohlaunig – verweigert sich dem Fragenden, verweist ihn erst an die Nornen – die aber sind webend und spinnend lediglich ausführende Kräfte, sind keine wissend-weisenden Gewalten, die raten könnten, *wie zu hemmen ein rollendes Rad.* Also verweist Erda ihn in zweiter Instanz an Erdas und Wotans Kind, an die so kühne wie weise Brünnhilde. Da hat sie ihm jedoch unvermutet das Stichwort für neu aufbegehrenden Zorn gegeben, er ist ja, wie man weiß, Choleriker und nunmehr wieder veranlaßt, sich in Positur zu stellen, seine Autorität ein (vor)letztes Mal herauszustreichen. Bezeichnend apostrophiert er sich jetzt mit erhabenen Beinamen seiner kriegerischen Göttlichkeit wie *Stürmebezwinger* und *Lenker der Schlacht* und *Streitvater*, um auf solch auftrumpfende Weise deutlich werden zu lassen: wer einer solchen Instanz den Gehorsam versagt, ist nicht wert, befragt zu werden. (In der altnordischen Überlieferung führt Wotan/Odin nicht weniger als 170 Beinamen, Ausdruck sowohl poetischer Variationslust wie sachlicher Funktionsfülle.) Ein Pathos, aus dessen Energie auch eine defensive oder apologetische Tendenz hörbar ist und aus dem wohl auch das nicht ganz reine Gewissen spricht.

Dergleichen Imponierrede kann Erda nicht beeindrucken, empört herrscht sie ihn an, beweist ihm, was er freilich längst durchlitten hat: die Ambivalenz seiner Haltung, die Ungerechtigkeit des Rechtswahrers, da doch in Brünnhilde nur das bessere Teil seiner selbst tätig wurde – das steigert Erda bis hin zu dem (nun wiederum gewiß auch ungerechten) Vorwurf einer Herrschaftsausübung kraft Meineids. So will sie denn zurück in den Schoß der Welt und Geschichte – er aber läßt sie nicht, beschwört sie weiter, redet sie an als *Mutter* (was nicht ihre Mutterschaft Brünnhildes meint, sondern ihre Erdmutter-Göttlichkeit), die Sorge treibt ihn um, seit Erda ihn nötigte, den fluchbeladenen Ring den Riesen zu überlassen, und dann nach ihrer Warnung *(Dir rat ich, meide den Ring!)*

wieder versank mit der düsteren Weissagung (RHEINGOLD, 4. Szene, siehe oben S. 96f.):

> *Alles, was ist, endet.*
> *Ein düstrer Tag*
> *dämmert den Göttern...*

Seitdem band *Bangen* seinen *Mut*, jetzt endlich aber verlangt es ihn gebieterisch zu wissen: *wie besiegt die Sorge der Gott?*

Nunmehr jedoch nimmt der Disput nahezu den Charakter eines häuslich-intimen Streits zwischen einst sich Liebenden an, mit entsprechend formulierten wechselseitigen Vorwürfen beschuldigen sie sich: Er sei nicht, was er sich nenne (das spielt an auf die Allmachtsphantasien), sie nicht, was sie sich wähne (das meint ihren Allwissensanspruch), so geht es hin, so geht es her, da scheint eine Schlichtung kaum möglich, wohl auch nicht erwünscht. Denn allmählich geht dem Göttervater auf, daß dieser Erkundungsversuch ein Mißverständnis möchte gewesen sein, also bestreitet er die Kompetenz der Erdgöttin und versteigt sich sogar zu der Frivolität, die Urmutter alles Wissens, soeben noch von ihm apostrophiert als *der Welt weisestes Weib*, kurzerhand die *Unweise* zu nennen. Da wallt wieder sein wildes Blut auf, das er in gebändigter Form Siegmund dem Sohne, in krasser aber dem Enkel Siegfried vererbt hat – nunmehr beruft er sich triumphierend, Erdas dunkle Visionen herrisch verwerfend, auf seine erhabene Philosophie der Willens- und Schicksalsergebung, deren Bestätigung Wagner zwei Jahre nach Abschluß des Textes seines SIEGFRIED bei Arthur Schopenhauer finden wird (nämlich im Herbst 1854). In nahezu heiterem Ton reckt er sich auf:

> *Um der Götter Ende*
> *grämt mich die Angst nicht,*
> *seit mein Wunsch es will!*

Und er erinnert (sich) an den Entsetzensaugenblick im Monolog mit Brünnhilde (WALKÜRE, II. Aufzug, 2. Szene, siehe oben S. 130), als es in finaler Verzweiflung aus ihm herausbrach:

nur eines will ich noch:
das Ende,
das Ende! –

Ganz anders jedoch in diesem Augenblick:

Was in des Zwiespalts wildem Schmerze
verzweifelnd einst ich beschloß,
froh und freudig
führe frei ich nun aus.

Damals fürchtete er, die Welt dem Haß Alberichs überlassen zu müssen – heute hingegen beschließt er:

dem herrlichsten Wälsung
weis ich mein Erbe nun an.

Denn, und diese eine Verszeile hat größtes Gewicht im Geflecht der (Schein-)Legitimierung aller Machtintrigen der Tragödie: der kühne Jüngling, er hat *bar meines Rates* (!) den Ring des Nibelungen errungen.

Wie aber ist zu verstehen, wie erklärt es sich, daß Siegfried gefeit sein wird vor der Macht des Fluches? (Unmittelbar gefeit – im Räderwerk der Fluchfolgen wird ja auch er zermalmt werden.) Das findet seine Erklärung darin, daß er zwei von des verfluchenden Alberich imperativen Bedingungen nicht erfüllt. Da hieß es:

jeder giere
nach seinem Gut...

Und weiter:

Dem Tode verfallen,
feß'le den Feigen die Furcht...

Dagegen argumentiert nunmehr Wotan:

ledig des Neides
erlahmt an dem Edlen
Alberichs Fluch;
denn fremd bleibt ihm die Furcht.

Siegfried kennt keine Goldgier, sucht nicht Haß, sondern Liebe, kennt keine Furcht. Von ihm erweckt, wird der – nunmehr als unweise verklagten – Wala wissendes Kind *er-*

lösende Weltentat wirken. Das also ist in dieser Situation Allvaters grandiose Utopie: Der reine Götterenkel Siegfried, sich verbindend mit der reinen (durch Liebe vermenschlichten) Göttin Brünnhilde und der Weisheit ihrer Runen, wird das Gewicht der Welt wieder einrichten, wird den uralten Menschheitstraum von der Vereinigung der politischen Macht mit der moralischen Macht, von der Monarchie des Guten verwirklichen. Das aber, ahnen wir Wissenden, wird ein flüchtiger Traum bleiben. Denn die Götter sind menschlich, so auch ihr Planen; und Menschentat ist fehlbar und brüchig – so auch die des Erben.

Erda verläßt den ihr nicht mehr gemäßen Schauplatz, sie wußte von allem Anfang an, was ihr jetzt bestätigt wird: *Männertaten umdämmern mir den Mut.* Wotan beschwört sie Abschied nehmend:

Hinab! Hinab
zu ew'gem Schlaf!

Es schien hier nicht tunlich, den Gang der Darstellung allzuoft zu unterbrechen durch Hinweise auf die vielen musikalisch sprechenden Motive, die diesen Disput begleiten und geleiten: »Nur wenige Stellen des Werkes sind so von Motiven erfüllt wie dieses wichtige Gespräch Wotans mit Erda« (Pahlen, S. 176). Auch ist die Sprache dieser Szene bezeichnend für ihr Gewicht, sie ist in hohem Maße stilisiert, dem Range der Personen und des Gegenstands entsprechend, und weicht charakteristisch ab von etwa der aufs Praktische hin orientierten Diktion Mimes. So muß man beispielsweise eine Periode wie die folgende erst geduldig in ihre syntaktischen Elemente zerlegen, bevor man ihres Sinnes inne wird (Wotan über Brünnhilde):

Was den Lenker der Schlacht
zu tun verlangte,
doch dem er wehrte
zuwider sich selbst,

allzu vertraut
wagte die Trotzige
das für sich zu vollbringen,
Brünnhild in brennender Schlacht.

(Das meint: *Was Wotan zu tun begehrte, sich jedoch – dem eigenen Willen widerstreitend – verbot, allzu vertrauensvoll wagte es Brünnhilde…* – Welche Kräfte schließlich in den letzten Versen des Auftritts:

Was jene auch wirken,
dem ewig Jungen
weicht in Wonne der Gott

das Pronomen *jene* meint, bleibt offen: die Nornen?, die Mächte des Bösen?)

Zweite Szene

Es will scheinen, als habe Wotan die Erdgöttin aus ihrem wissenden Schlaf nur geweckt, um ihr zu demonstrieren, daß nornengesponnenes, unrührbar-ungerührtes Schicksal und göttlich individueller Wille in diesem Weltenaugenblick sich decken. Für einen Takt mythischen Zeitmaßes ist er ein nichttrauriger Gott – und prompt naht die Gelegenheit, die Solidität dieses göttlichen Selbstverständnisses zu beweisen. Er wird sie nicht bestehen. Der sich Gott nannte mit all seinen herrscherlichen Attributen, wird nunmehr seiner Gottheit entkleidet. Im Widerspruch zum Pathos seiner Selbstdeutung stellt er sich, in der fragwürdig gewordenen Gestik des Altgewohnten und Altgeübten, jenen jungen Mächten entgegen, die er doch ihrem eigenen Gesetz anvertraut, vielleicht sogar hintergründig gelenkt hatte. Sein wilder Sinn, scheint es, kann sich denn doch mit der Geste der Abdankung nicht abfinden. Es macht diesen Gott ja eben das Moment des Widersprüchlichen, des Inkonsequenten in hohem Maße »menschlich«, so daß er auch in all seiner Fragwürdigkeit achtenswert bleibt, und zuweilen gar liebenswert.

Siegfried naht. Er benimmt sich, wie man es von ihm kennt, er ist der Waldbauernbub, die Feinheit der Sitten im Umgang mit höheren Instanzen hat niemand ihn gelehrt. Vorerst tasten die beiden einander ab, indem sie sich erzählen, was jeder von ihnen längst weiß – das ist so Wagners Weise: Drachentötung, Mime, das Schwert. Aber des Wanderers *Lachen*, ein *freudig gemütliches*, versteht der Junge falsch – da zeigt sich seine Unsicherheit im Umgang mit anderen Wesen. Er wird grob, *Alter Frager!* redet er den anderen an (nun erinnert das Cello mit dem Motiv der Wälsungennot

Wotan und uns an seine traurige Abkunft) und fordert von ihm die Wegweisung zu Brünnhilde. Wofern er die nicht geben könne: *so halte dein Maul!* Wotan beruft sich nach Väterart auf den dem Alter geschuldeten Respekt; das verfängt nicht, denn es weckt die Erinnerung an den schlechthin widrigen Alten: an Mime. Die sich sogar zuspitzt zu der peinlichen Androhung, auch hier einen Totschlag nicht zu scheuen:

sieh dich vor...,
daß du wie Mime nicht fährst!

Auch irritieren den Jungen die Attribute des Wanderers, der Hut mit der tiefen Krempe (da begleitet wieder das Wanderer-, dann das Walhall-Motiv), sodann das fehlende Auge. Eine Versehrung, die der Junge schlicht deutet als Ergebnis einer Prügelei. Folgt eine merkwürdige und änigmatische Erklärung dieser Versehrung durch den Einäugigen:

Mit dem Auge,
das als andres mir fehlt,
erblickst du selber das eine,
das mir zum Sehen verblieb.

Das hieße, wörtlich übersetzt: *Mit dem mir fehlenden Auge erblickst du das mir noch verbliebene.* Wie das? Schon Cosima wie Nietzsche* haben es nicht verstanden, wie aus der Antwort Cosimas am 22. Oktober 1877 hervorgeht (Nietzsche hatte unter anderem um Auskunft gebeten, »wie Wotan sein Auge verlor und weshalb er die Wala aus ihrem Schlafe weckt«, Brief vom 10. Oktober 1877): »Wotan hat um Fricka zu gewinnen sein Auge geopfert, und sagt zu Siegfried mit dem linken Auge das ich nicht habe, siehst du mein rechtes, das genügt mir, und ich frage nicht weiter: ›was hat der Dichter damit sagen wollen‹, denn was er sagt nehme ich buchstäblich und sinnlich.«

Das also genügte Cosima, und den Dichter zu fragen hatte sie offenbar nicht das Bedürfnis; uns genügt es nicht, wir erinnern uns: Im RHEINGOLD (2. Szene) hat Wotan Fricka bedeutsam darauf aufmerksam gemacht:

Um dich zum Weib zu gewinnen
mein eines Auge
setzt' ich werbend daran...

Das bleibt rätselhaft. Hingegen werden wir im Nornen-Vorspiel der GÖTTERDÄMMERUNG erfahren, daß einst

Ein kühner Gott
trat zum Trunk an den Quell;
seiner Augen eines
zahlt' er als ewigen Zoll.

So berichtet es die nordische Mythologie in der Geschichte vom Brunnen des Weisen Mimir, aus dem Odin/Wotan sich Rat und Weisheit schöpfte. Ernest Newman (S. 592, Anm. 1) stellt schlicht fest: »Wagner is following different legends in the two instances.« Wir werden uns denn, die rätselhafte Erwähnung Siegfried gegenüber betreffend, begnügen mit der allgemeinen Deutung: Der Verlust dieses Auges (daß es das linke war, weiß nur Cosima) als Preis für die Weisheit des Herrschers war Voraussetzung für den Gang der Dinge, also auch für die Existenz deiner Person... (und vielleicht für die Werbung um Fricka).

Wieder fordert der Junge den Alten zum Reden auf (nämlich zu Worten, die ihm den Weg zeigen), droht ihn andernfalls fortzusprengen – Wotan bleibt noch milde-beherrscht, aber im Orchester meldet sich das Unmut-Motiv, das in der Folge immer häufiger sich andrängen wird und das seine bedeutsame Stimme einst in der WALKÜRE anläßlich der Auseinandersetzung mit Fricka, dann im Mono-Dialog mit Brünnhilde erhoben hat (eine Abwandlung des Speer-Motivs):

Immerhin, mählich droht auch er:

> ***heut nicht wecke mir Neid:***
> ***er vernichtete dich und mich!***

Also auch der eigene Untergang wäre mit dem des Enkels besiegelt – und bei dieser Gelegenheit sei darauf hingewiesen, daß der in der Tetralogie ungezählte Male benutzte Begriff des »Neides« von Wagner konsequent im Sinne des mittelhochdeutschen Wortes *nît* verstanden wird: als *Zorn* und *Haß (ira* und *odium)*, nicht als neuhochdeutsch *Neid* = *invidia*.

Die Drohung wächst sich aus zum Zorn, wie er dem wütenden Charakter des Gottes seit alters her zugehört – der Name *Wotan/Odin* liegt etymologisch unserem Worte *Wut* zugrunde und meint die Raserei, die Entrückung, den (auch) dichterischen Wahn *(furor)* des altgermanischen Göttervaters.

Und noch eine Reminiszenz an die altnordische Göttergestalt: Wotan nennt sich den ***Herrn der Raben***, deren Aggressivität fast dem Waldvöglein zum Verderben gereicht hätte; sie werden noch einmal verhängnisvoll aufflattern: in der Szene von Siegfrieds Tod. In der altnordischen Überlieferung heißen sie *Huginn* (Gedanke) und *Muninn* (Gedächtnis), und sie fliegen weithin über die Welt und bringen dem Gott die jeweiligen Neuigkeiten zu Ohr.

Hier sollen sie das Waldvöglein strafen für seine Führungsrolle zum Liebesfelsen (die Wotan doch selber angelegt hatte...):

Den Weg, den es zeigte,
sollst du nicht ziehn!

Eine ebenso erstaunliche wie widersinnige Wendung. Dazu ertönt herrisch das Speer-Motiv.

Was ist in Wotan gefahren? Er hat doch wo nicht gar angerichtet, so doch gewiß voller Wohlwollen begleitet, was Siegfried widerfuhr, was er litt und tat und was ihn schließlich zu diesem Felsen führte. Hat dem *herrlichsten Wälsung* sein Erbe zubestimmt. Nunmehr jedoch wird er das Opfer seiner notorischen Willkür, seiner Labilität, seiner Inkonsequenz, seiner aufbrausenden Emotionen, will sich, aufbegehrend gegen sich selbst, nicht abfinden mit dem Beschluß der freiwilligen Entmachtung: *Fürchte des Felsens Hüter!*

Und dann das fundamentale Geständnis: Wer Brünnhilde

... erweckte,
wer sie gewänne,
machtlos macht' er mich ewig!

Soeben hatte er es beschlossen, nun will er es nicht mehr wahrhaben. Das Unmut-Motiv mit wachsender Intensität bestätigt seine Worte*.

Gemäß den Intentionen des Dichters aber kommt noch ein Moment hinzu, das der Text nicht ohne weiteres preisgibt. Wagner gibt in dem langen Brief vom 25. Januar 1854 aus Zürich an den eingekerkerten Freund und Revolutionsgenossen August Röckel (siehe unten S. 310f.) Hinweise von so grundsätzlicher Bedeutung für das Verständnis seiner RING-Konzeption, daß jeder Kommentar immer wieder auf ihn zurückgreifen muß. Dabei freilich auch das hermeneutische Problem bedenkend, gemäß dem der Interpret ermächtigt sein kann, den Künstler besser zu verstehen, als er sich selber verstanden hat. Darin ist ihm, oft zitiert, Wotan »die Summe der Intelligenz der Gegenwart«, und Wagner schildert nun die Siegfried-Begegnung seines »untergangsbedürftigen jovialen Gottes«, indem er neben das der Macht ein weiteres Motiv rückt: »Sieh, wie er dem Siegfried im dritten Akte gegenüber steht! Er ist hier vor seinem Untergange so unwillkürlicher Mensch endlich, daß sich – gegen seine höchste Absicht – noch einmal der alte Stolz rührt, und zwar (wohlgemerkt!) aufgereizt durch – Eifersucht um Brünhilde; denn diese ist sein empfindlichster Fleck geworden. Er will sich gleichsam nicht nur so bei Seite schieben lassen, sondern fallen – besiegt werden: aber auch dies ist ihm so wenig absichtliches Spiel, daß er in schnell entflammter Leidenschaft sogar auf Sieg ausgeht, auf einen Sieg, der – wie er sagt – ihn nur noch elender machen müßte.«

Das letzte sagt er zwar nicht; aber gewiß wäre Siegfrieds Niederlage auch die seine – so wie sie es endgültig sein wird im Brand von Walhall.

Zurück zum Auftritt Enkel–Ahn: Wotans Warnung vor dem Feuerwall verficht nicht, wie sollte sie auch bei dem als furchtlos definierten Knaben, Siegfrieds Motiv in der Trompete übertönt sie, der kühne Sproß, weit entfernt, seinen Antagonisten auch nur ahnend zu erkennen, ist fixiert auf das eine einzige Ziel. Das läßt er sich von dem *Prahler* nicht verwehren – der nun (unterstützt von dessen Motiv) nach seinem Speer greift. Was er freien Willens gewollt, gezwungen durch rüde Willkür kann er es nicht hinnehmen – und muß sich doch beugen. Er offenbart in der Klimax der sich steigernden Kontroverse dem Jungen die Geschichte des zerstückten Schwertes Notung:

Das Schwert, das du schwingst,
zerschlug einst dieser Schaft:
noch einmal denn
zerspring es am ew'gen Speer!

Der Speer, er ist nicht mehr *ewig*, die Erkenntnis *Meines Vaters Feind!* läßt den Jüngling zuschlagen: *Herrlich zur Rache* – und in dieser korrespondierenden Begegnung der einander nicht fremden Waffen ist es dieses Mal der Speer, der zerbricht. Symbol das eine wie das andere, für die Kraft der kämpfenden Hand hier, für die Integrität der Gesetzesmacht da.

Nach wildem Ausbruch ist das Orchester verstummt, es stimmt das Motiv Erdas an und dessen absinkende Umkehrung, die das Ende alles bisherigen Seins ankündigt. Der geschlagene Gott liest die Trümmer seines Herrschaftszeichens – *ruhig* – vom Boden auf. (So sammelte einst Brünnhilde des Schwertes Stücke vom Kampfplatz, WALKÜRE, II. Aufzug, 5. Szene.) *Zieh hin! Ich kann dich nicht halten!* Sein letztes Wort – es ist eines der Ohn-Macht. Er löst sich auf in *Finsternis*, wird uns nicht wieder begegnen. Das Schwert hat den Speer, der individuelle neue Mensch das alte Gesetz besiegt. Jenes alte Gesetz, das dem Speer eingegraben war und den Bestand der alten Welt garantieren sollte. Nun aber gilt es nicht länger, die Verbindung Siegfrieds mit Brünnhilde wird ein neues Zeitalter begründen, ein neues Weltalter einläuten. Und der Jüngling hat hier auf handfest zuschlagende Weise schon bewiesen, daß er es ist, der des Gottes *Speeres Spitze* nicht fürchtet...

In der Erledigung aber des väterlichen Großvaters hat sich in Siegfried auch Ödipus geregt, der sich anschickt, des Herrschers Thron und Bett zu besetzen. So stimmt er mit *Hoho!* und *Hahei!* sein Waldvogel-Motiv wieder an, nunmehr wird sein Ruf endlich erfolgreich sein: *Jetzt lock ich ein liebes Gesell!* Er durchbricht den Flammenwall mit den brausenden Wogen einer Feuermusik. Dieses große Orchesterzwischenspiel verknüpft die vielen leitenden Motive zu einem tragenden Teppichgeweb. Die Musikwissenschaft rühmt es zu Recht mit begeisterten Worten: Es male »in einem wahren Meer von Tönen Siegfrieds Durchschreiten des Feuers. Diese ›Feuersinfonie‹ [...] beruht vor allem auf dem Glitzern und Funkeln der hohen Streicher, zu denen bald die sechs Harfen treten«, so Kurt Pahlen (S. 192). Und Hans-Joachim Bauer: Siegfrieds »Durchschreiten der Feuerwand wird bei Wagner zur Klangmalerei, die aus aufsteigenden *Freia*- und absteigenden *Waberlohe-Motiven* einen riesigen Bogen aus Streicherklang wölbt« (S. 275f.). Nicht anders schwärmt hier auch Erich Rappl zutreffend von »dem prachtvollen Tongemälde« (S. 108).

Der Sturm legt sich, das Orchester gibt sich leisen und zarten, bis in höchste Höhen führenden Klängen hin im durchsichtigen Filigran der Violinen – da ertönt inmitten ihres Auf- und Abstiegs in den Posaunen das Schicksals-Motiv (siehe oben S. 132), das einst Siegmunds Ende besiegelte und das hier, unmittelbar vor dem Augenblick der höchsten Glückserfüllung Siegfrieds, mit unbarmherziger Wucht an das Verhängnis erinnert, dem auch er unentrinnbar anheimgegeben ist – obschon von der unmittelbar zuschlagenden Fluchwirkung des Ringes ausgenommen, da dessen Magie nicht kennend. So sah es Wotan, so sehen wir es. Denn es ist allererst sein Eigenwille, der ihn weltblind in den Blutkreislauf des Ring-Fluchs treiben wird, ihn zu einer zweiten und nunmehr verhängnisvollen Eroberung des Reifs nötigend.

Dritte Szene: Gleiche Szene wie im dritten Aufzug der »Walküre«

Der Schauplatz ist der des Finales der WALKÜRE. Die Feuerglut ist erloschen, gewissermaßen besiegt, zartes Gewölk, feiner Nebelschleier, blauer Tageshimmel malen eine poetische Szenerie. Brünnhilde gepanzert, in tiefem Schlaf. *Selige Öde* erblickt der Jüngling, und wieder bedroht ihn das Schicksals-Motiv:

Stufenweis, tastend nähert sich Siegfried der Frau und damit dem Ereignis, das ihn mit ihr erwecken, das sein Schicksal auslösen wird. Er entdeckt das Roß Grane, leise klingt das Walkürenritt-Motiv, dann das des Abschieds Wotans an. Er findet in Waffen einen *Mann*, greift zu seinem Schwert (dazu dessen Motiv in Horn und Klarinetten), öffnet die Brünne.

Dann der Schock, im Augenblick äußerster Erregung stürzen die Streicher von höchster Höhe ab: *Das ist kein Mann!* Die Erschütterung läßt ihn, der das andere Geschlecht nur vom Hörensagen kennt, der bisher noch niemanden gesehn außer Mime und einem Drachen-Riesen und dem Wanderer, spontan rufen nach dem ersten Wesen, das dem Menschen Hilfe gibt:

Mutter, Mutter!
Gedenke mein!

Ihn schwindelt, er sinkt, *wie ohnmächtig, an Brünnhildes Busen*; in dieser Situation wird er wieder, wird er noch einmal geboren, wird in der Erweckung der Jungfrau er selbst.

Schon jetzt wächst in ihm tiefe Ahnung weit über sein Erfahren hinaus: Öffnet er ihr Auge, wird ihm das seine geöffnet, und:

Daß ich selbst erwache,
muß die Maid ich erwecken!

Der Weg zum Eros führt über die Mutter (wie es Parsifal später nicht anders ergehen wird), er ruft sie an, tut es in jenem Augenblick, den zu erleben für ihn unmöglich schien, dem des Fürchtens:

O Mutter, Mutter!
Dein mutiges Kind!
Im Schlafe liegt eine Frau:
die hat ihn das Fürchten gelehrt!

Er weckt sie mit einem Ruf, der anklingt an die Weckung der Wala durch Wotan *(Wala, erwach!... Ewiges Weib!)*:

Erwache! Erwache!
Heiliges Weib!

Das aber tut sie nicht, so küßt er sie zum Leben – und das geschieht in einem tiefsinnigen Akt des musikalischen Widerspruchs, den man als dialektisch empfinden mag: Es geschieht dieser Kuß unter dem Motiv der Liebesentsagung, dem vielleicht bedeutendsten aller die Tetralogie durchwebenden Motive (so Klaus Kropfinger)*. Zum ersten Mal ertönt es unter Wellgundes Liebesverzicht-Gesetz im RHEINGOLD:

Dann ist es, abgewandelt, Loges ausdrucksvoller Behauptung unterlegt, daß es auf der Welt nichts gebe, das tauge als Ersatz für *Weibes Wonne und Wert*:

und nunmehr singt der liebeserwachende Siegfried auf dem melodischen Bogen dieser Tonreihung die Worte: *sollt' ich auch sterbend vergehn!*

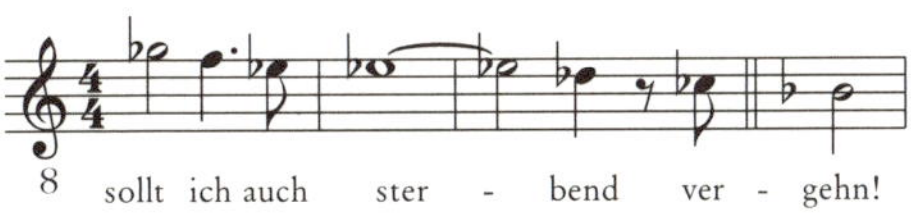

Einmal mehr ist zu beobachten, wie Wagner künstlerisch ahnungsvoll antizipiert, was eines späten Tages durch Sigmund Freud analytisch aufgedeckt werden wird: vom Inzest- und Ödipuskomplex bis zu dem der Polarität von Liebestrieb und Todestrieb.

Brünnhilde erwacht, in einem die Nerven bis an die Grenze des Ertragens spannenden Crescendo, einer berauschenden Aufgipfelung der Streicher und Harfenklänge. Dann schmettert sie ihren Sonnengesang in den aufsteigenden Tag ihrer Liebe:

Heil dir, Sonne!
Heil dir, Licht!
Heil dir, leuchtender Tag!

Wieder geht es um die erweckende Kraft des Lichtes – wie schon beim Einfall des *Wonnemondes* in der WALKÜRE (I. Aufzug, 3. Szene). Nun fallen diese beiden sich durch schicksalhaften Spruch zubestimmten, sich das Prinzip ihres Seins bedeutenden Wesen einander anheim – so wie ihre Stimmen ineinander fallen, ihre Töne einander anheimfallen. Und Wagner wird sich, will sagen seiner Theorie, einmal mehr untreu, indem er seiner Musik treu bleibt und seinen beiden Helden und seinen Hörern einen hymnischen Liebes-Lobgesang schenkt in der edelsten Operntradition, die er doch überwunden und abgelegt zu haben meint. Töne, die wiederum auch einen Inzest feiern: Siegfried ist der Neffe, eher noch Halbbruder, »denn als Tochter Wotans hat Brünnhilde sozusagen eine Generation geschlafen, so daß sie als Schwester von Wotans Enkel Siegfried erscheint« (Schreiber, S. 515).

Brünnhilde fragt, noch in den Nebeln ihrer Entrückung, wer sie erweckt, Siegfried nennt seinen Namen, und somit weiß sie, was sie längst wußte, von je wußte:

Siegfried ist es,
der mich erweckt!

Sie stimmt einen jubelnden Dankgesang an die Götter an, an die Welt, an die Erde, Siegfried fällt ein, kanonartig geführt gilt beider Heilruf auch der Erde: Der Gang zueinander ist auch ein Gang zu den Müttern, *Erde* ist *Erda* ist Brünnhildes Mutter, und auch Siegfried begreift Liebe über den Weg zur Mutter: Brünnhildes ihm nicht verstehbares Erinnern an seine Vorzeit, ihr mütterliches Raunen

Dich Zarten nährt' ich,
noch eh du gezeugt;
noch eh du geboren,
barg dich mein Schild:
So lang lieb ich dich, Siegfried!

läßt ihn vermuten:

So starb nicht meine Mutter?
Schlief die minnige nur [in dir]*?*

So zart wie weise entgegnet Brünnhilde: Ich bin nicht deine Mutter, sie *kehrt dir nicht wieder*, sondern vielmehr: *Du selbst*

Abbildungen: Brünnhildes Erweckung

35 *Set Svanholm als Siegfried, Helena Braun als Brünnhilde; Regie: Erich von Wymetal, Bühnenbild: Alfred Roller 1931, Überarbeitung seines Entwurfs von 1908; Staatsoper, Wien 1942.*

36 *Martha Mödl als Brünnhilde, Wolfgang Windgassen als Siegfried; Regie und Ausstattung: Wieland Wagner; Festspielhaus, Bayreuth 1954.*

37 *Gladys Kuchta als Brünnhilde, Wolfgang Windgassen als Siegfried; Regie: Gustav Rudolf Sellner, Ausstattung: Fritz Wotruba; Deutsche Oper, Berlin 1967.*

38 *Dunja Vejzović als Brünnhilde, Jean Cox als Siegfried; Regie: Luca Ronconi, Bühnenbild: Pier Luigi Pizzi, Kostüme: Anna Russell; Teatro Comunale, Florenz 1981.*

Nachdem Roller als erster an einer bedeutenden Bühne in Abkehr von der malerischen Bildtradition die Ideen Adolphe Appias und Edward Gordon Craigs umgesetzt hatte, konnten diese in Bayreuth endlich Wieland Wagners symbolische Bildräume bestimmen, mit denen er, statt die zeitgebunden realistischen Anweisungen des Autors umzusetzen, dessen zeitlose Ideen zu verwirklichen suchte. Den Eindruck archaischer Größe erreicht der Bildhauer Wotruba mit den ihm eigenen kubischen, vom Licht scharf modellierten Blocksegmenten, einer Grundform, die bis in die Gestaltung der Kostüme und Frisuren hineinwirkt. Pizzi wahrt zwar noch einen illusionistischen Raum, setzt jedoch eine Vielzahl von Regiezitaten, wie hier das sich mehrfach spiegelnde Roß Grane, zum Zwecke des Verfremdungseffektes ein.

35

36

37

38

bin ich. Das erinnert – wörtlich – an die Tristan-Isolde-Liebe und meint: Dein tieferes, dein höheres Sein bin ich, wie meines du. So erleben sie, erleben wir mit ihnen ihre Leib-Seele-Einheit, die Mütter aus den Tiefen sind auch zugegen – dies alles und mehr weiß Brünnhilde aus der Unendlichkeit ihres Gottseins und der Endlichkeit ihrer Liebe:

Was du nicht weißt,
weiß ich für dich;
doch wissend bin ich
nur – weil ich dich liebe!

Ihr innig-leidenschaftliches Liebesgeständnis mündet in eine Art von Liebesphilosophie um *Wotans Gedanke*n, den in ihr wirkenden, für den sie focht, stritt, dem sie trotzte, für den sie büßte... Siegfried indes, was Wunder, begreift diese rückgreifenden Spekulationen kaum, *dunkel dünkt mich der Sinn.* Und er wendet sich wieder seinem alten Seinszustand zu, dem der Furchtlosigkeit, und bittet die Frau flehend, die ihn die Angst gelehrt hat:

Den du gebunden
in mächtigen Banden,
birg meinen Mut mir nicht mehr!

Das heißt: Gib mir meine frühere mutige Furchtlosigkeit zurück, die du gelähmt *(gebunden, geborgen)* hast. Sehr bemerkenswert, daß Brünnhilde nunmehr ablenkt, sie retardiert das rollende Rad des Geschehens, indem sie auf Grane blickt, den gleich ihr erweckten. Warum weicht sie aus? Sie weiß, daß es eben die Furcht in Siegfried ist, die sie schützt vor seinem begehrenden Zugriff. Er hat den letzten Vers seiner Bitte *(birg meinen Mut mir nicht mehr)* gesungen auf jenem Melodiebogen, der zuletzt seinen todesmutigen Entschluß trug, sich

Leben zu saugen aus süßesten Lippen,
sollt' ich auch sterbend vergehn...

Auf der Melodie also des Entsagungs-Motivs (siehe S. 214f.). Diese todesverachtende Radikalität des Alles oder Nichts ist es, die Brünnhilde erschreckt, sie gedenkt der verlorenen Zeit, gedenkt ihrer Walkürenexistenz, weiß sich bewahrt allein noch durch die Angst, die sie Siegfried einflößt. In ihm aber wallt mit sich steigernder Schärfe juveniles Begehren auf und steigert sich zu brennender Sinnlichkeit, die Innigkeit des Sichentdekkens im Einanderentdecken wird verstört durch das einseitig wilde Andrängen der erwachenden Männlichkeit in dem erweckten Manne. Die Glut des Flammenwalls, die er überwand, lodert nun in seiner Brust, und die kann er nicht überwinden: *O Weib, jetzt lösche den Brand!*

Da weicht sie zurück, zieht sich zurück nach Walhall im feierlichen Klang der Hörner, greift schutzsuchend nach der Weihe ihrer göttlichen Abkunft, scheut die uralte mythische Erfahrung des »Geschwächt-Werdens« durch die sexuelle Gewalt des Mannes, empfindet sie als Schmach und Not: *Brünnhilde bin ich nicht mehr!* Denn:

Verwundet hat mich,
der mich erweckt!

(Dieses Motiv hat Nietzsche so beziehungsreich wie schmerzhaft als die Grundmelodie seiner Beziehung zu Wagner ausgespielt in einem Bekenntnis noch zu gemeinsamer glücklicher Zeit, siehe Anmerkung S. 227.)

Brünnhilde ist es nun, die von Angst gepackt ist, sie will fliehen, fürchtet, *Sinne, Weisheit* und *Wissen* zu verlieren – da erinnert der Mann sich inmitten all seines verstörenden Sinnentaumels erstaunlich genau ihres Bekenntnisses *(doch wissend bin ich nur – weil ich dich liebe!)*:

Sangst du mir nicht,
dein Wissen sei
das Leuchten der Liebe zu mir?

Nunmehr sind die Rollen vertauscht, die in Weisheit und Wissen Gesicherte wird von Nacht und Grauen, von Angst und Nebel gelähmt, *Schrecken schreitet... empor.* Er hingegen, der in wildem Gefühlssturm Aufgepeitschte, vermag sanft und tröstend zu belehren: *sonnenhell leuchtet der Tag!*

Er gibt ihr, was sie ihm gab: Angst – aber die Emotion wird gebändigt, beruhigt in dem Augenblick, wo sie sich zu ihr bekennt. Es leuchtet die umarmende Lieblichkeit der Melodienfülle auf, die Wagners schönstes nichtvokales Orchesterwerk auszeichnet: das SIEGFRIED-IDYLL*. Mit diesem kostbaren Stück »absoluter« Musik überraschte Wagner zu ihrem Geburtstag am 25. Dezember 1870 Cosima in Tribschen, und ein dichtes Geflecht von motivischen Fäden verbindet das Tonbild des IDYLLS mit dieser Partie des SIEGFRIED. Das war Wagners Liebesgabe an die Frau, die seit vier Monaten seine Ehefrau ist.

Ewig war ich,
ewig bin ich

– so weiß Brünnhilde es in erneut gewonnener Gewißheit, und sie verkündet sich und ihm dieses Wissen in der sogenannten Friedens-Melodie:

Sich von sich abwendend, geht sie auf den Mann zu, seine Herrlichkeit im Kontrastlicht zu jenem unheilvollen anderen *Hort* sehend: ***Herrlicher! Hort der Welt!***, und es drängt sich eine andere Melodie vor, das sogenannte Weltenhort-Thema:

Mit diesen Tönen versucht die Frau, das Drängen des Mannes abzuwehren, *lasse von mir!* Und sie bedient sich der von Wagner geliebten Vorstellung der Widerspiegelung des eignen Bildes im klaren Wasser, in dessen Linien einander schon Sieglinde und Siegmund, später sich dann Siegfried erkannte. Wenn er, so Brünnhilde, die klare Fläche des Wassers aufrühre zu schwankenden Wellen, werde er sein Bild, werde er sich nicht mehr erkennen – auf solche Weise zugreifend werde er sie, die Frau, trüben, zertrümmern:

Liebe dich
und lasse von mir.

Vernichtete er sie, so vernichtet er *sein Eigen*. Er nimmt das Bild auf, will sich in das klare zu Wogen aufgewühlte Wasser stürzen in *süßester Lust: Sei mein!* und noch zweimal, jubelnd fordernd: *Sei mein!* Darauf sie aus dem erfahrenen Wissen der tiefen Vorgeschichte in erhabener Einfachheit: *Dein war ich von je!*

Als sie seine Fragen wiederholt: *Ob jetzt ich dein?*, da meldet sich im Orchester ernst und drohend das Schicksals-Motiv, wie es einst die Walküre begleitete, als sie den Vater des jungen Helden auf sein Ende vorbereitete. Noch einmal die Frage *(Ob ich jetzt dein?)*, die ihre Antwort schon in sich trägt, sie ist ganz sein, ist unter dem Ansturm seiner Gefühle entlodert zu liebesbegehrender Leidenschaft:

Wie in Strömen mein Blut
entgegen dir stürmt,
das wilde Feuer,
fühlst du es nicht?

Und das Walküren-Motiv verbindet sich mit dem Siegfrieds. Sich ihm gebend, gibt sie zwar nicht sich auf, wohl aber den Schutzschirm, der sie bewahrte, solange ihn Furcht beherrschte. Nun aber ist der Furchtlose, der das Fürchten lernte, wieder ein Nicht-Fürchtender, nun:

kehrt mir zurück
mein kühner Mut,
und das Fürchten, ach!
das ich nie gelernt,
das Fürchten, das du
mich kaum gelehrt:
das Fürchten – mich dünkt,
ich Dummer vergaß es nun ganz!

(*... mich kaum gelehrt* will heißen: »kaum daß du es mich gelehrt hast«.)

Nun überstürzen sich die Wogen der Gefühle, der Töne, immer kunstvoller verwoben die Themen (deren jeweilige Funktion nicht immer präzis bestimmt werden will), sie stürzen in lachender Lust in ihre Ewigkeitsverzückung. In diesem gewaltigen Zwiegesang übernimmt jedes von beiden einen anderen, genaugenommen einen entgegengesetzten Part. Brünnhilde verabschiedet jubelnd Walhall, Götterpracht und Burg und das Geschlecht der Ewigen, finale und furchtbare Segenswünsche für die in Staub zerfallende alte Welt, die Nornen mögen das Seil zerreißen, die Dämmerung der Götter mag heraufdunkeln, die Nacht der Vernichtung hereinnebeln: Alles dies ist ihr nichtig, von all diesem wendet sie sich ab, um ganz »menschlich« nur mehr dem Ewigkeitsanspruch ihrer persönlichen Liebe leben zu können.

Siegfried hingegen sind dergleichen finale Visionen fremd, seine Stichworte kontrapunktieren die Brünnhildes, sein Part in diesem rasenden Duett will nur das Hier und Jetzt, das Lachen, das Leuchten, das Scheinen der Sonne, Licht und Wachen und Leben. In einer den Wahnsinn streifenden Lust der Ekstase entrücken sie jener Welt, die bisher die jeweils ihre war, verzücken sich delirierend in die Ewigkeit ihrer Lust, vom Rausch des entfesselten Orchesters getragen stürzen sie in himmlischer Ekstase ineinander, in einem Hymnus von rasender Gewalt trägt der Orchesterklang sie in die Grenzenlosigkeit ihres eigenen und eigensinnigen Schicksals. Wie einst seine Eltern, wie einst ihre Geschwister Siegmund und Sieglinde erfahren sie Eros und Thanatos als einander bedingende Mächte:

leuchtende Liebe,
lachender Tod!

Anmerkungen

zu S. 158: Bei dieser Gelegenheit liegt der Hinweis nahe, daß nicht nur der erste Aufzug, sondern das ganze SIEGFRIED-Drama des zweiten Tages auf dem Prinzip des Dialogs, auf der Figur der Zweiheit aufgebaut ist. Einer grundsätzlich undramatischen Konstellation also, die weitgehend verzichtet auf Handlung, gar auf *action*. Es geht im ersten Aufzug um die Konfrontationen Mime/Siegfried; dann Mime/Wanderer; dann wieder Mime/Siegfried. Geht im zweiten Aufzug um die Doppelfigur Alberich/Wanderer; dann Siegfried/Mime; dann Siegfried/Fafner; dann Siegfried/Waldvogel, wieder Mime/Alberich, wieder Mime/Siegfried und schließlich Siegfried/Waldvogel (wenn man dessen Stimme als Partnerfigur annimmt). Der dritte Aufzug endlich konzentriert sich in drei so eindrucksvollen wie folgenreichen Dialogauftritten: Wanderer/Erda; Wanderer/Siegfried; Brünnhilde/Siegfried.
Diese duale Tektonik ist konsequent durchgehalten. Sie bezeugt, in welch eminentem Maße Wagners Musikdrama entsprechend seinen Theorien nicht das der »großen Oper« und ihrer pathetischen Auftritte mit Mantel-und-Degen-Eskapaden, mit bewegten Gruppen- und Massenszenen ist, sondern ein geistiger Prozeß, der sich umsetzt in »ersichtlich gemachte Taten der Musik« (um wieder seine berühmte Definition aus OPER UND DRAMA heranzuziehen). Vor allem in der WALKÜRE, extrem aber im SIEGFRIED sind es die Wogen einer inneren Dramatik, die aufeinanderprallen in Zweierkonstellationen – das RHEINGOLD im Sinne einer großflächigen Exposition führt im Wasser und unter- und oberirdisch eher Genrebilder mit buntem Personal vor; und die GÖTTERDÄMMERUNG dann bedarf als finales Konzentrat und Endpunkt vieler Handlungsstränge der großen Auftritte, sogar des Chores und seiner röhrenden Masse, aber auch sie stützt sich in den entscheidenden Augenblicken auf die geistige Spannung des Zweierauftritts: so zwischen Brünnhilde und Siegfried bei ihrem Abschied, so zwischen Hagen und seinem Vater, dem *schlimmen Alben*; so vor allem in der Waltrauten-Szene.

zu S. 163: Die zweite Szene, die der Wissenswette, geht zurück auf das eddische Lied vom Riesen Wafthrudnir. Darüber eingehend in P. W., DER TRAURIGE GOTT, S. 160–166 (»Der nordische Zweikampf«).

zu S. 170: Furcht hat Wagner in einem langen Disput zwischen Mime und Siegfried klug abgehandelt (Privatdruck von 1853), doch die umfangreiche Versreihe dann nicht vertont. Abgedruckt nebst anderen später getilgten Partien im Anhang von Band III der Jubiläumsausgabe (Borchmeyer), S. 315–330.

zu S. 172: In MEIN LEBEN (S. 550f.) erinnert Wagner sich an Zürich im September 1856: »Da stellte sich denn eine der Hauptplagen meines Lebens zu entscheidender Bedrängnis ein: unserem Hause gegenüber [im Zeltweg] hatte sich neuerdings ein Blechschmied einquartiert und betäubte meine Ohren fast den ganzen Tag über mit seinem weitschallenden Gehämmer. In meinem tiefen Kummer darüber, nie es zu einer unabhängigen, gegen jedes Geräusch geschützten Wohnung bringen zu können, wollte ich mich schon entschließen, alles Komponieren bis dahin aufzugeben, wo mir endlich dieser unerläßliche Wunsch erfüllt sein werde. Gerade mein Zorn über den Blechschmied gab mir jedoch in einem aufgeregten Augenblicke das Motiv zu *Siegfrieds* Wutausbruch gegen den ›Stümperschmied‹ *Mime* ein: ich spielte sogleich meiner Schwester [Clara] das kindisch zankende Polter-Thema in *G-moll* vor und sang wütend die Worte dazu, worüber wir alle denn so lachen mußten, daß ich beschloß, für diesmal noch fortzufahren.«

zu S. 175: SW 29/I, S. 127f.

zu S. 186: siehe SW 29/I, S. 128ff.

zu S. 188: siehe Theodor W. Adorno, VERSUCH ÜBER WAGNER, Frankfurt am Main 1972 (st 177), Kap. I: Mime als Judenkarikatur. Jens Malte Fischer weist darauf hin, daß sich diese Vermutung nicht erst bei Adorno findet, »sondern auch schon in einer Äußerung Gustav Mahlers [...], zuallererst in Ludwig Speidels Bayreuther *Ring*-Kritik 1876« (Medienwissenschaft 1/1987, S. 75). – P. W., DER TRAURIGE GOTT, Kapitel »Der Fisch und die Kröte«, S. 164–166.

zu S. 192: »Helläugiger Knabe«, »helläugiger Gesell«, so redet Fafnir seinen Besieger sowohl im 18. Kapitel der VÖLSUNGA-SAGA wie in Strophe 13 der eddischen FÁFNISMÁL an. Wieder das blitzende Auge, das den Freien und insbesondere die Völsungen auszeichnet, siehe oben zur WALKÜRE, S. 153. Dennoch ist zutreffend: *dich Blinden* – vorerst noch. Fafners Blut wird ihn sehend-hörend machen.

zu S. 196: siehe P. W., DIE SZENE UND IHR MEISTER, Kapitel »Siegfried und sein Waldvögelein«, S. 77–99.

zu S. 199: Das läßt denken an einen anderen, wenngleich sehr anders gearteten Naturburschen, der gleichfalls ein intimes Verhältnis zu den Vögeln hat, freilich nicht lernend, sondern sie fangend: Papageno aus der ZAUBERFLÖTE, an den Kurt Pahlen (S. 158) zu Recht erinnert. Denn auch Papageno wünscht sich nichts inniger als *ein gut' Gesell*, ein *Mädchen oder Weibchen*... Es ist ein Gedanke nicht ohne Reiz, daß Wagner die wechselseitige Erweckung der beiden göttlichen Liebenden als eine ferne und erhabene Parodie mag empfunden haben auf Mozart/Schikaneders liebendes Buffopaar, das sich gleichfalls wechselseitig als Erwecker verstehen darf.

zu S. 208: Friedrich Nietzsche, BRIEFWECHSEL. Kritische Gesamtausgabe von Giorgio Colli und Mazzino Montinari, Bd. II/5, S. 288, und Bd. II/6,2, S. 744, Berlin/New York 1980. – Herbert Huber verweist in seinen kommentierenden Anmerkungen zu V. 4748ff. (S. 231) und V. 6385ff. (S. 258) darauf, daß Wagner im Text des JUNGEN SIEGFRIED »Wotan ausdrücklich sagen läßt: ›nur ein auge leuchtet an seinem haupt, weil am himmel das andre als sonne dem helden schon glänzt‹«. Doch will es mir auch mit Hilfe dieser mythologischen Ergänzung nicht gelingen, die vier auf den Monoculus bezogenen Stellen zu verstehen und kompatibel zu machen (nämlich RHEINGOLD, 2. Szene; SIEGFRIED, I. Aufzug, 2. Szene; SIEGFRIED, III. Aufzug, 2. Szene; GÖTTERDÄMMERUNG, Nornentrio).

zu S. 210: der Brief an Röckel nach SW 29/I, S. 88–94, siehe unten in den Anmerkungen zur GÖTTERDÄMMERUNG, S. 309f.

zu S. 214: siehe Klaus Kropfinger, »Wagners ›Entsagungs‹-Motiv«, in: DAS MUSIKALISCHE KUNSTWERK. GESCHICHTE – ÄSTHETIK – THEORIE. FESTSCHRIFT CARL DAHLHAUS ZUM 60. GEBURTSTAG. Herausgegeben von H. Danuser, H. de la Motte-Haber, S. Leopold und N. Miller, Laaber 1988, S. 241–258. – Kropfinger bestätigt in überzeugender Analyse, was Wagner in seinem Brief an Theodor Uhlig vom 12. November 1851 präludiert hat: Es sei dieses Motiv »das gestaltende Motiv bis zu Siegf.'s Tod« – durch die ganze Tetralogie hindurch also, und das vor allen anderen Motiven. – In der gleichen Festschrift wichtig der Aufsatz von Egon Voss zu »Siegfrieds Musik«, S. 259ff.

zu S. 221: P. W., in: NIETZSCHE-STUDIEN. Herausgegeben von Ernst Behler und anderen, Bd. 18, Berlin/New York 1989, S. 404–423, hier S. 420f.

zu S. 222: siehe Werner Breig im WAGNER-HANDBUCH, S. 430–434; und die zweibändige reich kommentierte Prachtedition des SIEGFRIED-IDYLLS, Edition René Coeckelberghs, Luzern 1983.

Dritter Tag: Götterdämmerung

»Am Morgen gestern trat ich in seine Stube, und er spielte und sang die soeben entworfene Skizze von der Ankunft des verkappten Siegfried's bei Brünnhilde. Furchtbar wirkt die unmenschliche Apostrophe des Helden an sein Weib, und durch das große Themengewebe, welches durch die vier Werke waltet, ist allerdings eine Sprache geschaffen, die die Welt noch gar nicht ahnt.«

Cosimas Tagebuch am 2. Juni 1870

»R. kommt auf die Idee, seine Götterdämmerung ›Göttergericht‹ zu nennen, da er soeben in einer neuen Schrift gelesen hat, daß Ragnä Rökr Göttergericht heißt; er sagt: ›Götterdämmerung ist sehr schön, wenn es unzweifelhaft feststeht, daß das Wort das heißt, es klingt geheimnisvoll; wird der Ausdruck bezweifelt, so ist er auch nicht präzis genug, und Göttergericht wäre sehr gut, denn Brünnhilde hält das Gericht über sie.«

Cosimas Tagebuch am 3. August 1872

Personen

Siegfried *(Tenor)*; Brünnhilde *(Sopran)*; Gunther *(Bariton)*; Gutrune *(Sopran)*; Hagen *(Baß)*; Alberich *(Bariton)*; Waltraute (Walküre) *(Mezzosopran)*; 1. Norne *(Alt)*; 2. Norne *(Mezzosopran)*; 3. Norne *(Sopran)*; Rheintöchter: Woglinde *(Sopran)*, Wellgunde *(Mezzosopran)*, Floßhilde *(Alt)*; Frauen *(Sopran)*, Mannen *(Tenor, Baß)*

reine Spieldauer: etwa viereinhalb bis fünf Stunden

Vorspiel

Auf dem Walkürenfelsen

Das Präludium faßt sich kurz. Aber es ist von einer konzentrierten Dichte, darin sich einander überlagernde und ablösende Motive vereinen zu einem Klangbild von dunkler Ausdruckskraft. Motive, die hereindringen aus dem bisher schon durchschrittenen Raum der Tragödie, der *Dritte Tag* erfindet nicht so sehr neue Leitmelodien, als er vielmehr die bisher schon bestimmenden konzentriert und bündelt – was freilich ihnen eine abweichende, eine neue Bedeutung mitteilen kann.

Diese Kunst der verwandelnden Motivanwendung* offenbart sich sogleich im Einsatz der GÖTTERDÄMMERUNG. Er bringt in langem Akkord Brünnhildes Erwachens-Motiv aus dem dritten SIEGFRIED-Aufzug, aber ihr einst jubelnd strahlender Sonnengesang auf den Säulen der zwei tragenden Akkorde klingt nunmehr verhängnisschwer und dunkel. Das macht, Wagner hat sie um einen halben Ton herabgesetzt, und diese scheinbar geringfügige Modulation erzeugt die gänzlich andere, die Unheil verkündende Stimmung. Es treten andere Motive hinzu – das der Rheinwogen, das Natur-Motiv Erdas (siehe Notenbeispiel rechts oben).

Der Vorhang öffnet sich. Er gibt den Blick frei auf die gleiche Szenerie wie die am Schluß des zweiten Tages, also Brünnhildes Felsen. Was soeben – oder einst – noch Schauplatz des innig privaten Ereignisses der wechselseitigen Erweckung durch Liebe war, wird jetzt zur Bühne weltgeschichtlicher Betrachtungen. Die nächtlich düstere, fern von Flammen durchzuckte Szenerie gibt nicht die beiden Liebenden frei, die sich im Finale des SIEGFRIED ihrer Leidenschaft und der Nacht anvertrauten, sondern sie läßt uns teilhaben am Wissensgeraun der Nornen und ihrem »weihevollen Weltenklatsch« (Thomas Mann). Wie ihre mythischen Schwestern, die antiken Parzen, sind sie nicht die bestimmenden Mächte des Geschehens, sondern sie spinnen (oder weben, das wechselt) als Agenten des Schicksals dessen verworrene Textur. Die beiden schwer lastenden, durch

einen Brückenton verbundenen Akkorde des Schicksals-Motivs leiten das Dreigespräch ein, daran schließt sich – neu – das Motiv des Nornenseils:

Fernhin funkelt Loges Feuermusik, dann erörtern in erhabener Gemächlichkeit die Töchter der Erda (mithin Halbschwestern

Brünnhildes) alles, was war, was ist und – ahnungsvoll-düster – was sein wird*. Wieder einmal erfüllen die Figuren der Handlung Wagners strengen Wunsch nach stetiger Vergewisserung und Rekapitulation des schon Geschehenen. Ein Bedürfnis, dem 1848 freilich anläßlich des ersten Textentwurfs von SIEGFRIEDS TOD (so der ursprüngliche Titel der späteren GÖTTERDÄMMERUNG) durch den befreundeten Theatermann Ludwig Devrient lebhaft aufgeholfen worden war: »Er wies darauf hin, daß, ehe man *Siegfried* und *Brünnhilde* in ihrem feindseligen Konflikte vor sich sähe, dieses Paar zuvor in seinem wahren, ungetrübten Verhältnis einmal kennengelernt worden sein müßte.« Denn ursprünglich hatte Wagner einsetzen wollen mit der Szene von des jungen Helden Ankunft am Gibichungenhof. »Der hiermit von *Devrient* gegebene Wink brachte mich zu meiner Freude sofort auf die Szenen, welche ich im Vorspiel zu diesem Drama ausgeführt habe« (MEIN LEBEN, S. 394). Mithin auf Siegfrieds Abschied und, ihm vorausgeschickt, das Nornentrio.

Des Schicksals verworrene Textur: Im Herbst 1852 hatte Wagner die Nornenszene neu gedichtet, im folgenden Sommer – am 20. Juni 1853 – schickt er Mathilde Wesendonck die Reinschrift einer Sonate und widmet sie ihr mit dem Motto: »Wißt Ihr wie das wird?« Berechtigte Frage, bange Frage – Mathilde schreibt ahnungslos (ahnungsvoll?) an Wagners Frau Minna: Es sei dieses Motiv schwer zu entschlüsseln.

Das Zitat des Kehrreims aus dem Vorspiel also, der das Nornengespräch akzentuiert und gliedert: ***Weißt du, wie das wird? – Weißt du, was aus ihm ward? – Weißt du, was aus ihm wird? – Weißt du, was daraus wird?***

Natürlich sind die Varianten im Tempusgebrauch bewußt gesetzt, ***wird*** meint Gegenwart und Zukunft, ***ward*** das epische Raunen des Imperfekts aus dem tiefen Brunnen der Vergangenheit. Alles, was war und ist und sein wird, ist gegenwärtig, mythische Zeit ist immerwährend.

Der Kehrreim mit seiner magischen Aura verdankt sich der EDDA, und zwar deren ältestem dunkel-mächtigen Gedicht von *Der Seherin Gesicht* (VÖLUSPÁ), das gegliedert wird durch den Kehrreim *vítoð ér enn eða hvat?* Wörtlich: »Wißt ihr noch mehr oder was?« Wagners Gewährsmann Ernst Moritz Ludwig Ettmüller übersetzt: »– Wißt ihr – doch aber was?« – Eines Tages aber verstand auch Mathilde Wesendonck – und eines noch späteren Tages scheint alles dies vergessen...

Zurück zum Nornentrio:

Das schicksalgewobene Seil, genauer: dessen Anknüpfungspunkt, ist der Gegenstand ihrer erinnernden Gedankenfracht. An die Tanne, den weniger edlen Baum, muß die erste Norn ihr Seilende spannen, da die Esche krank dahinsiecht, Symbol der einst unberührten, nunmehr versehrten Natur. Das gibt willkommenen Anlaß zu dunkelumflortem Rückblick auf das Urgeschehen, auf den ***kühnen Gott***, der für den Weisheitstrank aus dem Quell ***seiner Augen eines zahlt'***; auf jenen Ast, den er sich brach und der nunmehr als Speer das Rechts- und Machtsymbol repräsentiert. Baum und Wald aber siechten an der Wunde dahin, der Quell trocknete ein – Bilder der Naturzerstörung, deren Aktualität jeder Inszenierung in unseren Jahrzehnten eine erregend-melancholische Note geradezu aufdrängt. Mit dem Nornensang-Motiv wirft die erste Schwester das Seil der zweiten zu:

Diese nimmt mit ihm auch den Faden der trüben Erinnerung auf: Nunmehr stellt ein kühner Held in Frage, was ein ***kühner Gott*** arrangierte, er ***zerhieb im Kampfe den Speer*** (da übertreibt die Berichtende, einen Kampf hat es ja zwischen Wotan und Siegfried nicht eigentlich gegeben), und der Vertragsspeer, ***der Verträge heiliger Haft***, zerbrach in Trümmer. Und sie fesselt das

Seil *an den scharfen Fels*. Nunmehr endlich dank der dritten Norn ein Ausblick auch auf das gegenwärtige Geschehen: Der resignierend entrechtete Gott läßt die verdorrten Äste der Weltesche als Scheite um Walhalls Mauern schichten. Sengende Glut wird *der ewigen Götter Ende* aufdämmern lassen.

Dämmert der Tag?
Oder leuchtet die Lohe?

Der gesetzhafte Ablauf des Naturgeschehens, das Gefühl für die Zeit ist gestört, der Blick der Nornen ist desorientiert. Erneut fragen sie zurück: *Weißt du, was aus ihm ward?* Das *ihm* gilt erst Loge, dem Rauner listiger Räte, und seiner Bezwingung durch Wotan. Gilt sodann Alberich, dem Goldräuber. Gilt schließlich, als die Nacht weicht und – kluge Paradoxie – die erste Norn klagt: *nichts mehr gewahr ich* – dem Fluch und seiner Wirkung: *Weißt du, was daraus wird?*

Im Orchester haben sich die Motive geballt, lösen sich dicht gedrängt ab: die flackernden Halbtöne Loges erst, dann spannt sich der Motivbogen der Erinnerung zurück zur Todverkündung, zu Brünnhildes Einschläferungs-Melodie, zu Wotan-Walhalls erhabener Machtgeste und zum ungerührten Walten des Schicksals. Die erinnernden und verschmelzenden Motive überlagern, verschlingen einander, Weites nahebringend, Entfallendes vergegenwärtigend, die einfach-eindringlichen Figuren des Ring-, des Entsagungs- und des Rheintöchter-Motivs weiten den Raum, weisen zurück und voraus. Vor allem aber sagen die aus der WALKÜRE und dem trostlosen Geschick Siegmunds und Sieglindes herüberragenden Motive des Schicksals und der Todverkündung wenn nicht alles, so doch fast alles.

Die zweite Norn spürt, wie das Geflecht zerschlissen wird durch des Steines Schärfe: Es ist der Fluch des Ringes, der das Netz zernagt:

ein rächender Fluch
nagt meiner Fäden Geflecht.

(Das wird auch den Rheintöchtern nicht verborgen bleiben, auf welchem Wege auch immer sie ihre Informationen erhalten mögen. Anläßlich ihrer todverkündenden Begegnung mit Siegfried in der ersten Szene des dritten Aufzugs werden sie warnend singen:

Weiche, weiche dem Fluch!
Ihn flochten nächtlich
webende Nornen
in des Urgesetzes Seil!)

Das überlastete Seil läßt sich nicht mehr spannen, die Tageswirklichkeit bricht herein und mit ihr die Ankündigung jenes Geschehens, das sich im nunmehr zerschlissenen Gewebe abzeichnet: Es ertönt Siegfrieds Horn – dann zerreißt das Netz, und die, die es einst gesponnen, bekennen nun unisono im Dreigesang:

Zu End' ewiges Wissen!
Der Welt melden
Weise nichts mehr.

Das Rad des Schicksals ist ausgebrochen aus seiner Bahn, das große Geschehen nicht mehr kontrollierbar. Die Nornen haben länger keine Aufgabe, sie sinken hinab zur Mutter, zu den Müttern, und furchtbar dröhnt das Fluch-Motiv.

Ein Zwischenspiel des Orchesters erklingt, es leitet über von der nachtdunklen Kontemplation zur taghellen Handlung. Zwei Motive suchen einander: das des Mannes, das der Frau. Herrische Wandlung anzeigend, meldet sich Siegfrieds Horn, nunmehr gesteigert zum Heroen-Motiv:

Ihm verbindet sich in zart geführtem Bogen Brünnhildes Liebes-Motiv, die Melodien finden sich in liebevoller Einigung:

Die Liebenden ***treten*** heraus ***aus dem Steingemach***, das für eine Nacht der Palast ihres Glückes war – treten heraus, um Abschied zu nehmen.

Der Mann, der er nun gänzlich ist, trennt sich von der Frau, der Wotan die Göttlichkeit genommen, der Siegfried Menschlichkeit erweckt hat und damit eine neue Form von Freiheit. Und die Frau, die sie nun gänzlich ist, trennt sich – eher: wird getrennt – von dem Manne, den Wotan mit Göttlichkeit versehen hatte (über seine Kinder, das elterliche Zwillingspaar) und dem Brünnhilde die Menschlichkeit erweckt hat: in ihrer Erweckung. Ihm die Chance der Liebe gebend, und damit die der Freiheit. Sie schenkt ihm ihre göttliche Mitgift, ihre ***Runen***, die Schutzhülle ihrer – nunmehr sich auflösenden – magischen Kraft. Er schenkt ihr als Gegengabe den Ring. Dessen magische Kraft und dessen Fluchlast er nicht kennt und den auch sie nicht anders erfaßt denn als Sinnbild der End-Losigkeit, also ihrer endlosen Liebe.

Alles hat er errungen: Höchste Macht – wenn denn er sie zu nutzen versteht, sie nutzen will. Tiefste Liebe – wenn denn er sie begreifen kann. Was hat es auf sich mit dem Aufbruch, ja Ausbruch in die Welt, allein und ohne plausible Nötigung? ***Zu neuen Taten***, so weiß die Frau es, sie versteht es sogar, wie es der liebenden Frau geziemt:

wie liebt' ich dich,
ließ ich dich nicht?

Sie fragt nicht, aber wir fragen: Was denn zwingt ihn hinaus zu neuem Kampf, neuen Abenteuern, neuer Bewährung – da er doch alles gehabt hat, alles doch hat? An seiner Seite die herrlichste Frau, zu seiner Verfügung der mächtigste Schatz (auch wenn er dessen Zauber nicht kennt), das Ohr geöffnet für die allwissende Sprache der Natur – was braucht er noch Ehre, Glanz, Selbstbestätigung? Fragen, die sich die Eigenwilligkeit einer exzentrischen Hypothese erlauben und sich vorwagen zu der Überlegung: Gäbe Siegfried, belehrt durch Wotan, ermutigt durch eine Sendbotin von der Art etwa

Waltrautes und beraten durch Brünnhilde, den Ring dem Rhein zurück (was, beider Charakter bedacht, für Siegfried wie für Brünnhilde ein Leichtes wäre): dann wäre die Welt gerettet, der sie spaltende Riß geheilt, und Glück siedelte, wo Unheil zerstörend wuchert.

Was aber geschah, was aber geschieht in Wahrheit? Wotan, ursprünglich fixiert auf die von ihm gelenkte Wiedereroberung des Ringes, hat – Schritt um Schritt lernend und entsagend – seinen großen Plan modifiziert und neu angelegt. Der Wala verkündete er (in der ersten Szene des dritten Aufzugs SIEGFRIED):

dem herrlichsten Wälsung
weis ich mein Erbe nun an.

Und im Verein mit diesem Erben wird Brünnhilde segenbringend handeln:

wachend wirkt
dein [der Wala] *wissendes Kind*
erlösende Weltentat.

Warum dann noch der unaufhaltsame Weg in den Untergang?

Siegfried hat Wotan entmachtet, der Gott ist (so sagte es die Wala voraus) nicht mehr, was er sich nannte, nämlich: Gott. Was an sich nicht beunruhigend wäre angesichts der deutlich bekundeten Demissionsabsicht des Alten – glitte ihm der Erbe nicht aus der Hand (und insofern erinnert Wotan hier von fern an einen König Lear und dessen Abdankungsabsturz). Hier also liegt wieder ein dialektisches Element: Es ist lediglich seine Autonomie, die den Retter fähig macht zur erlösenden Tat (so begriff Wotan es, schmerzlich genug, dank Frickas Lektion in der ersten Szene des zweiten Aufzugs der WALKÜRE). Und eben diese Autonomie ist es, die Siegfried die erlösende Tat verfehlen läßt, er folgt seiner Willkür, wendet sich ab, geht seine eigene – tödliche – Bahn.

Die Antinomie ist unaufhebbar: Der Freie allein konnte den Ring erobern und könnte ihn sinnvoll – das heißt weltenrettend – nutzen. Und eben der Freie definiert sich dadurch, daß sein

Eigenwille nicht gelenkt werden kann – ***bar meines Rates***, so Wotan, handelt er.

Nicht daß Siegfried Wotans Macht erledigt hat, löst die Katastrophe aus. Sondern daß er mit seiner Eigen-Macht »falsch« umgeht, eigensinnig und eigennützig, führt das Ende herauf. Auch ist nicht katastrophenträchtig, daß er Brünnhilde entmachtet hat, sie durch Liebe menschlich werden ließ, nachdem schon ihr Vater ***die Gottheit von ihr geküßt*** hatte. Sondern ihn stürzt in den Abgrund, daß er, was er von ihr in sich aufnahm, ihre ***Runen***, nicht angemessen nutzt.

Amor mundi, Weltverliebtheit, treibt ihn zu ***neuen Taten***. Das unruhvolle Erbe seines allzu menschlichen Gott-Großvaters flackert in ihm. Er ist mehr Wotan denn Siegmund (und Sieglinde). So versteht er sich denn als ganz auf sich gestellt – insofern ein Mensch wie alle. Und handelnd scheitert er – wie alle. Das einzig unschuldvolle Wesen seiner Umgebung als Opfer in die Flammen seines Scheiterhaufens reißend.

Hier ist endlich der Augenblick, noch einmal das Wesen der von Siegfried zu verlangenden, zu erhoffenden *Tat* zu überdenken. Wir müssen rekapitulieren: Wotans Konzept war ja nicht gerichtet auf eine mittels Ringbesitz herrschende, Herrschaft ausübende Macht. Ihm ging es, mußte es gehen um einen negativen Erfolg: um die Verhinderung der Machtausübung durch den Bösen, durch das Böse. Denn deutlich genug hatte Alberich den Entwurf seiner Schreckensherrschaft vorgetragen (RHEINGOLD, 3. Szene, siehe oben S. 86), eines Terrorregimes mit brutaler Unterdrückung von Männern und Frauen. Mittlerweile aber kann diese Gefahr als gebannt angesehen werden. Der Ring ist in der Hand des Drachentöters Siegfried, ist in der Hand der ihm zubestimmten Frau. Von ihnen wird keinerlei Gefahr ausgehen, es fehlt Siegfried an allem, um sich zum monokratischen Diktator zu entwickeln. Im Grunde hat der junge Held mit der Eroberung des Herrschaftsinstruments seine weltgeschichtliche Funktion schon erfüllt. Daraus folgt: Die von Wotan für seinen Enkel vorgesehene ***erlösende Weltentat*** kann nicht mehr sein, was der

Abbildungen: Die drei Nornen

39 *Bühnenbildentwurf: Emil Pirchan; Staatsoper, Berlin 1929.*

40 *Renate Härtel, Gisela Pohl und Irene Tzschoppe als Nornen; Regie: Joachim Herz, Bühnenbild: Rudolf Heinrich, Kostüme: Reinhard Heinrich; Opernhaus, Leipzig 1976.*

41 *Anne Gjevang, Linda Finnie, Uta Priew als Nornen; Regie: Harry Kupfer, Bühnenbild: Hans Schavernoch, Kostüme: Reinhard Heinrich; Festspielhaus, Bayreuth 1989.*

42 *Jadwiga Rappé als erste Norne, Thomas Stache als Roß Grane, William Cochran als Siegfried, Livia Budai als zweite Norne, Margaret Jane Wray als dritte Norne; Regie und Ausstattung: Herbert Wernicke; Théâtre de la Monnaie, Brüssel 1991.*

Der das »Ring«-Geschehen summierenden Frage »Weißt du wie das wird?« schafft Pirchan ein Bild konzentrierter Bedeutungsfülle: die Nornen in den von Wagner geforderten »schleierartigen Gewändern«, in einer Form aber, die zugleich die Verwandtschaft mit Erda erkennen läßt, und statt Wagners Tanne an der Bühnenseite ein Baum, in Position (wie in der »Walküre« als Zentrum) und Erscheinung der Weltesche angenähert, von der die Nornen auch singen. Ähnlich suchen Herz und Heinrich für das Vorspiel ein parabelartiges Gegenbild zu der übrigen realistischen, sozialrevolutionären Deutung. Bei Kupfer/Schavernoch öffnet sich den Nornen die von Wetterkarten gesäumte »Straße der Geschichte«, die, wie die Antennenkreuze assoziieren, zugleich eine Geschichte des Untergangs ist. Wernicke dagegen hat hier das traditionelle Seil, das er in Gestalt eines roten Taus vielfach in diesem »Ring« einsetzt, gegen das Buch der Weisheit ausgetauscht, so auf den mittelalterlichen Topos vom Buch des Lebens anspielend.

39

40

41

42

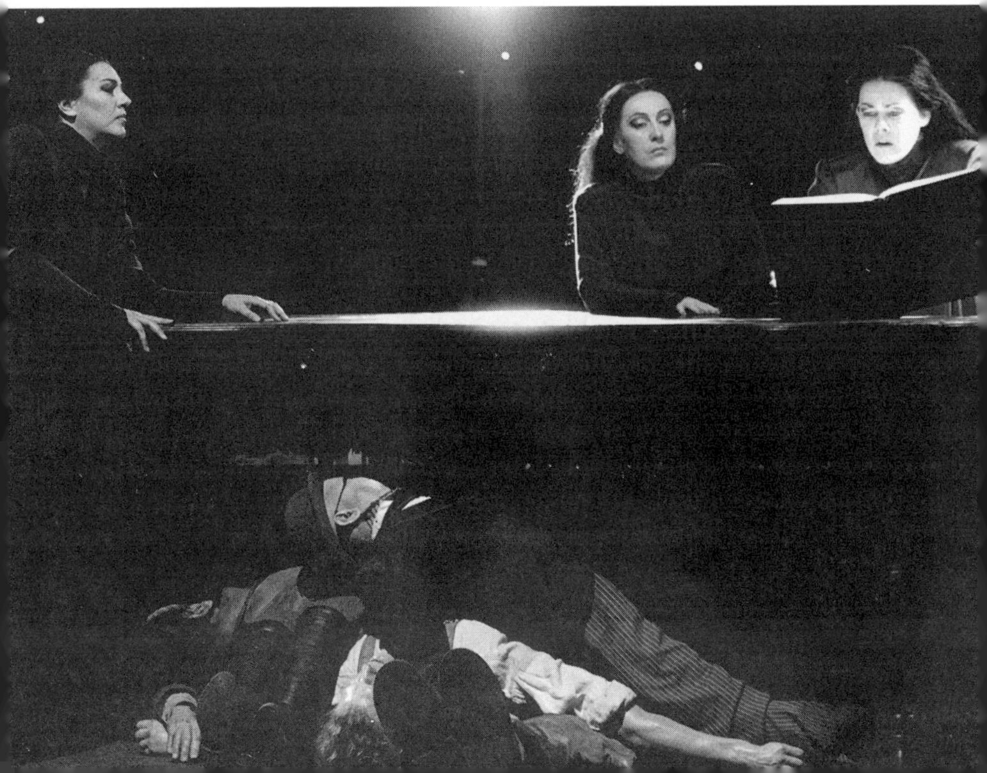

Begriff »Tat« zu vermuten nahelegt. Kann kein Dreinschlagen, Erobern, Siegen mehr sein, wie es dem vorschopenhauerischen jungen Siegfried (und einst seinem Vater) zugestanden hätte. Sondern diese Tat kann nur eine der Wiedergutmachung sein – anders ist nicht zu verstehen, was Wotan im Wala-Gespräch von deren *wissendem Kind* verlangte: Nämlich Brünnhilde – im Verein mit Siegfried – wird den Ring dem Rhein zurückgeben. Damit wäre vermutlich das von der Wala prophezeite Ende der Götter nicht abgewendet – aber doch eine wie auch immer vorzustellende weitere und gedeihende Entwicklung von Leben und Welt garantiert. Denn der Götter Ende ist ja mittlerweile von Wotan aufgenommen worden in seinen Wunsch und Willen – sie haben abgewirtschaftet, sich aufgehoben durch Verfehlung und Versagen. Mit der Rückgabe des Goldes an die Rheintöchter aber würde auch der Fluch getilgt, der in der Welt bleibt, solange der Reif in unrechter Hand bleibt.

In unrechter Hand. Denn auch dies muß bedacht werden: Zwar gilt uns der Riesen-Drache Fafner als »legaler« Besitzer des Ringes. Die Wahrheit aber ist, daß er ihn, weit über die vermutbare Höhe des ausbedungenen Lohnes hinaus, durch Erpressung an sich gebracht hat – und durch die blutige Kainstat dazu. Doch steht es auch nicht viel besser um den moralischen Grund von Siegfrieds Besitzanrecht. Er hat seinen Weg in die Welt gesäumt mit einem Totschlag (dem sehr bald der zweite folgt). Der Drache war ja nicht sein Feind, er hatte den Jüngling nicht bedroht, Siegfrieds Kampf gegen ihn ist Resultat der Aufreizung durch Mime und will andres nicht, als die prahlerische Bewährung des jungen Schlagetot und seines Schwertes demonstrieren. Siegfried hat einen in solchem Sinne Unschuldigen erschlagen – er dürfte den Ring lediglich als eine Art Treuhänder an sich nehmen.

Je mehr man es bedenkt, desto deutlicher wird: Siegfrieds eigentliche Untat, zwanghaft die Katastrophe auslösend, ist seine Trennung von Brünnhilde (und damit auch von Wotan, denn Brünnhilde ist dessen bestes Teil). Ist seine Hingabe an eine Welt, die korrupt und ihrem Ende schon ausgeliefert ist.

Männertaten will er – von der Art, wie sie der Wala den *Mut umdämmerten*. Das aber kann nicht gutgehen. Denn damit löst er sich auch von dem mit dem Ringbesitz gegebenen Auftrag der Ring-Rückerstattung.

(Es verdient beiläufig Erwähnung, daß Siegfried mit seinem auf rationale Begründung verzichtenden Aufbruch einem Modell folgt, dem er im übrigen nicht verpflichtet, das aber Wagner bekannt ist: dem des *chevalier errant*, des höfischen Ritters der mittelalterlichen Artus-Welt, der seinen Daseinszweck erfüllt ausschließlich in dem ziellosen Umherschweifen um des Findens und Bestehens von *âventiuren* willen: so Gawan und Iwein, so Parzival und Erec.)

Zurück zur Handlung. *Les cérémonies des adieux*: die Frau also schenkt dem Manne die Zauberkraft ihres göttlichen Erbes, die segnende und bewahrende:

> *Was Götter mich wiesen,*
> *gab ich dir:*
> *heiliger Runen*
> *reichen Hort...*

Seine Reaktion ist für den Wissenden von schmerzlicher Ironie geprägt:

> *Mehr gabst du, Wunderfrau,*
> *als ich zu wahren weiß.*

Das wird sich als nur allzu wahr darstellen, und letztlich in den Wind gesprochen wird sein, was er hier herrlich bekennt:

> *Ein Wissen doch wahr ich wohl:*
> *daß mir Brünnhilde lebt;*
> *eine Lehre lernt' ich leicht:*
> *Brünnhildes zu gedenken!*

In ihrer Antwort:

> *Willst du mir Minne schenken,*
> *gedenke deiner nur...*

sind die Pronomina *mir/deiner* zu betonen. Es geht ihr allererst um ihn, um seine Taten, und die Gedenkmahnung, die ihre

Erweckung betrifft, wird grundiert durch das sie bisher definierende Motiv der Walküre:

> *Gedenk der beschildeten Frau,*
> *die in tiefem Schlaf du fandest…*

Und: gedenk der Eide, der Treue, der Liebe…, dazu erklingt in Violinen und Harfen bannend die Liebes-Melodie aus dem Finale des SIEGFRIED. Nun also Siegfrieds Gegengabe:

> *zum Tausche deiner Runen*
> *reich ich dir diesen Ring…*

– den er für nicht mehr und nicht weniger als die Manifestation seiner bisherigen Heldentaten erachtet. Ein Vorgang von furchtbarer Ahnungslosigkeit, furchtbarer Arglosigkeit. Er weiß nichts von dem Fluch, nichts von der Blutspur, die an dem Kleinod haften. Eben dieses Nichtwissen schützt den Ahnungslosen, so wie es ihm anderseits auch alle Machtmagie vorenthält. Bis Siegfried den Ring durch eine ruchlose Gewalttat unrechtmäßig wiedererringen wird. Da »erkennt« er dessen Wesen zwar immer noch nicht, wird aber von seiner Fluchaura gepackt und dem Ende zwanghaft zugetrieben.

Brünnhilde aber schenkt mehr noch. Da sie, zurückbleibend, gefesselt ist an den Ort ihrer Erweckung; und da er aufbricht (aufbrechen muß?), überläßt sie ihm Grane, ihr Roß, das mit ihr »irdisch« geworden, nicht mehr der Luftrenner ist:

> *mit mir*
> *verlor es die mächt'ge Art…*

Nun wird es einem neuen Herrn gehorchen, wie nicht anders seine einstige Herrin.

Im euphorischen Taumel seines ihn zu neuen Ufern lockenden Abschiedserlebnisses erachtet Siegfried, reich durch Brünnhildes Gaben, sich als Teil ihrer Person: Seine Kämpfe, seine Siege sind die Taten von Brünnhildes Arm. Seine Seele aber, so wünscht sie es, will sie sein – in ihm sich aufgehoben wissen. Das kleine Wörtchen *und*, auch zwischen Tristan und Isolde als »Kopula« ein Signum der Unlösbarkeit*, ist Garant ihres Einsseins: ***So wärst du Siegfried und Brünnhild'?*** fragt sie, und er darauf: ***Wo ich bin, bergen sich beide.*** Scheinbar eine liebevolle erotische Tauschformel, in Wahrheit furchtbarer Vorklang der grausamen Perversion dieser Bindungschiffre in der vierten Szene des zweiten Aufzugs: Da begrüßt Gunther

> ***Zwei sel'ge Paare...:***
> ***Brünnhild' und Gunther,***
> ***Gutrun' und Siegfried!***

Die Abschiedsszene endet in jubelnder Opernherrlichkeit, ein Finale wie das zum Ende des SIEGFRIED, in verzückter Entrückung, Erdenschwere unter sich lassend, schmettern sie sich ihr ***Heil*** zu, die Worte ineinander aufnehmend, sie sich wechselseitig vom Munde reißend, und Brünnhildes Ekstase gipfelt in dem strahlenden höchsten C.

Dann geht er, reitet er, das Motiv des Walkürenritts begleitet ihn schmetternd, die Harfen schwirren dazu, seine Antwort ist sein Horn und der Erinnerungsklang an sein Schwertschmieden.

Diese Nacht war für diese beiden einander vom Schicksal Zubestimmten der einzige Augenblick des Glückes, so intensiv wie flüchtig. Nicht anders als einst die Liebe von Siegfrieds Eltern, von Brünnhildes Halbgeschwistern. Von nun an werden sie nie wieder glücklich sein. Siegfrieds Aufbruch zu neuen Taten wird dazu führen, daß er und Brünnhilde, wenn sie einander wiedersehen, einander nicht wiedererkennen werden. Denn Siegfried ist dann nicht mehr, der er war, der er eigentlich ist, eigentlich sein sollte. Sich selbst verlierend, beraubt er auch die erweckte Frau ihrer Raison d'être.

Der Weg des Helden in die Welt erfolgt auf den mächtig wallenden Wogen seiner »Rheinfahrt«, eines üppigen Tongemäldes von symphonischer Wucht, beliebt als isolierte Orchesterpiece, und wieder ein Gewebe von einander ablösenden, überlagernden, begleitenden Motiven. Man erinnere sich an die fundamentale Selbstaussage des Komponisten (an August Röckel, 25. Januar 1854, siehe unten S. 309f.): »das Orchester bringt fast keinen Takt, der nicht aus vorangehenden Motiven entwickelt ist«. Das gilt hier dem RHEINGOLD, gilt aber gewiß für Wagners Kompositions- und Instrumentationskunst insgesamt. Es folgt der spröde Satz: »Doch hierüber läßt sich nicht verkehren.« Und doch würde man gern unzählige Seiten des über Gott und die Welt und alles dazwischen und darunter ständig sich äußernden Räsoneurs klaglos preisgeben, hätte er nur häufiger die Neigung verspürt, über die Kunst seines Komponierens »zu verkehren«.

Zur musikalischen Machart dieses Zwischenspiels Erich Rappl (S. 113): »Von der blühenden Diatonik, die hier [im Schlußgesang der Liebenden] noch einmal als Sinnbild einer reinen Idealität erstrahlt, aber gilt es, nun Abschied zu nehmen. Das als ›Siegfrieds Rheinfahrt‹ bezeichnete Zwischenspiel [...] vollzieht den Umschwung aus der diatonischen Naturseligkeit (Horn-Motiv, Feuer-Motive, Natur- und Rheintöchter-Klänge) in die chromatisch eingetrübte, zwielichtige Welt der Gibichungen.«

Erster Aufzug

Die Halle der Gibichungen am Rhein

Erste Szene

Gunther und Gutrune auf dem Hochsitze zur Seite, vor welchem ein Tisch mit Trinkgerät steht; davor sitzt Hagen.

Das königliche Geschwisterpaar: die Schwester Gutrune entspricht der deutschen Kriemhild in der Fassung des NIBELUNGENLIEDS, und an die Stelle des gewaltigen (rheinischen) Vasallen Hagen von Tronje postiert die nordische Überlieferung den Bastardbruder Högni/Hagen, den Wagner übernimmt als den Sohn Alberichs, des Liebe-Losen. Alberich, dem nicht zwar die Kraft der Liebe, wohl aber der Furor der Rache es möglich gemacht hat, mit der käuflichen Königinmutter Grimhild den bleichen Sohn zu zeugen (wozu ihm offenbar ein Rest des einstigen Goldvermögens dienlich war). Mit diesem genealogischen Detail ist die korrupte Substanz der Herrscherfamilie in hinreichender Deutlichkeit charakterisiert.

Der erste Name, der fällt, ist der Hagens. Zwar gebührt ihm nicht das erste Wort, wohl aber gibt er den Ton an. Zu ihm gehört ein heftig fallendes Motiv, zwei harte Doppelakkorde:

Man spürt sogleich: Herr des Geschehens ist Hagen. Er handelt, die Königskinder werden gehandelt. Gunthers fragende Selbstpreisung verrät deren dürftige Basis in mangelndem Selbstgefühl. Er begehrt Bestätigung, begleitet vom Gibichungen-Motiv (siehe Notenbeispiel S. 248).

Der Dialog der beiden Brüder markiert sogleich deutlich die Positionen: Gunther verfügt über das Privileg der echten

Abstammung, dagegen verfügt Hagen über das, was Gunther *Weisheit* nennt und *Rat* – wir erkennen darin das dämonische Erbe des albischen Vaters. Hagen ist (wie übrigens auch im NIBELUNGENLIED) der Wissende, und ermächtigt durch diesen irrationalen Fundus nimmt er jetzt das Heft in die Hand. Die Intrige setzt ein. Er muß – das ist seine Raison d'être – den geborenen Gegenspieler herbeizwingen. Den geborenen: denn Siegfried wie Hagen verdanken ihre Existenz, unmittelbar oder mittelbar, dem Ringen der beiden Großmächte um den Ring. Hagen wird Siegfried fesseln, indem er ihn an die Gibichungen fesselt. Und das meint: ihn seiner Herkunft entfremdet, ihn herausreißt aus dem Gefüge, innerhalb dessen er der »reine« Ausersehene war, der Retter. Hagen wird sich seiner bemächtigen auf dem Weg über den mächtigsten der Triebe: über den des Geschlechts. Und über dessen menschengesetzliche Festlegung, die Ehe.

Um diese »bürgerliche« Institution geht es ihm vorerst Gunther gegenüber. Er rät zum Heiraten (und es ist unklar, warum sowohl der Bruder wie die Schwester bisher ledig blieben, was im Bereich dynastischer Politik ungewöhnlich und für manchen Regisseur Anlaß ist, den beiden den bedenklichen Reiz einer inzestuös flimmernden Nähe zuzuweisen, somit die morbide Eigentümlichkeit dieses Stammes heraushebend).

Ein Weib weiß ich... – die Musik macht sogleich deutlich, daß Hagen nicht von »irgendeiner« spricht, nicht von einer beliebigen Herrscherfrau, sondern daß er sehr wohl informiert ist über Brünnhildes Geheimnis, ihr Wesen, ihren entrückten

Ort: In den Streichern vibriert das Feuer ihres Felsens, das Motiv des Walkürenritts klingt an und dokumentiert ihre Herkunft. Mehr noch, auch verbal wird die Beziehung hergestellt, Hagen echot den Lockungstext des Waldvogels, freilich in sehr anderen Tönen. Der hatte zum Ende der dritten Szene des zweiten SIEGFRIED-Aufzugs gesungen (siehe oben S. 199):

> ***Auf hohem Felsen sie schläft,***
> ***Feuer umbrennt ihren Saal...***

Und entsprechend repetiert Hagen:

> ***auf Felsen hoch ihr Sitz;***
> ***ein Feuer umbrennt ihren Saal...***

Wieder also soll ein Mann zu Brünnhildes Sitz gelockt werden.

Folgt in beider Text die Bedingung: Der Stärkste nur vermag den Feuerwall zu durchdringen.

Hagen bewährt sich nunmehr in der Technik der Rückblende. So hält er es auch im deutschen NIBELUNGENLIED, was dort dramaturgisch nötig ist, denn das höfische Epos erspart sich die mythisch umwölkte Vorgeschichte des Heldenjünglings, verfährt also anders als Wagner. Aber das königliche Gibichungenpaar ist seinerseits unwissend, so darf denn erinnernd wiederholt werden, nach Wagners Art. Hagens Erwähnung des unseligen elterlichen Zwillingspaares, ***von Liebe bezwungen***, wird grundiert vom Wälsungen-Motiv (siehe oben S. 107). Weiter geleiten die vertrauten Motive vom Drachenwurm, von den Riesen den Bericht von Siegfrieds Weg über Drachentötung und Horterwerb bis hin zu dem fatalen Ring und seiner Macht, dem – würde er recht genutzt – ***neigte sich wahrlich die Welt*** (wozu das dem Entsagungs-Motiv verwandte Ring-Motiv erklingt).

(Die Behauptung ***Knecht sind die Niblungen ihm*** sprengt wiederum den Erzählrahmen: Hier ein blindes Motiv, greift es zurück auf die 8. Aventiure des NIBELUNGENLIEDS, in der Siegfried sich – auch dort befremdlich und irritierend – die Besatzung der Niblungenburg unterwirft.)

Als er indes zum Ende erfahren muß, daß keinem anderen der Feuerwall um Brünnhilde, keinem *die Brunst* wiche als Siegfried, empört sich Gunther unwillig, fährt auf, schreitet erregt durch die Halle, bis Hagen ihn *durch einen geheimnisvollen Wink* festhält – womit sich andeutet, was er kraft magischer Begabung binnen kurzem mit Siegfried anstellen wird. Denn Siegfried soll benutzt werden als Instrument der Eroberung der Unerreichbaren, Gutrune soll als Köder dienen, und als Mittel zum Gelingen des finsteren Spieles bietet sich ein erprobtes Bühnen- und Märchenrequisit an: ein Gifttrank, eine Vergessensdroge. So *Hagens Rat*, er mündet in sein unheilvoll abstürzendes Motiv.

Dieser Rat ist frevelhaft nicht nur seines Inhalts, sondern auch seiner verschlagenen Technik wegen, die nämlich die beiden anderen zu seinem Komplizen macht: Hagen erinnert sie an das (offenbar stets auf Abruf bereitliegende) Giftgebräu im Schrein und entwirft vor dem sich steigernden Entzücken seiner zu Marionetten degradierten Geschwister die Szene imaginär, wie sie sich in der Tat bald ereignen wird: *vergessen müßt' er des ganz.*

Magisch herangezwungen meldet Siegfried sich an, tut es mit seinem Hornruf. Auf dessen Melodie Hagen des jungen Helden Fahrt durch die Welt heraussingt in bösem, ja zynischem Kontrast:

Jagt er auf Taten
wonnig umher...

Eine Jagd durch die Welt, die ihn führt zu *Gibichs starkem Sohne* (was immerhin erweist, daß es sich bei Gunther um eine berühmte Herrscherfigur handeln muß und nicht um einen prominenten Schwächling; so auch in der folgenden Szene: *Dich hört' ich rühmen weit am Rhein...*).

Zweite Szene

Siegfried legt seinen Kahn an und springt, das Roß Grane ihm zur Seite, ans Ufer (was eine Inszenierung schwerlich zeigen kann).

Heil! Siegfried, teurer Held!, zu diesen pathetischen Begrüßungsworten Hagens ertönt inmitten des orchestralen Rauches, von den Posaunen geblasen, das Fluch-Motiv (siehe oben S. 95). Ein Augenblick, den Kurt Pahlen (S. 56) treffend kommentiert: »Verstünde Siegfried diesen Klang, er führe besser an der Gibichungen Schloß vorbei...« Siegfried aber, Menschennähe und Bewährung besinnungslos suchend, erreicht seine erste Weltstation – sie wird auch seine letzte sein. Er stellt sich vor mit seinem in den Hörnern sanft angestimmten Motiv:

Er führt sich ein als der, der er ist: Unerzogen, ungezogen, fernab aller höfischen Etikette zwingt er dem Hausherrn die Alternative auf: *... ficht mit mir oder sei mein Freund!* (Ähnlich »archaisch« verfährt der Siegfried des NIBELUNGENLIEDS bei der Ankunft am Wormser Burgundenhof.)

Die Begrüßungsszene wird durchwoben von vertrauten Motiven, die zurück- und vorausweisen, von Bedeutung vor allem das Walküren-Motiv, wie es die Übergabe des Rosses Grane an den es versorgenden Hagen begleitet – während Siegfried *ihm gedankenvoll nachblickt*, das heißt: er blickt zurück zu Brünnhilde. Hagen als Zeremonienmeister verscheucht leise Gutrune, ihren Auftritt spart er um der höheren Wirkung willen noch auf, vorerst setzt Gunther ein mit markigem Pathos:

Begrüße froh, o Held,
die Halle meines Vaters...

– und er bietet sich dem Gast als sein *Mann* zu eigen; der seinerseits sein einziges Besitztum dawider einsetzt, sein Schwert. Siegfried definiert sich mit den sein bisheriges Leben begleitenden Motiven: dem der Wälsungen bis hin zu dem Schmiede- und Schwertklang und dem des Nibelungen-Hämmerns. Was freilich Hagen vor allem interessiert, muß er drängend aus dem Gast herausfragen: Erst den Nibelungenschatz, den der *Wurm... bewacht*'; dann das *Gewirk*, dessen Kraft sein Eroberer nicht kennt – also klärt Hagen ihn über die entrückende Funktion des Tarnhelms auf, damit sein ruchloses Kalkül andeutend. Und fragt weiter nach dem entscheidenden Instrument, dem Ring – um nun zu erfahren, was ihm, dem alles Wissenden, längst schon bekannt ist: daß jene Brünnhilde, die er Gunther mit Hilfe des gedungenen Siegfried zuführen will, schon (zu) Siegfried gehört; und daß sie im Besitz des Ringes ist.

An dieser Stelle ist eine nicht abschweifende, sondern ins Zentrum der Intrige führende Überlegung unvermeidlich. Sie geht aus von Hagens forschender Frage nach dem Ring, die eine Fangfrage ist: ***Den hütest du wohl?*** Siegfried: ***Den hütet ein hehres Weib.*** Nunmehr Hagen: ***Brünnhild'!***

Wagner kommentiert diese simple Namensnennung mit Hilfe der Anweisung: *für sich.* Dieses Für-sich-Gesprochene darf nicht im Sinne der bisherigen (auch von mir vertretenen) Meinung als gierig-erschreckt, als sensationell-schockiert verstanden werden, als erregende Neuinformation. Sondern im Gegenteil gewissermaßen kopfnickend, nämlich als Bestätigung: *Jawohl, Brünnhild.*

Zur Begründung:

Hagen betreibt sein furchtbares Unternehmen um eines einzigen Zieles willen: Er will den Ring. Dafür muß er eines nur bewerkstelligen: den Besitzer an den Gibichungenhof holen, um ihm den Ring auf welche Weise auch immer zu entreißen. Wäre er überzeugt, daß Siegfried im Besitze des Ringes ist, genügte es, sich des jungen Helden zu bemächtigen. Statt dessen holt Hagen so weit wie kompliziert aus: Er provoziert seine Halbgeschwister, indem er ihnen, scheinbar völlig unmotiviert, ihre Ehelosigkeit vorwirft. Die ja ein längst bekanntes und bisher problemlos hingenommenes Faktum ist. Es gibt nur ein plausibles Motiv für die Tatsache, daß Hagen wider alle Vernunft den König aufreizt, ***eine Braut zu freien***. Und zwar, erneut wider alle Vernunft: die einzige, die er nicht wird erobern können. Obwohl doch anzunehmen ist, daß die Zahl der heiratsfähigen Fürstinnen nicht eben gering ist. Entsprechendes gilt für die Prinzessin Gutrune. Das aber heißt: Hagen ist längst im Besitz des Wissens, daß Brünnhilde im Besitz des Ringes ist. Wie an sie herankommen? Da doch niemand das Feuer durchdringen kann – mit Ausnahme von einem. Also muß man diesen einen als Instrument benutzen. Wie kann das geschehen? Man muß ihn an die Gibichungen binden, damit er in ihrem Dienste Brünnhildes Ring beschafft. Wie kann wiederum das geschehen? Indem man ihn mit Gutrune verkuppelt, aber ihn nötigt, als Brautgabe Brünnhilde und damit ihren Ring zu erobern. Wie kann schließlich das geschehen? Mit Hilfe des vergiftenden Trankes.

Nur sein Wissen also: Brünnhilde ist im Besitz des Ringes, rechtfertigt die ungeheuer aufwendige und riskante Konstruktion seiner Intrige, die schließlich dazu führen wird, daß Siegfried die ***eigne Braut*** ihm ***zum Rhein*** führt – und mit ihr den Ring.

Ich behaupte nicht mit Gewißheit, daß der Dichter dieses schwierigen Zusammenhangs ihn mit der gleichen Konsequenz durchschaut hat, die hier entwickelt wurde. Aber ich behaupte, daß Hörer und Betrachter dieser Vorgänge die Pflicht haben, ihre Stimmigkeit zu überprüfen und zu bestätigen oder auch Zweifel anzumelden. Weil Genuß von Kunst beliebig ist (also kulinarisch), wenn ihm nicht die Verstehensarbeit vorausgeht oder zur Seite steht.

Wagner hat das Heiratsmotiv aus der nordischen Überlieferung beibehalten. Aber da hat es rein dynastische Bedeutung und ist nicht verbunden mit dem Kampf um das Weltherrschaftssymbol Ring: Die VÖLSUNGA-SAGA berichtet im 28. Kapitel: »Einmal ging Grimhild zu Gunnar, ihrem Sohne, und sprach: ›Deine Macht steht in voller Blüte, abgesehen davon, daß du unvermählt bist. Wirb um Brynhild! Das ist die vornehmste Heirat, Sigurd wird mit dir reiten.‹« (Sigurd reitet nicht nur mit, sondern er bemächtigt sich in Gunnars Maske Brynhilds, nimmt ihr auch den Ring *Andvaranaut* ab – aber es ist dieser Ring, obzwar auch verflucht, nicht das auslösende Moment der großen Auseinandersetzung und Tragödie.)

Gutrune tritt auf, begrüßt den Gast und tut es als Giftspenderin: Gibichs *Tochter reicht dir den Trank* – dazu ertönt ihr liebliches Motiv:

(Wieder ein Vorgang in spiegelnder Gestik: So reichte einst – und doch sehr anders – Sieglinde dem fremden Mann, der dann der Vater des hier Begrüßten wurde, als erste Liebesgabe den Trank: WALKÜRE, I. Aufzug, 1. Szene.) Ein entscheidender Augenblick, die Peripetie in Siegfrieds Existenz einleitend. Gutrune mischt mit – zu ihrer Entlastung kann angeführt werden, daß sie sehr allgemein nur auf die Vergessenswirkung des Trankes hofft, eingeschränkt auf die Erinnerung an Frauen, die den Helden zuvor schon möchten bezirzt haben. Denn so hatte sie kleingläubig Hagens Projekt kommentiert, zum Ende der ersten Szene*:

Ist er der herrlichste
Held der Welt,
der Erde holdeste Frauen
friedeten längst ihn schon.

Sie weiß also, anders als Hagen, nichts von Siegfrieds Bindung an Brünnhilde und reicht mit naivem Raffinement dem so fremden wie strahlenden Gast das fatale Gebräu – das freilich nicht nur die Wirkung des Vergessens bisheriger erotischer

Zuneigung, sondern darüber hinaus auch die eines Liebestranks hat. Denn Hagen hatte vorausgesagt:

> *den Helden, des du verlangst,*
> *bindet er liebend an dich.*

Vergäß ich alles – Siegfried gibt sich selber das Stichwort, er trinkt *Brünnhilde... Minne*, dazu ertönt, herüberragend aus dem SIEGFRIED-Finale und dem Vorspiel der GÖTTERDÄMMERUNG, die Liebes-Melodie. Dann drängt ein neues Motiv sich vor, über einem vibrierenden Triller im Orchester zeigt es das Vergessen an, es ist, sehr sinnreich, aus dem Tarnhelm-Motiv entwickelt – beide Vorgänge bezeichnen ja ein Verlöschen, ein Verdämmern:

Was geschieht in diesem Augenblick? Die Chiffre – denn um nichts anderes handelt es sich bei diesem intoxinierenden Gebräu – bedarf der Auflösung. Hier wird nicht mittels Drogenwirkung lediglich eine Persönlichkeitsveränderung bewirkt, sondern hier wird der wahre Wesensgrund einer Personalität aufgedeckt. Siegfried will frei sein, wie er es versteht. Das aber heißt in seinem Falle: die Vergangenheit abschütteln, sich von aller bisherigen Bindung und ihrer verpflichtenden Kraft lösen, die Bürde der Erinnerung abwerfen. Wenn einer versagt, weil er krank ist, physisch vergiftet, löst er das Gefühl der Trauer aus und die Empfindung des Mitleids – zur Figur eines Dramas wird er dadurch noch nicht. Hier hingegen liefert sich eine Persönlichkeit widerstandslos dem herrischen Gesetz ihrer widersprüchlichen Natur aus, Siegfrieds weltliches Teil streitet wider sein göttliches – und obsiegt. Die

Zeit ist aus den Fugen – weh, daß er zur Welt sie einzurichten kam: Das geht über sein (wie über Hamlets) Vermögen. Ein Übermensch wohl, aber kein Teilhaber des Göttlichen mehr, und allem Menschlichen ausgeliefert. Siegfried, der Schmiedekünstler, ist eifrig – wenngleich nicht bewußt, denn Bewußtheit liegt ihm fern – seines Unglückes Schmied; und nicht nur seines. Seiner unverderbten Natur ist dieses Weltleben in seiner morbiden Labilität und Ambivalenz fremd – so will er es sich aneignen, es gänzlich erobern. Er ist nicht immun, ist verführbar – also wird er infiziert, wird er verführt. Gutrune begehrte er, kaum daß er sie gesehen, der Gifttrank ist anderes nicht als der Katalysator seiner in ihm latent angelegten Wünsche und Begierden.

Er trinkt – »blitzhaft« ist er ein anderer, ***heftet den Blick mit schnell entbrannter Leidenschaft auf*** Gutrune, fragt im ersten Beben dieser entflammten Passion – wieder die existentielle Bedeutung des Namens! – ***Gunther, wie heißt deine Schwester?***, spielt mit diesem Namen, hört aus ihm ***gute Runen*** heraus (ein Etymolog ist er nicht, die korrekte Bedeutung ist »Kampfrune«) – und verbindet zwanghaft die eine Besitznahme mit der anderen, die einstige mit der neuen. Ihm unbewußt, assoziiert das Begehren, Gutrune zur Frau zu gewinnen, die Frage nach Gunthers Familienstand. Dessen scheinbar hoffnungsloser Hinweis auf die eine, ***die kein Rat*** ihm ***je gewinnt***, leitet nunmehr eine gespenstische Szene ein. Siegfried kämpft, kämpft zum ersten Male hilflos und vergebens, kämpft mit der ihm unwiderstehlich entgleitenden Erinnerung, er wiederholt mechanisch und leer klingend wie gebannt die sich zum Felsensitz Brünnhildes vortastenden Worte Gunthers. Noch einmal sprühen Loges Feuerfunken auf, noch einmal versucht das Waldvöglein das Gewesene zu vergegenwärtigen – es versinkt im Vergessens-Motiv. Siegfried verrät durch eine ***Gebärde***, so will es Wagners Regieanweisung (und man möchte eher vermuten: durch das Unterlassen jedweder Gebärde), daß ihm bei der Erwähnung von Brünnhildes Namen alle Erinnerung völlig geschwunden ist.

Nun ist er gänzlich Teilhaber der anderen, der gemeinen Welt. Er erklärt sich als Gunthers *Mann*, also Gefolgsmann, und: *für dich frei ich die Frau* – man bedenke: es geht um *seine* Frau! Dann läßt er wie selbstverständlich die Bedingung folgen: *gewinn ich mir Gutrun' zum Weib*, das heißt: *wenn* ich sie dafür erhalte. Ein Tauschgeschäft unter Handelspartnern, die eine für die andere. Willig, eilig und unbedacht nur das Nächste bedenkend, läßt Siegfried sich benutzen als blind ausführendes Organ von Hagens zynischen Herrschaftsplänen. Wendig und geschickt entwirft der einst so arglose Knabe die Technik der trugvollen Eroberung. Denn es entstammt der üble Trick nicht etwa Hagens ruchlosem Kalkül, er verdankt sich vielmehr der fleißig wuchernden und konstruierenden Phantasie des neugewonnenen Komplizen – der einst kein Ende fand, Mimes üblen Charakter zu schmähen. Daß aber er sich hier zum Helfershelfer eines schäbigen Betrugsmanövers macht, kommt ihm nicht in den Sinn. Er ist nicht mehr, was er einstens war: Auf Gunthers zweifelnde Frage nach dem *Wie*, nach den praktischen Möglichkeiten der Ausführung des fragwürdigen Aktes, fällt dem frohen Helden flugs ein:

Durch des Tarnhelms Trug
tausch ich mir deine Gestalt.

Wahrlich, er ist gelehrig, beflügelt durch frische Leidenschaft, denn wir erinnern uns: Von der Magie des *Gewirks* hat er durch Hagen soeben erst die erwünschte Belehrung erhalten. So alert nimmt er die Allüren des intelligenten Weltmanns an.

Das feige Komplott muß im Sinne eines Vertrags verfestigt, Eide müssen geschworen werden. Die Zeremonie der Blutsbrüderschaft wird eingeleitet vom grollenden Orchester, Pauken grundieren das in den Tuben ertönende Fluch-Motiv, dann das Vertrags-(Speer-)Motiv, dann das des Schwertes. *Blühenden Lebens labendes Blut* lassen sie in den Trank träufeln

und schwören dem Freund die Treue:

Wie diese Schwurformel von beiden gesungen wird, nämlich im Unisono, das proklamiert in aller Deutlichkeit das Pathos der ein-sinnigen Übereinstimmung.

Wenn indessen geschehen sollte, daß ein Bruder den Eid bricht:

dann wird – furchtbare Vorausdeutung in bewußtlos hell schmetterndem Kontext – dieses heute getrunkene Blut als Sühne *in Strahlen* dahinströmen...

Hagen aber macht nicht mit. Das verwundert Siegfried *(Was nahmst du am Eide nicht teil?)*. Wir werden nicht versucht sein, solches Abseits als scheue Anwandlung sittlichen Anstands zu deuten, als moralischen Akt also. Denn Hagen ist uns der Repräsentant eines prinzipiellen Amoralismus. Eher mag es sich handeln um einen irrationalen Reflex aus heidnisch-magischer Furcht vor einem sich klar abzeichnenden Eidbruch – denn Siegfried zu fällen ist ja bereits Teil und Ziel seines Planes.

Das fatale Bündnis, es soll nun zwei Männern die Braut einbringen – und Hagen den Ring. Tausch um Tausch und Schlag auf Schlag, und eine Hand wäscht, befleckt die andere, und keiner von diesen dreien kann sich für unschuldig erklären, die hier ihren Sturz einleiten, ihren und den der anderen.

Siegfried ist es *jach* um die Rückkehr, es eilt ihm mit Gutrune (wie sehr Ungeduld Teil seines Charakters ist, wissen wir aus seinem Verhalten Mime, aus seinem ungestümen Liebesdrängen Brünnhilde gegenüber). Er, selber gezogen, zieht den künftigen Schwager mit:

Dort liegt mein Schiff;
schnell führt es zum Felsen...

– den Weg zu Brünnhilde, das ist auffallend, hat er, hat das Schiff nicht vergessen. Den Weg, dessen Ziel im immer wieder aufblitzenden Walküren-Motiv erhellt wird.

Es folgt eine Szene von düsterer Erhabenheit, die von Hagens Wacht vor der Halle. Ein machtvoller Monolog, eine Arie fast. Das Orchester versinnlicht in einem symphonischen Klangbild seine finsteren Gedanken mit dem zum Wehe-Motiv schmerzvoll verzerrten Rheingold-Sang, mit dem Entsagungs- und dem Schwert-Motiv, und wenn die Siegfried und Hagen charakterisierenden Kennmelodien sich finden, dann deutet das hin auf die so unheilige wie absurde Allianz der beiden Antipoden, auf die Verstrickung im Rollentausch von Herrn und Knecht. Denn auch das soziale Ressentiment des unedel geborenen Bastards artikuliert sich in Hagens Schlußworten gegen die *freien Söhne* und *frohen Gesellen*: Der Niedrige wird sie erniedrigen zu seinen Dienern... Entscheidend aber im Sinne des Durchschauens des Intrigennetzes die triumphierende Bekundung: Siegfried dient Gunther –

Die eigne Braut
ihm bringt er zum Rhein

– und damit dient er willenlos Hagen: *mir aber bringt er – den Ring!*

Paukenwirbel leitet über zu einem symphonisch klingenden Zwischenspiel, das bewegt ist von den dem Ring und Siegfried geltenden Motiven, überlagert von dem (von den Holzbläsern getragenen) Brünnhilde-Motiv und dem ihres Liebesglücks, dunkel steht dagegen die immerwährende Drohung des Fluch-Motivs.

Dritte Szene: Die Felsenhöhle (Wie im Vorspiel)

Brünnhilde findet sich vor ihrer Felsenhöhle, dem Ort ihrer einzigen Glückserfahrung. Ihre innere Welt offenbart sich im Klang des SIEGFRIED-IDYLLS, im Walkürenritt-Motiv. Gewitterwolken, Blitze, ferner Donner und *altgewohntes Geräusch*: Auf dem Walkürenruf reitet sturmgetragen Waltraute herbei (wieder einer der von Wagner frei erfundenen Namen), eine der acht Walküren und mithin Brünnhildes Halbschwester. Die also den Weg zum Felsen gefunden hat, noch ehe die beiden frischen Kumpane sich nahen. Waltraute, die gegen Wotans Berührungsverbot zu Brünnhilde fliegt, um zu ihrem Teil die alte Welt vor dem Untergang zu bewahren. Brünnhilde in holder Verblendung vermutet hingegen in der Schwester die Botin von Wotans Verzeihen – dankt sie doch seiner Strafaktion, nachdem sie letztlich nichts getan als seinen heimlichsten Wunsch zu erfüllen, das höchste Glück:

So zur Seligsten
schuf mich die Strafe:
der herrlichste Held
gewann mich zum Weib!
In seiner Liebe
leucht und lach ich heut auf.

Zu welchem Bekenntnis das Siegfried-Motiv jubelnd ertönt. All dies mag der klugen Schwester nicht unbekannt sein – sie will indessen nicht Brünnhildes Glück teilen, sondern von ihrer Angst Zeugnis ablegen. *Höre mit Sinn, was ich dir sage!*, so beginnt sie ihre lange Erzählung, eine Krankengeschichte, pathologischer Bericht vom Sturz eines Großen, der tief gebeugt ist von der dunklen Last seiner Depressionen, und rationale Ängste und irrationale Befürchtungen zerreißen ihn. Begründete Sorge hat sich vertieft zu emotionalen Schreckensvisionen, und die panische Furcht der Bedrohung hat in dem Gott bewirkt, was Angst auch aus Schwächeren, auch aus Menschen macht: eine Depersonalisierung, eine Deformation. Wieder ist zu fragen: Was ist hier vorgegangen? Was entsetzt denn Allvater derart, der doch in jovialer Gelassenheit, in fast heiterer End-Sehnsucht seine Abdankung beschlossen hatte? Daß diese Entschlossenheit brutal befördert wurde durch den Schwertschlag des ungestümen Enkels, der aus dem Akt des freien Willens schließlich einen des Zwanges zu machen schien; und daß in dem Gott einen Augenblick lang die Eifersucht aufwallte, die ihn die – durchaus erotisch – geliebte Tochter dem aufsteigenden Jüngling nicht gönnen ließ: diese sehr menschlichen, aus der eigenmächtig herbeigeführten Situation provozierten Gefühle können ja nicht den fundamentalen Endplan kurzerhand erledigt haben, der gesetzhaftes Schicksalswalten aufhob dadurch, daß er es in den eigenen Willen aufnahm. Wotans erbarmenswürdiger Zustand erklärt sich – wenn der logischen Erklärung bedürftig – doch offenbar nur aus der Einsicht in das Geschehen nach der Erweckung der Walküre, nach Siegfrieds erneutem Aufbruch. Die Weltgier des Enkels hat des Göttervaters Rettungsplan durchkreuzt, Siegfried ist in seinem ungestümen Verfall an die welteigenen Mächte und Triebe nicht mehr der ***herrlichste Wälsung,*** nicht mehr würdig dessen, daß ihm Wotans ***Erbe angewiesen*** werde (wie der Gott es noch [SIEGFRIED, III. Aufzug, 1. Szene] der Wala verkündet hatte). Und Brünnhilde wird nicht mehr, an Siegfrieds Seite, ***erlösende Weltentat*** wirken. Das souverän geplante Ende der Götter droht nun in ein totales Ende abzustürzen, ihre *Dämmerung* sich auszuweiten zur *Dämmerung* alles Lebenden.

Der solchermaßen entrechtete Gott hat seine Identität verloren, hat, nachdem er ruhlos als *Wanderer* die Welt durchschweift, sich in gänzlicher Resignation *heilig* auf dem *Hochsitz* niedergelassen, das zersplitterte Zepter, den Gesetzesspeer, hilflos in der Hand. Er hat die Weltesche, die einst von ihm versehrte, fällen und ihre Scheite um Walhall schichten lassen, in Aphasie und Apathie unaufhaltsam alternd, da er Freias Äpfel nicht anrührt. Ausgesandt sind die Raben, in der vagen Hoffnung auf gute Kunde. Zu einer einzigen Rettung andeutenden Regung und Geste rafft er sich unter dem Flehen der Walküren-Töchter auf:

da brach sich sein Blick –
er gedachte, Brünnhilde, dein!

und er raunt die Schlüsselverheißung: Gäbe Brünnhilde den Ring den Rheintöchtern

»... wieder zurück,
von des Fluches Last
erlöst wär' Gott und die Welt!«

Solches Gedenken wird musikalisch begleitet von der Abschiedsweise des die geliebte Tochter in Schlaf senkenden Gottes aus dem Finale der WALKÜRE, vom Fluch- und vom Walhall-Motiv.

Beschwörend fällt Waltraute der Schwester zu Füßen, doch ihr Flehen prallt an der, die diese Welt noch einmal retten könnte, hilflos ab. Damit, mit dieser Weigerung, nimmt sie Abschied von ihrem geliebten Vater, wie er einst Abschied nahm von ihr: Das hocherotisch akzentuierte Bündnis ist zerbrochen. Sie kann die Botschaft, kann die flehende Aufforderung, den Ring für Wotan von sich zu werfen, ihn dem Rhein zurückzugeben, nicht *mit Sinn* hören. Erst wie gelähmt *(nicht faß ich, was ich erfahre)*, dann in wildester Abwehr bricht ihr Bekenntnis aus ihr heraus, nichts gilt ihr Walhall, nichts das allgemeine Schicksal der Welt gegen ihr persönliches Schicksal, ihr Glück. Total besessen ist sie von ihrer Liebe zu Siegfried, von ihrer Treue zu Siegfried. Ein Vorgang von furchtbar tragischer Ironie: Sie gedenkt der Eide – tut es in dem Augenblick, da er den anderen Eid schwört, der sie verrät. So schleudert sie der verstörten Schwester ein einziges heroisches »Nein« entgegen, Walhall und sein Göttergeschick sind nichtig im Vergleich zu ihrem heiligen Liebesschicksal. Das Orchester erinnert an die SIEGFRIED-Liebe, und dann, in feierlicher Steigerung, schwört Brünnhilde dieser Liebe das Ewigkeitsbekenntnis zu – und sei es um den Preis der Vernichtung Walhalls. Wozu in tiefsinniger Umkehrung das Liebesverzicht-Motiv ertönt:

Geh hin zu der Götter
heiligem Rat!
Von meinem Ringe
raun ihnen zu:
Die Liebe ließe ich nie,
mir nähmen nie sie die Liebe,
stürzt' auch in Trümmern
Walhalls strahlende Pracht!

Auf ebendiese abgewandelte Melodiefolge hatte auch Siegfried der Geliebten seinen Liebesschwur *(sollt' ich auch sterbend vergehn!)* im Erweckungsvorgang zugesungen (SIEGFRIED, III. Aufzug, 3. Szene).

Die *lieblos* entlassene *Schwester* scheidet. *Weh!* ist das letzte Wort. Weh beherrscht die öde Szene, das Fluch-Motiv begleitet, Unwetter dröhnt und verebbt, Loges Feuer-Motiv erinnert an den Flammenwall, den schützenden, der nunmehr nicht schützt, Siegfrieds Horn ertönt, ihn und damit doch einen anderen ankündigend, in ihres *Gottes Arm* will Brünnhilde sich bewußtlos stürzen. Das meint: ihr Gott Wotan ist ihr Gott nicht mehr, ist durch jenen Siegfried abgesetzt und ersetzt – der doch nunmehr alle Göttlichkeit verloren hat gleich ihr. Durch diesen Arm aber wird sie ihren tiefsten Sturz erleben, ihre grauenhafte Erniedrigung, die Aufhebung ihrer – durch Siegfried ihr gegebenen – Existenz: *Verrat!* Dazu assoziieren die Motive Hagens, des Tarnhelms, des Vergessens den vollen

Erlebnisraum: Die Musik vermag kraft ihrer Mittel als Gleichzeitigkeit im Bewußtsein zu evozieren, was die Sprache im darstellenden Nacheinander darlegen müßte.

Das Gibichungen-Motiv läßt hören, wer sich da täuschend vorstellt und verstellt: *Ein Freier kam* – eine Aussage von furchtbarer Ironie; weder ist er der Freier, noch ist er »frei«. Der Tarnhelm macht ihn zu Gunther, und um die Tarnung auch stimmlich zu stützen, verlagert Wagner hier Siegfrieds heldischen Tenor in die tiefere Lage des Baritons.

Aber als er die Lüge mit deutlichen Worten ausspricht:

Ein Gibichung bin ich
und Gunther heißt der Held,
dem, Frau, du folgen sollst

– da verleiht Wagner ihm mittels einer Regieanweisung noch eine Spur von Ehrlichkeit andeutender Scham: *mit etwas bebender Stimme beginnend, alsbald aber wieder sicherer fortfahrend.* Brünnhildes Verzweiflung aber:

Wotan! Ergrimmter,
grausamer Gott!
Weh! Nun erseh ich
der Strafe Sinn;
zu Hohn und Jammer
jagst du mich hin!

– ihre Verzweiflung sucht wild nach einem Motiv für diesen furchtbaren Vorgang und meint es in Wotans Grausamkeit zu finden, wenn sie jetzt *der Strafe Sinn* erkennt. Wozu das aus dem Rheingold-Motiv entwickelte Wehe-Motiv erklingt. Diese Anklage gegen den *grausamen Gott* ist vermutlich nicht zurückzubeziehen auf die Strafaktion am Ende der WALKÜREN-Handlung, es ist also dieser Befehl des Schein-Gunther: *dem... du folgen sollst* wohl nicht die Wiederaufnahme der grausamen Verheißung Wotans:

dem herrischen Manne
gehorcht sie fortan...

Denn diese entwürdigende Drohung bezog sich ja auf den Helden, *der am Wege sie findet und weckt.* So versteht man hier Brünnhilde wohl richtig, wenn sie sich nunmehr als Opfer einer neuen Rache Wotans versteht, nachdem sie sich dem Flehen Waltrautes verweigert hat. Doch ist auch dieser Gedanke nicht widerspruchsfrei, da doch die verzweifelte Schwester ihren Besuch auf dem Felsen ohne Wissen des Gottes und wider dessen ausdrückliches Verbot gewagt hat. (Schon gar nicht wollen wir vorlaut erörtern, wie es Waltraute gelungen sein mag, den Feuerwall zu durchdringen – bezieht sich dessen Abwehrkraft nicht auf Walküren und ihr Roß?)

Es folgt die grausamste Szene der Tetralogie: Siegfried bemächtigt sich mit brutaler Gewalt der Frau, die er einst mit Liebe überwältigt hatte (wie sie ihn). Wie ein alle böse Macht bannendes Segenszeichen hält sie ihm den Ring entgegen, seinen Ring, ihren Ring, von dessen magischer Kraft sie nichts weiß. Ihr ist er nichts als das Symbol der Liebe – das ihr, die ihr jetzt abgerissen wird. Siegfried/Gunther überwältigt die Verzweifelte mit brachialer Männergewalt.

Man versteht diese Szene erst gänzlich, wenn man sie als dem ersten Ringraub korrespondierend versteht (RHEINGOLD, 4. Szene). Sie spiegelt gebrochen die Erniedrigung Alberichs und seine Entmachtung, spiegelt sie auf anderer Höhe. Hier wird der legitimen Eignerin gewaltsam entrissen, was einst dem Dieb vom Finger gerissen wurde. Als Brünnhilde bezwungen niedersinkt, läßt Wagner in einer Regieanweisung einen Atemzug lang den Blitz unbewußten Erkennens aufleuchten: ***ihr Blick*** [streift] ***bewußtlos die Augen Siegfrieds***. Dazu erklingen die Motive einer – nunmehr geschändeten – Liebe. Das scheint folgenlos – wird dann aber doch seinen erhellenden Charakter in der fünften Szene des zweiten Aufzugs offenbaren. Da entwickelt Hagen vor der Zeugenschaft der so grauenvoll Betrogenen den Mordplan – und sie streift ***bitter lächelnd*** jegliche Erfolgschance einer Kampfhandlung beiseite: Es werde ein ***einz'ger Blick seines blitzenden Auges*** den Mut Hagens ***bangen*** machen –

seines blitzenden Auges,
das selbst durch die Lügengestalt
erstrahlte zu mir...

Da hat die Bewußtlose gespürt, was sie nicht erkennen konnte. Wagner in dem Brief an Röckel vom 25./26. Januar 1854: »[...] *Siegfried*, den sie (unbewußt – aber desto verwirrender) trotz seiner Verhüllung an dem leuchtenden Auge – fast – erkennt.« (Wiederum ein Motiv, das Wagner dem Norden verdankt. Im 31. Kapitel der VÖLSUNGA-SAGA sagt Brynhild zu Sigurd, ihrem verkappten Bezwinger: »Ich wunderte mich über den Mann, der in meinen Saal kam, und ich glaubte, deine Augen zu erkennen.« Dazu die Anmerkung des Übersetzers: »Beim Gestaltentausch bleibt das Auge, der Spiegel der Seele, unverändert.«)

Der – vorläufige – Sieger aber nimmt nun wieder seine natürliche Stimmhöhe an, die Szene und damit der (überlange) Aufzug endet mit dem hohlen Pathos einer sich bestätigenden Blutsbrüderschaft. Er hat die Frau in ihr Gemach verwiesen, nun schwört Siegfried als Siegfried dem fernen Gunther die Treu, läßt das Schwert unter dem Klang des Schwur-Motivs *zeugen*, daß er *in Züchten warb*, Notung trennt gemäß altüberliefertem Motiv die beiden einander zur Seite Liegenden. Die Kumpanei hält, was die Liebe verrät.

Zweiter Aufzug

Uferraum vor der Halle der Gibichungen

Erste Szene

Es ist Nacht bei den Gibichungen. Hagen ist postiert wie eine irdische Replik des überirdischen Wotan in Waltrautes Schilderung: sitzend, den Speer im Arm, wachschlafend. Er lehnt am Pfosten des Eingangs zu der von ihm bewachten Halle. Die Szene ist die Fortsetzung der zweiten des ersten Aufzugs: *Hier sitz ich zur Wacht…* Wagner hat sie um ihrer bildhaften Wirkung willen der 30. Aventiure des NIBELUNGENLIEDS entnommen, wo sie einem gänzlich anderen Kontext zugehört: Hagen bewacht (mit Volker) den Saal seiner schlafenden Kampfgenossen vor den anschleichenden Hunnenkriegern. Das Vorbild schimmert noch durch in den an sich funktionslosen Worten der zweiten Szene des ersten Aufzugs:

… wahre den Hof,
wehre die Halle dem Feind.

Das Vorspiel evoziert die schwarze Stimmung des nun folgenden Dialogs, der eine große Reizrede ist des den Sohn beschwörenden Schwarzalben Alberich. Hagen verharrt somnambul in einer Art Trance, ein Zustand, der ihm ermöglicht, in versteinerter Ruhe nur er selber zu sein, auf des unruhvollen Vaters Drängen lediglich ichbezogen zu reagieren. Der stoffliche Inhalt von Alberichs Worten ist nach Wagners gewohnter Art einmal mehr die Rekapitulation dessen, was die handelnden Personen wie die betrachtenden Zuschauer längst wissen. Vor allem aber wird deutlich, daß Alberich degeneriert ist zur bloßen Stimme und Stimmung des Hasses und daß der Exekutor seines Willens Hagen ist – der freilich, was wunder in diesem finsteren Spiel, längst seine eigenen Ränke schmiedet. Den offenen Auges entrückten Sohn erinnert der *schlimme Albe* an seine Aufgabe, seine Existenzrechtfertigung, für welche *die*

Mutter dich mir gebar. Mir: der Dativ macht es deutlich, nur dem Vater ist der Sohn zubestimmt, nur dessen Rachewillen, und bezeichnend genug wird dieser Satz musikalisch getragen von dem Entsagungs-Motiv. Denn nicht die Lust der Liebe erzeugte den Sohn, sondern die Unlust des Hasses.

Als *frühalt, fahl und bleich* charakterisiert Hagen sich: Damit ist sinnenhaft der Kontrast zu Siegfried, dem frohen, ewig jungen und strahlenden Helden, gezeichnet – jenem Helden, dem Wotan mittlerweile *Macht und Gewalt* habe überlassen müssen.

Das aber bedeutet (so Alberich):

Jede Gewalt
hat er gewonnen;
Walhall und Nibelheim
neigen sich ihm.
An dem furchtlosen Helden
erlahmt selbst mein Fluch...

Da scheint Alberich im Irrtum, denn auch Siegfried wird eines bald nahenden Tages vernichtet im Banne dieses Fluches, aber gemeint ist anderes, nämlich: Wir können ihn gefahrlos erledigen,

denn nicht kennt er
des Ringes Wert,
zu nichts nützt er
die neidlichste Macht

– und läßt sich in argloser Ahnungslosigkeit dahintreiben. Nur wo die Machtpotenz des Ringes genutzt wird, entfaltet sich auch die ihm innewohnende Fluchpotenz. Die sich freilich in bezug auf Siegfried endlich ohne diese Vorbedingung auswirken wird.

Nunmehr greift Alberich sorgenvoll zurück auf jene Möglichkeit, die Waltraute erfleht hatte: Wollte Brünnhilde je raten, dem Rhein

zurückzugeben den Ring,
verloren ging' mir das Gold,
keine List erlangte es je.

Womit Alberich andeutet, daß auch er weiß: Brünnhilde ist es, die über den Ring befindet. Die folgenden Verse offenbaren nun in aller Deutlichkeit Alberichs Verfahren als Parallelaktion zu dem Wotans:

Dich Zaglosen
zeugt' ich mir ja

um jenes Kampfes willen, dessen Ziel der Ring ist. Wie Wotan einst Siegmund zeugte; und wie er dessen Mission dann schließlich Siegfried überließ, von den Ereignissen mehr bestimmt als sie bestimmend.

Alberich drängt den Sohn – wieder geht es um Eide – zu schwören. Er schwört es sich selber – *schweige die Sorge!* (*Schweigen* ist hier wie auch andernorts bei Wagner als transitives Verbum aufgefaßt, die Formulierung meint also nicht adhortativ: *Die Sorge möge schweigen*, sondern imperativ: *Beschwichtige die Sorge!*) Indessen bezeugt Alberichs Beschwörung des fahlen Sohnes nur, daß er aus der Entfernung die Aktualität verkennt. Hagen ist ihm längst voraus, denn Siegfried:

Zu seinem Verderben
dient er mir schon.

Zweite Szene

Die Szene der beiden Fahl-Dunklen erhellt sich, Siegfried tritt, in falschem Scheine strahlende Kontrastfigur, ans Ufer, wieder ganz er selbst. In der Frist eines Atemzugs ist er herangeeilt vom *Brünnhildenstein – so rasch war meine Fahrt.* Und wir erinnern uns der Funktionsbestimmung des Tarnhelms durch Hagen (in der zweiten Szene des ersten Aufzugs): Nicht nur tauscht er jede Gestalt, sondern ist tauglich auch als fliegender Teppich:

verlangt's dich an fernsten Ort,
er entführt flugs dich dahin.

Psychologisch reizvoll von Wagner geführt, überhört Siegfried scheinbar Hagens drängende Frage: *So zwangst du Brünnhild'?* Er will erst wissen, ob Gutrune wach sei – warum? Er begehrt sie als Publikum des Berichts von seiner unheldischen Heldentat:

Euch beiden meld ich,
wie ich Brünnhild' band.

Gutrune grüßt im Namen der Liebesgöttin Freia, dem entspricht (erweiternd) Siegfried mit einem Wortspiel:

Frei und hold
sei nun mir Frohem:
zum Weib gewann ich dich heut.

Er alludiert mit den drei Adjektiven die Götternamen *Freia, Holda* und *Froh* und gesellt sich auf solche Weise arglos ihnen zu. Wiederum folgt ein Kapitel Psychologie, diesmal der weiblichen. Den stolzen Rapport des Betrugsabenteuers ergänzen Gutrunes Fragen nach der sie vor allem interessierenden Seite hin: *Und vermählte sie sich dir?*, worauf Siegfried zweideutig:

Ihrem Mann gehorchte Brünnhild'
eine volle bräutliche Nacht.

Das klingt in der Tat merkwürdig und nach einem faktischen Vollzug der Ehe – so fragt Gutrune beunruhigt weiter: *Als ihr Mann doch galtest du?* Woraufhin Siegfried die Trennung durch das Schwert mit Hilfe der Himmelsrichtungen verdeutlicht: Der Nord schied West und Ost, so blieben die Frau und der Mann einander nah und doch fern.

Der Held erhofft sich – gemäß alter Tradition – seinen Botenlohn, und im Sinne einer Gewährung wendet sich Gutrune den Hochzeitsvorbereitungen am Hofe zu. Denn es eilt ihr – wobei sie wohl weniger die Vermählung Brünnhildes und Gunthers im Sinne hat. Sie läßt Hagen die Mannen zum Fest heranblasen, sie hingegen will *frohe Frauen* herbeirufen.

Die dritte Szene

gehört dem Kriegsherrn Hagen. Er stößt in das brüllende Stierhorn, das den einen Ton nur kennt und dessen dumpfer Monotonie Hagen sich anpaßt, indem er seine Stimme nur jeweils in knappem Schritt nach oben oder unten abweichen läßt. Sein rohes ***Hoiho!*** geht über in den Mannenruf, der in grotesker Manier eine Variante von Siegfrieds Horn darstellt:

Die Gibichsmannen stürzen heran, sie liefern damit den einzigen Chorauftritt der ganzen Tetralogie. Dynamische Stufung und Steigerung versinnlicht in knappen, sich überlagernden kanonartigen Einsätzen die heftige Erregung, den hetzenden Lauf. Der tosende Alarmruf geht über in den einige Tatsachen nennenden Bericht: Der König bestand die – nicht genannte – Gefahr, und es folgt eine gefährlich-verratende Andeutung der wahren Begebnisse: Siegfried der ***Wurmtöter wehrte der Not*** und ***schuf ihm Heil***.

Der Notruf Hagens erweist sich als kolossale Irreführung, ein Fehlalarm, auf die so hilflose wie logische Frage der Nichtverstehenden: ***Was hilft ihm*** [dem König] ***nun das Heer?*** kippt die Stimmung um, Hagens einfältig-brutaler Kriegerhumor ruft auf zur heidnisch-blutigen Hochzeitszeremonie, zur Schlachtung nicht des imaginären Feindes, sondern starker Stiere für Wotan und weiterer Opfertiere für die anderen Götter. Diese polternde Mißweisung, Krieg und Frieden in harter Fügung kontrastierend, macht dramaturgisch keinen Sinn, und man fragt nach ihrer Funktion. Vermutlich ist sie am ehesten zu erklären als Relikt des stofflichen Vorbilds nicht der nordischen, sondern der mittelhochdeutschen *Nibelungendichtung*. Denn dort erlebt man gleichfalls die »Umfunktionierung« einer Mobilmachung: Um das Detail von Siegfrieds verwundbarer Stelle zu erfahren, erfindet Hagen nicht weniger als einen ganzen Krieg, dessen fingierter Ausbruch die arglostörichte Kriemhild verleitet, dem Mordplaner markierend ein Zeichen auf ihres Mannes Waffenhemd zu sticken (15. Aventiure). Nachdem solches geschehen ist, wird hurtig der Kriegszu einem Jagdzug umgebogen, dessen Wild der Held sein wird. Diesen dramatischen Vorgang des willkürlichen Umschlags hat der Dramatiker Wagner sich wohl nicht entgehen lassen wollen, so wenig er sich der Logik seiner Geschehensführung fügt.

Hagens Hochzeitsruf erinnert nun an eine grundheidnische Weihearie am Opferstein, wie der traditionsbeschwörende Triller im Anruf an Fricka hören läßt: *... daß gute Ehe sie gebe!* Das endet im *schallenden Gelächter*, und *Groß Glück und Heil* läßt auch den Rhein mitlachen im martialischen Dreivierteltakt und ermutigt die rohen Mannen sogar zu einem Wortspiel mit dem Namen ihres Anführers:

Der Hagedorn
sticht nun nicht mehr...

Und wie er stechen wird – wieder deutet er sein tödliches Intrigenspiel an, wenn er dem Aufruf, der Herrin *hold* und *treu* zu sein, unvermittelt den Befehl folgen läßt:

traf sie ein Leid,
rasch seid zur Rache!

Vierte Szene

Der fatale Jubel, nunmehr übergehend in feierliche Töne, dementiert sich selbst als hohltönend-grausame Verzerrung der wahren Verhältnisse. In erschütternder Bildhaftigkeit wird die zerbrochene und geschändete Göttin vorgeführt – an deren Abstammung das in der tiefen Klarinette stockend angestimmte Walküren-Motiv gemahnt. Der Chor, nunmehr auch durch die hellen Frauenstimmen bereichert, grüßt den König, dessen feierliches Pathos Selbstbewußtsein darstellen will und doch eher Unsicherheit verrät – auch wenn es sich stützt auf das dynastische Motiv der Gibichungen. Verräterisch auch der Stil der Formulierung.

Zwar:

Brünnhild', die hehrste Frau
bring ich euch her zum Rhein

– aber dann tritt an die Stelle des Pronomens der ersten Person, also an die Stelle des *ich*, die neutrale passivische Version:

Ein edleres Weib
ward nie gewonnen.

Folgt die schaudererregende Vorstellungsszene. Sie führt das kleine Wörtlein *und*, führt dessen syntaktisch-erotische Funktion auf grausame Weise ad absurdum. Im Vorspiel hatte es geheißen (und an die Tristan-Isolde-Liebe erinnert): *So wärst du Siegfried* und *Brünnhild'?* Nunmehr widerlegt sich die Kopula, sie verbindet nicht mehr, klammert falsch, wenn sie

Brünnhild' und Gunther,
Gutrun' und Siegfried

verkoppelt als *zwei sel'ge Paare* (siehe oben S. 245).

Als Brünnhilde dann den Namen *Siegfried* hört, aus ihrer blinden Starre erwacht wie einst – und sehr anders – aus dem mythischen Schlaf, den Mann erblickt, der ihr ganzes neues Sein definiert, wie gelähmt erst, zitternd dann: da schreit an ihrer Statt das Orchester auf, und die Trompete schmettert Siegfrieds Schwert-Motiv. Leise folgt und durchaus konsequent dann das des Schicksals, darauf des Tarnhelms. Brünnhilde tastet sich nunmehr jenseits aller helfenden rationalen Stützen in beklemmender Steigerung schrittweis aus den Nebeln ihrer Verstörung heraus, mit den gestammelten Namen die Situation zu erfassen suchend, sich vorerst in die ungenaue Anklage der Lüge rettend, dann ohnmächtig umsinkend, von Siegfried gestützt – und ihm fällt andres nicht ein als die banalste aller Erklärungen in der banalsten aller Formulierungen: *Gunther, deinem Weib ist übel!*

Nunmehr aber die Entdeckungsszene: Sie erblickt den Ring. Jenen Ring, den ihr am Abend zuvor der vermeintliche

Gunther, sie bewältigend, entriß. Erblickt diesen Ring an der Hand des anderen, an der Hand ihres Siegfried. Und das Ring- und das Fluch-Motiv skandieren diese sinnberaubende Entdeckung. Brünnhildes erste Reaktion ist noch schlichter Logik verpflichtet: Es muß der andere, also Siegfried, ihn Gunther abgenommen haben:

Wie mochtest von ihm
den Ring du empfahn?

Hagen ahnt seine Chance. Noch ohne Kenntnis der Richtung, die das Rad des Verhängnisses einschlagen wird, hetzt er seine Mannen auf:

Jetzt merket klug,
was die Frau euch klagt!

Siegfried erweist sich als völlig desorientiert:

Den Ring empfing ich
nicht von ihm.

Das ist die schlichte Wahrheit, nur ist mit ihr einer Klärung der Situation nicht gedient, er müßte sich doch sehr wohl der brutalen Geschehnisse der letzten Nacht noch erinnern, müßte eine Ausflucht ersinnen – das aber ist seinem gänzlich gradlinig organisierten Naturell nicht gegeben. Brünnhilde, den Ring nicht als Schmuck, sondern als Vermählungssymbol auffassend, will von Gunther erfahren, wo er denn jenen ihr abgerungenen Ring verborgen habe – um dann, wütend auffahrend, zu verstehen: Siegfried war es, *der trugvolle Dieb*, der ihr den Ring entriß.

Siegfried, merkwürdig genug, scheint in peinlicher Bewußtseinstrübung erneutem Gedächtnisverlust ausgeliefert:

Von keinem Weib
kam mir der Reif

– das ist noch zutreffend und bezieht sich auf die Erinnerung an den *starken Wurm*, den er erschlug, und also an das Kleinod als *Kampfes Lohn*. Nicht aber trifft zu, was er zuvor behauptet:

noch war's ein Weib,
dem ich ihn abgewann...

Abbildungen: Der Speereid

43 *Helmut Schweebs als Hagen (fast verdeckt von Siegfried), Albert Seibert als Siegfried; Regie: Hans Meissner, Bühnenbild: Walter Dinse nach Ludwig Sievert; Gastspiel der Oper Frankfurt am Main an der Opera Romana, Bukarest 1938.*

44 *Béla Turpinsky als Siegfried, Martin-Mathias Schmidt als Gunther, Frangiskos Voutsinos als Hagen, Joy McIntyre als Brünnhilde, Carmen Reppel als Gutrune; Regie: Ulrich Melchinger, Ausstattung: Thomas Richter-Forgách; Staatstheater, Kassel 1974.*

45 *Franz Mazura als Gunther, Hannelore Bode als Gutrune (fast verdeckt), Manfred Jung als Siegfried, Gwyneth Jones als Brünnhilde, Fritz Hübner als Hagen; Regie: Patrice Chéreau, Bühnenbild: Richard Peduzzi, Kostüme: Jacques Schmidt; Festspielhaus, Bayreuth 1977.*

46 *Lisbeth Balslev als Gutrune, Bodo Brinkmann als Gunther, Hildegard Behrens als Brünnhilde, Matti Salminen als Hagen, René Kollo als Siegfried; Regie: Nikolaus Lehnhoff, Bühnenbild: Erich Wonder, Kostüme: Frieda Parmeggiani; Bayerische Staatsoper, München 1987.*

In der Darstellung des Moments, der Brünnhildes Erniedrigung öffentlich macht und wo Eid gegen Eid geleistet wird, ist die dem 19. Jahrhundert verpflichtete Personenregie (43) auch noch in jüngeren Inszenierungen erkennbar: Dabei zielt Chéreaus Gruppierung ganz auf die Dramatisierung des Seelischen. Brünnhilde kniet mit sich aufbäumender Energie nieder, und während das Volk scheinbar zufällig in losem Kreis sie umringt, bildet sich innerhalb seiner durch die Opposition der beiden Frauen ein diagonales Spannungsfeld (45). Diese Figurenkonstellation hat Lehnhoff unter stärkerer Ausnutzung auch der Bühnenhöhe übernommen (46). Melchinger negiert mit der flächigen Personenanordnung bewußt das geläufige Kreisschema und gibt dem Schwur eine entlarvend verharmlosende Gestik, die zugleich in ironisierendem Kontrast zur Monumentalität der NS-Architektur und ihrer Heraldik steht (44).

43

44

45

46

Betrug steht im Raum, und Hagen nutzt blitzschnell den sich wie Gewitterschwüle anschleichenden Verdacht – ohne daß vorerst zu bestimmen wäre, um welche Art von Verrat es sich möchte gehandelt haben und wie er vor sich gegangen sein könnte. Allemal peitscht der Intrigant die Stimmung auf: Siegfried trägt Gunthers Ring, das ist

... Trug,
den der Treulose büßen sollt'!

– Ausdruck der infamsten Niedertracht angesichts genauer Kennerschaft der Situation.

Es ist nur allzu begreiflich, daß sie allesamt verwirrt fragen, Gutrune, die Mannen, die Frauen: *Verrat? An wem?* Vorerst geht es jedenfalls lediglich um die an sich vordergründige Frage des illegitimen Besitzes, um den Ring an Siegfrieds Hand.

In grenzenlosem Schmerz wendet sich Brünnhilde nun an die höchste, die letzte Instanz: an die *Heil'gen Götter*. Tut es in einem ungeheuren Ausbruch, »Wagner hat Brünnhilde hier ein gewaltiges, arioses Solo zugeteilt, eine Vorahnung ihres Schlußgesangs« (Pahlen, S. 124). Die Raserei verhindert nicht die tiefe Einsicht, daß der elende Gunther als Verräter selbst ein Verratner ist, Klage und Anklage gipfeln in dem Bekenntnis:

dem Manne dort
bin ich vermählt.

Das *dem* verweist mit dem Spitzenton des hohen B auf Siegfried.

Die Frauen und Mannen verharren fragend in hilfloser Verwirrung – und auch wir sehen uns genötigt, die chaotischen Stürme der Gefühle und ihrer wechselseitigen Ausbrüche aus der Distanz nachvollziehender Überlegung zu betrachten. Dann erweist es sich, daß es hier um drei Ebenen der Wirklichkeitserfassung geht und um die ihnen entsprechenden Argumentationen.

Da ist erstens: *die offizielle Lesart für den Hof* – Gunther war es, der Brünnhilde eroberte;

da ist zweitens: *die interne Lesart der drei Verschwörer* Hagen, Gunther, Siegfried (dazu Gutrune), die zwar die Eroberung der Frau durch Siegfried, aber die elementare Bedingung des »keuschen Beilagers« unterstellt;

da ist drittens: *die wahre Lesart Brünnhildes* – die sich indes gemäß ihrer Wirklichkeitserfahrung nicht auf die Bezwingung durch den Fremden, sondern auf jene voraufgehende Liebesnacht mit ihrem Erwecker bezieht.

In Brünnhildes extremen Ausbrüchen wird nunmehr aller Welt kund, daß Siegfried ihr *Lust und Liebe* abzwang.

Siegfried verteidigt sich, und es muß offen bleiben, ob die fatale Ungeschicklichkeit dieser Einrede Ausdruck seiner emotionalen Unbeherrschtheit oder ein Versehen des Dramaturgen Wagner ist. Jedenfalls verrät er sich und sein elendes Maskenspiel, wenn er beschwörend erklärt:

Hört, ob ich Treue brach.
Blutsbrüderschaft
hab ich Gunther geschworen:
Notung, das werte Schwert,
wahrte der Treue Eid;
mich trennte seine Schärfe
von diesem traur'gen Weib.

Angehörs dieses Geständnisses müßte der Hof in erschrecktem Erstaunen explodieren, immerhin werden auf diese Weise ein König und die Legende von seiner heldenhaften Eroberungstat desavouiert. Aber davon schweigt das Libretto, atemlos geht es weiter, Brünnhilde nimmt die Berufung auf das Schwert auf, dessen Schärfe zwar sie kennt (es brach ihr einst die Brünne), wohl aber auch seinen Platz in der Scheide an der Wand, *als die Traute sein Herr sich gefreit.*

Die Mannen interessiert merkwürdigerweise nicht die Tatsache, daß es nicht ihr Herr war, der die Herrin erobert und also legitim zu seiner Gemahlin gemacht hat, sondern ausschließlich die tiefere Schicht des Betrugsmanövers, die nach der Art der bräutlichen Nacht. Und mit ihnen fordern Gunther und Gutrune von dem des Treubruchs Bezichtigten die Eidesleistung. *Schweige die Klage!*, das heißt: *Bring die Anklage zum Schweigen.*

Siegfried schwört – und es ist Hagens Speer, auf den er den Eid leistet. Jener Speer, der ihn töten wird. Siegfried schmettert die Formel:

Helle Wehr!
Heilige Waffe!

Inhaltlich eine Formel von düsterer Vorausweisung: Es solle dieses Speeres Spitze ihn treffen, wofern er dem Bruder die Treu' brach. Sein Schwur lügt nicht, auf der Ebene des Dreierkomplotts hat Siegfried nicht betrogen – wozu das tiefe abfallende Intervall im Orchester wie ein Kommentar Hagens auftönt, dieses finstere Spiel grundierend, das seines ist. Der Schwur lügt nicht – und doch wird diesen rettungslos in das Verhängnis verstrickten Mann dieses Speeres Spitze treffen. (Beckmessernde Anmerkung: An dieser Stelle verfehlt der Held die Grammatik, es darf nach der Regel nicht *treffe du mich* heißen, sondern müßte – adhortativer Konjunktiv der zweiten Person – *treffest* oder – Imperativ – *triff* formuliert werden.)

Brünnhilde tritt vor zum Gegeneid. Sie singt in der gleichen Schwurmelodie wie zuvor Siegfried, aber drängender, intensiver, vom Echo der Trompete schmetternd verfolgt, so »daß es zwischen Trompete und Gesangsmelodie zu einer Art Engführung kommt« (Rappl, S. 120). Das verweist höchst kunstvoll auf zugleich Identität wie gänzliches Anderssein ihres Schwurgegenstands. Der furchtbare Begriff *Meineid* wird (wie zuvor das *dem [Manne dort]*) auf dem hohen B hinausgeschleudert. Was die Mannen zu Recht *in höchsten Aufruhr* versetzt. Die tödliche Weiheformel Brünnhildes aber wird sich erfüllen:

[Dieses Speeres] *Schärfe segne ich,*
daß sie ihn schneide...

Siegfried wiegelt ab, sich und die Mannen abwendend vom *Weibergekeif*. Dann raunt er im Verschwörerton Gunther sein Bedauern darüber zu, *daß schlecht ich sie getäuscht.* Womit er wiederum beweist, wie wenig er Herr der allerdings hoffnungslos verworrenen Lage ist. Denn er vermutet, unter dem schlecht deckenden Tarnhelm von Brünnhilde erkannt worden zu sein – was ja keine Erklärung hergäbe für das eigentliche Problem, für ihre Darstellung seines Verhaltens, für seinen angeblichen Treubruch. (Brünnhilde könnte übrigens zu einer teilweisen Entwirrung der Situation beitragen, indem sie erklärt, was sie doch weiß: Jener als Gunther maskierte Eroberer hat sie in der Tat nicht berührt. Aber ihr liegt nichts an einer Entschuldigung Siegfrieds, den sie ja, von seiner »Vergiftung« nicht wissend, für den verworfensten aller Verräter halten muß. Und Hagen schürt gemäß seinem Konzept bewußt diesen Verdacht, dessen Haltlosigkeit ihm gänzlich bewußt ist.) Im übrigen gibt Siegfried sich als flotter Weiberkenner, *Frauengroll friedet sich bald* (woher will er, der Weltfremde, das wissen?), und wieder drängt sich dieser strafwürdige und absurde Frohsinn vor, Reflex blinder Torheit:

Munter, ihr Mannen!
Folgt mir zum Mahl!
Froh zur Hochzeit,
helfet, ihr Frauen!
Wonnige Lust
lache nun auf!

Es bleiben Brünnhilde, Gunther und Hagen zurück auf der nun leeren Bühne. Gunther abseits, *in tiefer Scham* und furchtbarer Verstimmung – nur allzu begründet. Denn im Verlauf der wütenden Auseinandersetzung ist ja die Wahrheit, oder doch eine Teilwahrheit, ans Licht gekommen, deren Aufdeckung eine Katastrophe bedeutet – die vorerst allerdings verdrängt wird. Ein König kann nicht mehr König sein, wenn seine Ehre derart beschädigt wird, er sich entlarvt sieht als schwächlicher Nutznießer der Eroberungstat eines anderen. Einer Tat, die ihm gutgeschrieben war. Entlarvt und bloßgestellt als Mitwisser überdies eines Betrugsmanövers. Was indes die Eide anbetrifft, so hat – um es zu wiederholen – jeder der Schwörenden seine Wahrheit beschworen: Siegfried meint die Nacht der verlarvten (und »keuschen«) Eroberung. Brünnhilde meint ihre wahre Liebesnacht.

Es erübrigt sich nahezu der Hinweis darauf, daß alle Vorgänge auf der Bühne und in ihren Figuren getragen, bestimmt, grundiert und analysiert sind durch den »Beziehungszauber« (Thomas Mann), das Webgeflecht der Leitmotivtechnik. Auf die im jeweiligen Erklingen einzugehen sich in dem Maße erübrigt, als ihre Faktur in Wiederholung, mannigfacher Variation und Umkehrungen an dem durch das Vorhergehende belehrten und sensibilisierten Ohr nicht vorübergleiten wird. Zumal überdies die GÖTTERDÄMMERUNG das große Sammelbecken all jener symphonischen und melodiösen Motive hergibt, die in den drei vorausgehenden Dramen schon ihre verweisenden Töne aufgespielt haben.

Fünfte Szene

Während der heitere Held sich frohen Mutes der Minne freut, sich feiernd und sie, wird sein Tod beschlossen. Voraus geht die bewegende Klage Brünnhildes. Hilflos versucht sie, die Bande des Rätsels zu durchschneiden, das sie fesselt (wie einst Siegfried ihre Bande durchschnitt). Aber all ihre Kraft ahnenden Wissens, ihre Runen, hat sie an ihn verschenkt – der sie verschleudert hat. Hagen tritt gleisnerisch heran, seine Absicht zur Rachetat an Siegfried prallt ab an Brünnhildes Überzeugung von dessen Unbesiegbarkeit (siehe oben S. 265). Auch der scheinbare Meineid wird ihn nicht fällen, Brünnhilde weiß oder ahnt, daß hier Trug und Wirklichkeit heillos sich verwirren:

Eid und Meineid,
müßige Acht!

Hagen bohrt hartnäckig weiter, erfährt schließlich, daß Siegfried im Rücken verwundbar ist, denn nur diese Partie hat

Brünnhildes *Zauberspiel* ausgespart. Niemals nämlich würde, so wußte sie es, der Held dem Feinde den Rücken zuwenden. Hagen: *Und dort trifft ihn mein Speer!*

Gunther wird einbezogen, memmenhaft bejammert er seine Schmach, seine Schande, Brünnhilde wirft ihm verächtlich seine Feigheit vor, schrittweise das schäbige Arrangement durchschauend:

Hinter dem Helden
hehltest du dich...

Die Zerrüttung Gunthers nutzt Hagen, sie umkehrend in Aggressivität: *dir hilft nur – Siegfrieds Tod!* Das übrige tut Brünnhilde in der furchtbaren Einsicht: *Dich verriet er* (darin irrt sie), *und mich verrietet ihr alle!* (womit sie die grausame Wahrheit sagt).

Gunther fällt kein anderer Einwand mehr ein als das Leid Gutrunes – mit welchem Stichwort für Brünnhilde der Nebel des Nichtwissens endgültig zerreißt: *Gutrune heißt der Zauber*, sie begreift, daß Magie ihr den Gatten entrückt (fortge*zückt*) hat. Nichts hält den schauderhaften Beschluß mehr auf: *Siegfried falle!* Nunmehr steigert sich die Verschwörungsszene zu dem im Werk Wagners nicht eben häufigen Kunststück des Ensemblegesangs, in diesem Falle eines frenetisch aufgewühlten und aufwühlenden Terzetts: *Sühn' er die Schmach... Sterb' er dahin...*

Ein dämonischer Dreigesang, in dem musikalisch-harmonisch ineinandergreift, was existentiell weltenweit auseinanderklafft. Da singt ein jeder sein eigenes Lied, wenn er mit dem anderen singt: Brünnhildes Racheruf gilt dem Verrat ihrer Liebe, und das heißt ihrer Existenz. Gunthers Racheruf gilt allererst der Sühnung des nicht begangenen Verbrechens, das heißt, er entflammt sich aus der irrigen Vorstellung von einem Brautnachtbetrug durch Siegfried. Sodann aber gilt sein Rachebedürfnis auch der Tilgung des offenbar und öffentlich gewordenen Eroberungsbetrugs. Schließlich Hagen – und er will nur den Ring. Hier erleben wir wieder eine der in der Tetralogie nicht seltenen Spiegelszenen, der düstere Recke versteigt sich kindisch wie einst Mime (Finale des ersten SIEGFRIED-Aufzugs) in der wüsten Einbildung:

Mein ist der Hort,
mir muß er gehören.

Ein Dissonanzenterzett in harmonischer Fügung, machtvoll Götter und Dämonen beschwörend: Brünnhilde und Gunther den allraunenden schwurschützenden Rachegott Wotan – als meinten sie die gleiche Macht in der gleichen Sache; und Hagen den *Nachthüter* Alberich, wie Luzifer ein *gefallner Fürst*. Durch solche Anrufung aber sind sie magisch präsent, die beiden Mächte, in deren Auftrag und Zwang die menschlich-übermenschlich-außermenschlichen Wesen ihrem Ende zutaumeln, treibend getrieben, blind und verzweifelt und besessen. Nicht nur die Töne, auch die Worte neigen sich einander zu, zum Ende ruft der eine Alberich und *der Niblungen Schar, dir zu gehorchen* an, die beiden anderen Wotan und *die schrecklich heilige Schar, hieher zu horchen* (womit wohl die der Walküren gemeint ist).

Aus dem Hintergrund aber dieser unheilig-heillosen Dreieinigkeit zieht der blumengeschmückte Hochzeitszug heran, dem sich nunmehr auch Gunther und Brünnhilde einreihen müssen in pantomimischem Zwang. Hagen bewährt sich einmal mehr als der Choreograph: Als *Brünnhilde heftig zurücktreten will,* drängt er *sie an Gunther.* Im Orchester enden Motive des Unheils und der Weheklage den Aufzug.

Dritter Aufzug

Wildes Wald- und Felsental am Rheine

Die erste Szene

führt uns wieder an den Rhein. Das Vorspiel – Hörner, Holzbläser, Streicher – ahnt nichts Arges. Das Drama nähert sich seinem Ende, so weist es zurück auf seinen Anfang, und das Orchester erinnert mit wiederaufgenommenen und verwandelten Motiven an das ursprüngliche Geschehen, von dem alles ausging vor mythischen Äonen. Die drei Rheintöchter tauchen wieder auf, die Sonne grüßend und beklagend, daß ihre Strahlen nicht mehr reflektiert werden vom Gold in der Tiefe des Rheins. Frau Sonne erhört ihre Bitte (***Sende uns*** ihn, der das Gold zurückgäbe): Siegfrieds Horn ertönt prompt, ***der Held naht.*** Die Szene ist skandiert jeweils durch das Auf- wie Untertauchen der Mädchen, vorerst entziehen sie sich erst einmal, um zu ***beraten***.

Siegfried der Jäger, irrend und doch seinem Ziele zwanghaft zubestimmt, hat die Fährte des Wildes, eines Bären, verloren. (So kam einst auch sein Vater Siegmund als Verirrter an sein schicksalhaft vorbestimmtes Ziel.) Die Nixen machen sich an ihn vorerst mit dem oberflächlichen Versuch neckischen Flirtens heran. Und wieder tritt das alles große Geschehen bewegende Tauschmotiv in den Vordergrund: Sie wollen den goldenen Ring und stellen dafür kokettierend eine Jagdbeute in Aussicht. Was Siegfried zu Recht leichthin verwirft, dazu war der Ring denn doch zu teuer erkauft. Mit neckischem Gekicher tauchen die schwimmenden Schwestern fort, spöttisch anspielend auf die böse Ehefrau, die den Mann offenbar zur Sparsamkeit nötigt: ***Wie schade, daß er geizig ist!***

Siegfried, allein gelassen, geht in sich, will den so banalen wie ungerechten Vorwurf nicht auf sich sitzen lassen. Er ist, wie man immer wieder beobachten kann, bei aller rüden Robustizität von labiler Konstitution im Emotionalbereich, von Stimmungen schnell beherrscht und bewegt. Eben noch hat er beteuert: ***euch Nickern geb ich ihn nie!***, und schon ruft er sich und sie zurück: ***Kommt rasch! Ich schenk euch den Ring!*** Sie aber kommen zurück als andere, sind nunmehr verwandelt, nehmen in feierlichem Ernst die Rolle der Weissagenden ein. Das haben sie gelernt von den *merwîp*, den Schwanenfrauen der 25. Aventiure des NIBELUNGENLIEDS, die Hagen das tödliche Schicksal der Burgunden an Etzels Hof voraussagen*. Die Nixen wollen die Gabe nicht, bevor nicht der Schenkende deren fluchträchtigen Wert erfaßt hat. Den sie ihm nun – und damit die vollständige Wahr- und Weisheit – enthüllen, dazu auch die mögliche Chance der Aufhebung des Fluches. Heute noch werde er fallen, wenn den Ring er ihnen nicht zurückgebe. Das hätten sie besser nicht gesagt. Er versteht sie nicht, versteht es nicht – er hört nur eines heraus: eine Drohung. Mit ihr hätten die Mädchen nicht operieren sollen, aber daß sie erbärmliche Stümper sind auf dem wasserfernen Felde der Psychologie, wissen wir schon seit ihrem so albernen wie folgenschweren Umgang mit Alberich in der ersten RHEINGOLD-Szene.

Die tödliche Weissagung muß Siegfried, wie er nun einmal ist, als Nötigung empfinden – und wenn er ihrem Schmeicheln vielleicht auch nachzugeben versucht gewesen wäre, die Furcht vor dem prophezeiten Tod kennt er nicht. Also bleibt er starr. (Wir erinnern uns, daß auch der weise Wotan unweise einen Fehler machte, als er, die Gesetze der Jugendpsychologie ignorierend – SIEGFRIED, III. Aufzug, 2. Szene –, die Drohung ausstieß: ***Fürchte des Felsens Hüter!*** – solches Verbot und den es Aussprechenden muß Siegfried, seiner Natur getreu, geradezu zwanghaft erledigen. Die gleiche Mechanik bewegte den Drachenkampf, des Knaben Mut wurde eben dadurch gereizt, daß Mime ihm mit der Drohung des Fürchtenlernens kam.)

Die Mädchen steigern mit steigendem Ernst ihre Warnung, die Melodik des RHEINGOLD-Rufes verzerrt sich klagend zum chromatisch gereihten *Wehe*-Klang, auf den sie nunmehr, unheilträchtig, seinen Namen singen:

Siegfried! Siegfried!
Wir weisen dich wahr.
Weiche, weiche dem Fluch!
Ihn flochten nächtlich
webende Nornen
in des Urgesetzes Seil!

Damit nehmen die Mädchen auf, was die zweite Norn im Vorspiel geraunt hatte (siehe oben S. 234):

Aus Not und Neid
ragt mir des Niblungen Ring:
ein rächender Fluch
nagt meiner Fäden Geflecht.

Siegfried aber betätigt sich hier wieder als der, der er von Anfang an war: ungestüm, herrisch, von Hybris betäubt, er beruft sich auf die fragwürdige Heldentat der Zerschlagung des Wotan-Speeres, und also werde er, wie er sich hier prahlerisch vermißt, auch das Schicksal bezwingen. Und wenn auch wilde Flüche in das Nornennetz hineingeflochten seien: *Notung zerhaut es den Nornen!*

Die Motive von Vertrag und Speer, des Fluches, der Riesen, der Entsagung, des Rheingolds und Walhalls tragen die diese Geschichte memorierenden Partikel.

In diesem bedeutsamen Augenblick bedient sich Siegfrieds Erinnerung einiger ungereimter Argumente. Er behauptet:

Wohl warnte mich einst
vor dem Fluch ein Wurm...

Das hat der sterbende Drache Fafner nicht getan, er hat ihn lediglich vor Mimes Mordanschlag gewarnt (SIEGFRIED, II. Aufzug, 2. Szene, siehe oben S. 192). Aber die Erklärung der Behauptung liefert ein nichtkomponierter Vers aus der Sterbeszene Fafners: *des Hortes Herrn umringt Verrat.* Diese Warnung mag sich auch auf Mimes Mordplan beziehen, sie richtet sich jedoch eher auf die Fluchwirkung insgesamt, wie Strophe 17 der FÁFNISMÁL beweist:

»Das gleißende Gold
Und der glutrote Schatz –
Es bringt der Hort dich zur Hel.«

So auch der sterbende Drache im 18. Kapitel der VÖLSUNGA-SAGA: »– aber dieser Hort, den ich gehabt habe, bringt dich zur Hel.«

Merkwürdig sodann: Siegfried zitiert die Funktionsformel des Ringes, die er gar nicht kennen kann – es sei denn, er hätte Wellgundes von ihrem Vater geprägte Bestimmung gehört. Damals (RHEINGOLD, 1. Szene) sang sie:

Der Welt Erbe
gewänne zu eigen,
wer aus dem Rheingold
schüfe den Ring,
der maßlose Macht ihm verlieh'.

Jetzt Siegfried, replizierend:

Der Welt Erbe
gewänne mir ein Ring...

Nun aber die entscheidende Wendung, in der Siegfried sich als Anti-Alberich erweist, als dessen Kontrapost:

für der Minne Gunst
miß ich ihn gern;
ich geb ihn euch, gönnt ihr mir Lust

– und dazu ertönt das Liebesentsagungs-Motiv. Eben jenen Ring, der geschmiedet werden konnte nur dank dem totalen Verzicht auf Liebe, durch ihre Verfluchung – eben diesen Ring ist Siegfried um der Liebe willen herzugeben bereit. Einst also der Verzicht auf die Liebe zugunsten des Goldes, hier Verzicht auf das Gold zugunsten der Liebe. Wieder das Spiegelungsprinzip, das die ganze Tetralogie bedeutsam durchzieht, die beiden Rheintöchter-Szenen entsprechen einander komplementär.

Noch einmal wiederholt er: Durch Bedrohung von Leib und Leben entringt ihr mir nichts, und er vollzieht eine Geste von archaischer Erhabenheit, wirft Erde zu Erde, wirft eine Erdscholle über Haupt und Schulter hinter sich. (Die einschränkende Bemerkung zuvor: *faßte er nicht eines Fingers Wert*, soll vermutlich heißen: »und wenn er, der Ring, auch mehr nicht wert wäre als der Finger, den er umfaßt«.)

So bleibt den schwimmenden Schwestern nichts als Resignation:

So weise und stark
verwähnt sich der Held,
als gebunden und blind er doch ist.

Wenn sie ihm dann vorwerfen

Eide schwur er –
und achtet sie nicht!

dann scheint das ungerecht, aber sie spielen an nicht auf den Brudereid, sondern auf den Liebesschwur Brünnhilde gegenüber. Sie ist gemeint mit dem *hehrsten Gut,* ihre

Runen weiß er –
und rät sie nicht!

Nur den todbringenden Ring will er sich *wahren* – damit vertut er seine letzte Chance. *Leb wohl, Siegfried!* rufen die Mädchen ihm zu – ein starkes Stück aus todverkündendem Mund, und fast ist man versucht, ihrer Naivität auch einen zynischen Akzent zuzutrauen. Nunmehr aber bestätigen sie ihr kreatürlich-dämonisches Vorwissen und machen sich auf dorthin, wo sie Brünnhildes Opfertod erwarten – und damit ihr Erbe: *Zu ihr! Zu ihr! Zu ihr!*

Siegfried aber bestätigt zum bösen Ende den ihm vorgeworfenen Unverstand und gibt sich zufrieden mit Männersprüchen nach Kasinomanier:

Im Wasser wie am Lande
lernt' nun ich Weiberart

– wie sie sich steigere vom Schmeicheln über das Drohen bis zum Keifen...

Bis er sich rettet in den Trost der Saure-Trauben-Philosophie:

trüg' ich nicht Gutrun' Treu',
der zieren Frauen eine
hätt' ich mir frisch gezähmt!

Von der Treuebindung war, als er das Tauschangebot machte *(ich geb ihn euch, gönnt ihr mir Lust)*, die Rede nicht.

Zweite Szene*

Die Jagdgesellschaft hat den Einzelgänger endlich gefunden, die Hörner begrüßen einander wie die beiden Parteien mit ihren Rufen, das ***Hoiho!*** und ***Hoihe!*** erklingt als auffällige Variante von Hagens Kriegsruf, das Orchester erinnert über das Wehmotiv an den Sang der Rheintöchter. Man rüstet zum Jagdpicknick, Siegfried der Beutelose berichtet betont beiläufig von seiner Begegnung mit den *Wasservögeln* (in der Bezeichnung wieder der Anklang an die Schwanenfrauen des NIBELUNGENLIEDS), berichtet wie unbeteiligt von ihrer düsteren Weissagung: ***erschlagen würd' ich noch heut***. Wenn er dann fordernd betont: ***Mich dürstet!***, so begegnet uns wieder ein hier blindes Motiv. Das NIBELUNGENLIED bedarf dieses Bedürfnisses, damit der durstige Siegfried sich niederbeuge zur Quelle und seinen ungeschützten Rücken preisgebe. Hier liefert das Motiv indessen den Anlaß wiederum zu einer spiegelnden Szene, sie verweist zurück auf die der Blutsbrüderschaft (I. Aufzug, 2. Szene, siehe oben S. 257f.). Wieder das Trinkhorn, wieder mischt sich die eine Flüssigkeit mit der anderen, hier Wein mit Wein, nicht von ungefähr redet Siegfried den König hier mit ***Bruder*** an, nicht von ungefähr bedient Gunther sich der Metapher ***Blut*** – und ahnungslos vollzieht Siegfried eine antike Opfergeste: die Libatio. Überquellend fließt der Trank aus dem Horn auf die Erde (jene Erde, die er als Scholle, Todesverachtung demonstrierend, hinter sich geworfen hatte). Zuvor schon hat Hagen ihn nach seiner mysteriösen Fähigkeit, die Vogelsprache zu verstehen, gefragt; Siegfried antwortet, diese ihn einst rettende und erhebende Erfahrung lässig abtuend:

> *Seit lange acht ich*
> *des Lallens nicht mehr.*

Das ist wieder à part gesagt und ist doch in Wahrheit ein Hinweis von zentraler Bedeutung. Seit langem – wie wahr, seit langem ist er Hofmann und Weltkind; seit er die Stimmen der Frauen singen hörte und die der Vögel vergaß, hat er die innige Beziehung zur allweisen Natur eingebüßt, wie sie ihm einst geschenkt wurde durch die Erledigung des naturwidrigen Untiers, des durch Zauberkunst künstlich erzeugten Monsters. Hagen insistiert, er hat sich den dunklen Plan zurechtgelegt, mit Hilfe von Aufdeckungen früherer Erlebnisse Siegfrieds den Vorwand zu finden zu mordlichem Schlag. Um den von seinen Ängsten – wahrlich mit Grund – gebeugten Gunther aufzuheitern, bietet Siegfried – immer hilfswillig – sich an, ihm *Mären* zu singen aus seinen *jungen Tagen*.

Er singt, was wir schon wissen, dazu erinnern die Motive im Orchester an die Nibelungen, an Notung das Schwert und seine Geschichte, an das traurige Kapitel der Herkunft des Jünglings. Wie eine belanglose Bagatelle erwähnt ein einziger Vers die Tötung Fafners des Drachen-Riesen, hingegen inszeniert der Sänger sorgfältig das Wunder von der Wirkung des Drachenbluts auf das die Vogelstimme vernehmende Gehör. Die Waldvogelmelodie erklingt und mit ihr deren Wortlaut, sogar einschließlich der Erwähnung der dank dem Tarnhelm möglichen *wonnigen Tat* und der Ringmächtigkeit. Die Schilderung von der Tötung Mimes ist in dem Maße ausführlich wie die des Drachen knapp – wiederum um der Spiegelungswirkung willen: Hier ist antizipierend und kontrastierend von der Ermordung eines Wehrlosen die Rede, wie sie sich sogleich in aller Öffentlichkeit wiederholen wird.

Wenn Siegfried, der soeben durch ein wörtliches Zitat sein präzises Gedächtnis bewiesen hat, nun von Mimes Verhalten behauptet:

bang und stotternd
gestand er mir Böses

– dann irrt er. Mime war eher siegesgewiß und krähte, statt zu stottern – Siegfrieds Verkennung erklärt sich ehestens daraus, daß er jetzt Mimes Artikulationsebenen vermischt und sich dessen nicht erinnert, daß er auch unhörbare Gedanken vernommen hat und nicht nur die ausweichend sich wütig rechtfertigenden hörbaren Worte. Kurz: *Notung streckte den Strolch!*

Wie nach diesem Tag des Vögleins weitere Weisungen gewesen seien, wollen die Leute wissen. Hier greift Hagen tätig ein. Denn Siegfrieds rekonstruierende Erinnerung nähert sich jener entscheidenden Zone, die ausgeblendet wurde aus seinem Gedächtnis, aus seinem Wesen durch das Vergessensgift. Der von seinen Obsessionen gesteuerte Hagen aber vermeint, diese Phase denunzierend aufdecken zu müssen – so flößt er ihm das Antidotum ein, wieder einen Giftkraut-Saft,

die Erinnerung hell dir zu wecken,
daß Fernes nicht dir entfalle!

Das Orchester führt die Erinnerung zurück über die Motive des Wälsungenleids und – im Sinne einer Vorbereitung – das Motiv Brünnhildes bis zum Waldweben, zum Waldvöglein. Siegfried zitiert dessen Wegweisung hin zum *herrlichsten Weib*. Schrittweise dringt er jetzt in die tiefen Schichten seiner Erinnerung ein, sich steigernd bis zur Ekstase, unaufhaltsam nun sich selber wiederentdeckend, sein eigentliches Wesen, seine Eigenheit, seine Geschichte. Das schlafende *wonnige Weib* wird versinnlicht durch die Klänge von Wotans Abschied aus dem WALKÜREN-Finale; als Siegfried die Erweckung, den Kuß, die Umarmung wiedererlebt und miterleben läßt, springt Gunther *in höchstem Schrecken* auf – und wie er flattern Wotans Raben auf, den Todgeweihten verlassend und ihrem Herrn Kunde bringend von dieser tödlichen Wendung. Der ihnen nachblickende Siegfried kehrt Hagen den Rücken zu – der stößt seinen Speer hinein (wie einst Hunding den seinen in den Körper von Siegfrieds Vater) – unter dem Fluch-Motiv, dem Wehe-Motiv und einem letzten Aufbäumen des Siegfried-Motivs »in dreifachem Forte bei tobendem Orchester« (Pahlen, S. 178).

Dann nach hartem Beckenschlag das erste Anspielen der auf- und absteigenden Linie des Todes-Motivs, das sich in der Trauermusik rauschhaft entfalten wird. Die entsetzten Fragen an den Mörder *Was tatest du?* werden punktiert vom Schicksals-Motiv.

Was tat er? Gunther begreift schockhaft das Unbegreifliche, *beugt sich schmerzergriffen zu Siegfried nieder.* Hagen entfernt sich – was tat er? *Meineid rächt' ich!*, behauptet er wahrheitswidrig. Sein Verfahren mit Hilfe des die Erinnerung neu weckenden Gegengifts ist ein Akt der Widersprüchlichkeit. Er meinte es zu brauchen, damit Siegfried seine Liebe zu Brünnhilde bekennt – und auf solch brüchigem Boden ist der Versuch einer Begründung der Mordtat so hilf- wie sinnlos. Denn er widerlegt sich zugleich: Das von ihm provozierte Bekenntnis seines Opfers legt den so entsetzten wie erschütterten Hörern und Zeugen das vorgängige Ereignis der Liebe Siegfried–Brünnhilde offen, ihrer beider Bündnis. Kein Meineid also – aber in Wahrheit ist ja für Hagen der Ansatz seiner Rechtfertigung blanke Formsache, der Mann hat ihn nie interessiert, aber nur über seine Leiche gelangt er an den Ring. In diesem Betracht ist Siegfried nunmehr entschuldet vor aller Welt. Freilich nur in diesem.

Der Sterbende ist ganz zu sich heimgekehrt.

Brünnhilde,
heilige Braut!
Wach auf! Öffne dein Auge!

Er singt diesen Anruf über den gleichen Akkorden und aufsteigenden Tonlinien, wie sie das Erwachen Brünnhildes (SIEGFRIED, III. Aufzug, 3. Szene) darstellten:

Er fragt (sich) weiter:

Wer verschloß dich
wieder in Schlaf?
Wer band dich in Schlummer so bang?

Mit diesen Worten forscht er nach sich selbst, gibt sich zugleich die Antwort.

Der Wecker kam;
er küßt dich wach,
und aber der Braut
bricht er die Bande…

Mit solchem Innewerden erfährt er hier und jetzt sein eigenes Erwachen, erfährt er, daß er sich erweckt hat aus seiner furchtbaren Verbannung. Die letzten Worte

Süßes Vergehen,
seliges Grauen

fügen sich ein als Stimme in jenen Chor der letzten Worte, mit denen Wagner Liebe transzendieren läßt im Finale des Sieg-

FRIED *(leuchtende Liebe, lachender Tod)* wie des TRISTAN *(unbewußt, höchste Lust)*.

Der Dank an Brünnhilde: ***Brünnhild' bietet mir – Gruß!*** ist unterlegt vom Schicksals-Motiv, das als Todverkündung seinen Vater begleitete:

Leise hallende Paukenschläge tropfen in die Leere, von der jetzt alles erfüllt ist. Klingen wie stockender Herzschlag, erinnern an den Aus-Klang des von dem hier Sterbenden erschlagenen Drachen-Riesen Fafner. ***Er sinkt zurück und stirbt.***

Sein Sterben rettet Siegfried. Denn er stirbt nun nicht als der Weltmann: als der bewußtlose Draufgänger, als der manipulierte Spieler, der gewissenlose Kumpan, der immerfrohe Tor. Sondern in seiner Eigentlichkeit, wie sie ihm – zwischen der Waldbubenexistenz und der des Hofmanns – durch die Liebe Brünnhildes für einen Schicksalsatemzug geschenkt wurde. Da hatte er die Chance, erlöst zu sich selbst, Erlöser der Welt zu werden. Er aber strebte willkürlich gemäß seiner ungebärdigen Vorstellung von Freiheit nach anderem, nach ***neuen Taten***. Die Würde seines Sterbens besteht in einem Prozeß der Bewußtwerdung. Jetzt zum Ende – ***merk, wie's endet!*** – begreift er, was war; was er war; was er durch Brünnhilde war; und: was er hätte sein können. Hagen, die das Böse wollende und schaffende Kraft, erweckt Siegfried zum Guten. Der Dämon des Niedrigen treibt Siegfried zum Höheren.

Sterbend erlebt Siegfried sein Erwachen. Noch einmal erweckt er Brünnhilde und sich:

Süßes Vergehen,
seliges Grauen...

Liebestod nicht als Tod der Liebe, sondern als Tod um der Liebe willen, um des Überlebens der Liebe willen.

In mehrfachem Anlauf nun, angetrieben vom ungeheuren Doppelschlag der Pauken, in der heroischen Tonart c-Moll, der sogenannte Trauermarsch:

Aus dem Todes-Motiv erhebt sich hell das Schwert-Motiv, dann mehrfach, modulierend von Dur nach Moll und zurück, Siegfrieds Motiv. Kein »Marsch«, vielmehr eine aus den Motiven seines Schicksals zusammengesetzte tragische Symphonie in einem Satz. Symphonische Dichtung von Jugend und Erhebung und Sturz und Erlösung des Helden – »zur erinnernden und zugleich tragisch festlichen Apotheose dieses Heldenschicksals, dieses göttlichen Traums von einem freien Menschen« (Rappl, S. 122). In der Dynamik abschattierend vom zartesten Piano bis zu »Stärkegrade[n ...], die es bis dahin in der Kunstmusik noch nicht gegeben haben dürfte« (Pahlen, S. 186). Musik, aufragend wie eine Kathedrale. Durch sie wird der Leichnam getragen im Mondlicht und Nebel, bis der Trauerzug anhält in der Halle der Gibichungen.

Dritte Szene: Die Halle der Gibichungen

Gutrune tritt auf, gespenstisch spiegelt sich der Mond auf dem Fluß, Angstträume haben sie aus dem Schlaf gerissen, sie hat Brünnhilde, die gefürchtete und doch von ihr umworbene, den Weg an den Rhein nehmen sehen (was darauf hindeutet, daß Brünnhilde kraft divinatorischer Ahnung sich schon vorbereitet auf das von ihr dominierte Ende der Tragödie). Hagen meldet sich mit seinem das Wehe-Motiv aufnehmenden ***Hoiho!***, kündigt zynisch die Jagdbeute an, schändet den ***bleichen Helden*** noch im Tode: Der höhnende Triumph des Liebelosen, es werbe der Tote nicht mehr ***um wonnige Frauen***, ist untermalt von dem die ganze Tetralogie durchwaltenden Liebesentsagungs-Motiv. Gutrune, da in das Intrigenspiel und also seine möglichen Folgen von Beginn an passiv einbezogen, begreift sofort, klagt den treulosen Bruder an als ***Mörder meines Mannes***, der verweist sie feige an Hagen, der nunmehr sich zu furchtbarem schwarzen Trotz aufrichtet: ***Ja denn! Ich hab ihn erschlagen.***

Dieses ***Ja denn*** als abfallende Quinte gesungen ist die Umkehrung jenes fatalen Speereides, den Siegfried einst schwor: ***Helle Wehr***, stürzend nunmehr statt sieghaft aufsteigend (II. Aufzug, 4. Szene, siehe oben S. 280), musikalische Untermalung der wahrheitswidrigen und hier wiederholten Behauptung Hagens vom am Speer geleisteten Meineid. Nun der Augenblick, um dessentwillen der Albensohn das furchtbare Spiel einfädelte und lenkte: ***Her den Ring!*** Gunther aber stellt sich entgegen, gibt vor, ihn der Witwe als deren Erbstück rechtens bewahren zu wollen, Hagen klagt dawider das fragwürdige Erbrecht des Vater-Alben ein – und erschlägt den Bruder. Wieder das Kain-Abel-, das Fafner-Fasolt-Modell. Er greift nach dem Ring an des Toten Hand – da hebt sich diese in drohender Abwehr empor, es schaudert die Umstehenden. (Die mythische Geste erinnert an das sagenhafte Rechtsinstitut der sogenannten »Bahrprobe«, die des Toten Wunde wieder bluten läßt, sobald der Mörder an seine Bahre tritt. So in der 17. Aventiure des NIBELUNGENLIEDS.)

Die Posaunen dröhnen das Motiv des Fluches, der nun seine letzten Opfer sucht.

Auftritt Brünnhildes, fest und feierlich, auf dem Boden der beiden zentralen Motive, dem Erdas (oder der Natur) und dem des Schicksals (das die Todverkündung begleitete). ***... zur Rache*** *schreitet sein Weib* – jedoch weniger um einen Racheakt wird es sich jetzt handeln als vielmehr um eine erhabene Endabrechnung mit Göttern, Menschen und Dämonen. Aus dem Recht Brünnhildes, wie es ihrer Selbstvorstellung in diesem Auftritt entspricht: *sein Weib*.

Gutrune bäumt sich in – allzu – ahnungsloser Anklage gegen sie noch einmal auf, dann zerbricht sie unter Brünnhildes vernichtend aufklärender Antwort: seine Gemahlin bin

... ich,
der ewige Eide er schwur,
eh Siegfried je dich ersah.

Da begreift sie, die mitbetrügend Betrogene, daß der Vergessenstrank nicht »irgendeiner« galt, sondern Brünnhilde: *Verfluchter Hagen...!* Siegfried, der ihr als Lebender nie gehört hat, gehört ihr auch als Toter nicht, sie *wendet sich voll Scheu von* ihm ab und ihrem toten Bruder zu, sich ersterbend über seine Leiche beugend. Dieses »ersterbend« will schwerlich gleichgesetzt sein mit einem »sterbend«, anders Wagner nicht hätte hinzusetzen können: *so verbleibt sie regungslos bis zum Ende*. Damit aber ist die irritierende Überlegung verbunden, daß nach dem Ende allen Endes Gutrune übrigbleiben wird. Von den handelnden Personen nur sie, und neben ihr Alberich. *Merkwürd'ger Fall**.

Nunmehr singt Brünnhilde das Ende ein. In einer gewaltigen Szene von einsamer Erhabenheit, die die dramatische Kraft der Sänger-Darstellerin bis zur Grenze fordert – und über sie hinaus.

Starke Scheite läßt sie aufrichten, nicht anders, als Wotan sie um Walhall schichten ließ, wozu beziehungsreich das Motiv der Weltesche erklingt, aus deren Holz das alles verzehrende Feuer lodern wird. Sein/ihr Roß Grane befiehlt sie heran, dann:

... des Helden heiligste
Ehre zu teilen,
verlangt mein eigener Leib.

So verkündet sie es unter dem schmetternden Klang seines Motivs:

denn des Hel - den hei - lig - ste
Eh - re zu tei - len ver–
langt mein ei - ge-ner Leib.

Und ihr Abschiedsgesang wird, wie anders nicht zu erwarten, noch einmal die tragenden und den eigenen Weg wie den der anderen bestimmenden Motive sammeln und vereinigen: das der Todverkündung, das des Schicksals, des Fluches, der Rheintöchter, des Weherufs, das der Weltesche, des Vertrags, des Loges und der Walküre und das der Liebesentsagung. Ihr nunmehr alles erkennender durchschauender Blick erfaßt die antinomische Struktur des Siegfried-Schicksals, die grelle Reihung der einander bedingenden und aufhebenden Widersprüche: der Reinste als der Verräter, der Treueste als Trügender, der Liebende als der Trennende:

Echter als er
schwur keiner Eide;
treuer als er
hielt keiner Verträge;
lautrer als er
liebte kein andrer.
Und doch, alle Eide,
alle Verträge,
die treueste Liebe
trog keiner wie er!

Unter dem dunklen Klang der Todverkündung nimmt sie die uralte Nornenfrage des Vorspiels wieder auf, nun nicht in die ungewisse Zukunft, sondern die mit Gewißheit erkannte Vergangenheit gerichtet:

Wißt ihr, wie das ward?

Die Frage leitet über zur feierlich-pathetischen Anklage gegen die Götter und ihre ewige Schuld, gegen den *hehrsten Gott*.

Dieses apotheotische Finale hat den Dichter-Komponisten heftig umgetrieben, mit drei Textfassungen hat er sich auseinandergesetzt, hat wieder verworfen, erweitert, gestrichen, kommentiert. Die beiden nichtkomponierten Partien, denen man keine verbindliche Gültigkeit für das von Wagner als endliches Ende angesehene Finale zusprechen darf, werden von Hans Mayer als »feuerbachianisch« und als »schopenhauerisch« gekennzeichnet (siehe dazu in den Anmerkungen*). Die auto-

Abbildungen: Der Untergang Walhalls

47 *Bühnenbildentwurf: Félix Urgellés; Teatro del Liceo, Barcelona 1901.*

48 *Regie: Wolfram Humperdinck, Bühnenbild: Karl Jacobs; Neues Theater, Leipzig 1936.*

49 *Regie: Jean-Claude Riber, Bühnenbild: Josef Svoboda; Grand Théâtre, Genf 1977.*

50 *Regie: Götz Friedrich, Ausstattung: Peter Sykora; Deutsche Oper, Berlin 1985.*

Den Untergang Walhalls, nach den Szenen vom Einzug der Götter in ihre Burg, der Einschläferung und der Erweckung Brünnhildes der letzte und größte Coup de théâtre, verwirklichte man an der führenden Wagner-Bühne der romanischen Länder zu Beginn des Jahrhunderts in allgemein üblicher Weise mittels einknickender Bauten vor einem gemalten Schlußprospekt mit dem brennenden Walhall. Dieses bühnenbildnerische Grundvokabular löste 1936 *in Leipzig eine für die Zeit typische dramatische Bewegtheit ab, die von der Haltung der einzelnen Figurengruppen ausgeht und sich zu dem Lichtfeuer im Hintergrund steigert. Riber und Svoboda lassen den »Ring« im Ausgangsbild enden, dem gleichsam leeren Lichtball als Mittelpunkt konzentrischer Kreise, einer Chiffre, die das ungeformte Chaos ebenso assoziieren läßt wie das totale Ende. Als Konsequenz dieses Bildtypus, der seine unmittelbaren Vorläufer und Parallelen bei Ulrich Melchinger und Thomas Richter-Forgách (Kassel) sowie bei Jean-Pierre Ponnelle (Stuttgart) hat, erscheint der (die konzentrischen Kreise in die Dreidimensionalität übersetzende) Tunnel bei Friedrich/Sykora, szenisches Grundelement des gesamten »Rings«, dem die alles bündelnde Bedeutung eines Zeittunnels gegeben ist. Ähnlich wie bei Riber/Svoboda vereinen sich symbolhafte Raumgestaltung und zeitaktuelle Aussage im Finale zu einem Bild pessimistischer Geschichtsdeutung, indem hier sich jener Schleier über Erde und Menschen legt, der während des »Rheingold«-Vorspiels alles verhüllte, so die prinzipielle Möglichkeit der Wiederkehr alles Geschehens nahelegend.*

47

48

49

50

risierte Fassung indessen, die uns im Verfolg der Tragödie hier allein angeht, charakterisiert Mayer als »bakunistisch« in ihrer totalen Untergangsbrunst und -inbrunst: Alles, was ist, endet unter dem Fluch des Goldes, dem Terror des Kapitals, es endet die auf solche Weise korrumpierte Götterherrschaft und Menschengesellschaft, der läuternde Brand wird das Gold reinigen, aus den Fluten des Flusses darf Hoffnung erstehen auf eine neue würdige Form von Leben – nachdem das Wagner in einem früheren Stadium seines Schaffens bewegende Vertrauen auf Siegfried und eine durch ihn autorisierte Herrschaft der Reinen und Gereinigten (siehe unten S. 309f. den Brief an August Röckel) im Laufe des Schaffensprozesses sich gewandelt hat.

Der letzten und komponierten, also gültigen Fassung ist eine Dreiheit von Aussagen zu entnehmen.

Zum einen ist Brünnhildes Abschied *Anklage gegen die Götter*. Sie entlarvt Wotan, wie einst Fricka ihn in seinem Wahn der Selbsttäuschung entlarvte. Der göttliche Plan als Wille und Vorstellung zerbrach an seiner Widersprüchlichkeit:

Durch seine tapferste Tat,
dir so tauglich erwünscht,
weihtest du den,
der sie gewirkt,
dem Fluche, dem du verfielest.

(Das klingt, als sei noch einmal der Komplex Wotan/Siegmund/Brünnhilde angespielt.) Mit der *tapferste*n *Tat* muß gemeint sein die Erweckung der Walküre nach Besiegung des Feuerwalls – denn die Drachentötung war dem Heldenjüngling ja eher ein Kinderspiel. Wie aber sollen wir verstehen, daß diese Tat sich umsetzte in eine zwanghafte Auslieferung an den Fluch, der auf dem Gott lastete? Allenfalls doch in jenem mechanistischen und alles sinnvolle Kausaldenken ad absurdum führenden Sinn, daß Siegfried in das Netz der tragischen Vorgänge nicht würde hineinverstrickt worden sein, wenn er Brünnhilde nicht gefunden hätte. In Wahrheit aber verfiel Siegfried dem vom Gott an ihn weitergeleiteten Fluch erst da, als er die Glückserfüllung willkürlich verließ, die seine *tapferste*

Tat ihm eingebracht hatte, und zu ***neuen*** – anderen – ***Taten*** in die Welt zog.

Die folgenden Verse bestätigen diese Vermutung von solcher Umdeutung des Sinnes:

> ***Mich mußte***
> ***der Reinste verraten,***
> ***daß wissend würde ein Weib!***

Das will sagen: Im Banne des Fluches mußte Siegfried also der Weltmann werden, der den Verrat an Brünnhilde, an sich selbst beging. Aber die finale, die teleologische Begründung will nicht einleuchten: Wie denn sollte das dramatisch-tragische Geschehen lediglich oder vor allem angelegt sein, um sie, um ein Weib wissend zu machen? Diese sinnwidrige Behauptung einer einstigen dank ihren Runen alles wissenden Göttin kann sinnvoll nur verstanden werden in einem konsekutiven Sinne: Er verriet mich mit der Folge, daß ich schließlich (und nach furchtbaren Konvulsionen) wissend wurde. (Woher sie, auf welchem Wege allerdings sie »wissend« wurde in bezug auf Siegfrieds Schuldlosigkeit ihr gegenüber – als hätte sie Siegfrieds Sterbelied gehört –, diese Frage zu stellen mag so wenig müßig sein, wie eine Antwort zu erwarten müßig wäre.)

Die Frage an sich selbst und den Gott bleibt unbeantwortet: ***Weiß ich nun, was dir frommt?*** Sie mündet in den Abschiedssegen: ***Ruhe, ruhe, du Gott!*** Was nach ewiger Ruhe klingt. Die Raben aber, nach Siegfrieds Ermordung noch einmal in die Welt entsandt, werden bald die Botschaft bringen, die bang ersehnte. Welcher Art sie ist, wird deutlich durch den Ruf der Rheintöchter im Orchester: Das Gold wird wieder heimfinden zum Rhein.

In solchem Sinne ist – zum zweiten – Brünnhildes Abschiedsauftritt *Vermächtnis*: Sie streift den Ring von Siegfrieds Hand, bestimmt ihr Erbe der Wassertiefe, dankt den Rheintöchtern ***redlichen Rat*** – an denen das furchtbare Geschehen ja auch nicht folgenlos vorbeigegangen ist. Sie, die anfangs so töricht wie albern waren, sind nun der ***Wassertiefe weise Schwe-***

stern geworden, weise wie die Tiefe des Elements, das das ihre ist. Und ihre Forderung auf Wiedererstattung ist es, die Brünnhilde als redlicher Rat gilt.

Das Feuer, das mich verbrennt,
rein'ge vom Fluche den Ring!
Ihr in der Flut
löset ihn auf,
und lauter bewahrt
das lichte Gold,
das euch zum Unheil geraubt.

Und gewiß nicht nur *euch*. Die Raben sollen diesen Beschluß, den von ihm ersehnten, Wotan vermelden, sie werden vorüberfliegen am Feuerwall an dem Brünnhildes Felsenbett, sollen von dort Loge herbeirufen und nach Walhall weiterweisen:

Denn der Götter Ende
dämmert nun auf.
So – werf ich den Brand
in Walhalls prangende Burg.

Ruhe, ruhe du Gott... Zum dritten ist Brünnhildes Abschied *Liebesbekenntnis* (und berührt sich mit jenem Entwurf, den Mayer als »feuerbachianisch« empfindet): Bekenntnis der Tristan-Liebe im Sinne der Ewigung des Liebesbunds durch den Tod hindurch:

Siegfried! Siegfried! Sieh
selig grüßt dich dein Weib!

(Im nichtkomponierten Entwurf endet die Partie: *selig in Lust und Leid läßt – die Liebe nur sein.* –)

Grane führt sie ins Feuer, freudigen Tod wird mit ihr er erleben. Das Walküren-Motiv als Gruß. Und nun zu den Worten

Im Feuer leuchtend
liegt dort dein Herr

spielen die Holzbläser jene hymnische Melodie, mit der, auf der in der WALKÜRE die todgeweihte Sieglinde der Retterin des Kindes in ihrem Schoß gedankt hatte (III. Aufzug, 1. Szene, siehe oben S. 141):

O hehrstes Wunder!
Herrlichste Maid!

Es mag das von Wagner gemeint sein als Verherrlichung des größten Augenblicks in Brünnhildes Rettungswerk, so nimmt sie Sieglindes Melodie wieder auf – und ebendieses Motiv wird den hymnischen Ausklang der ganzen Tragödie bilden, sich als Klangbogen über das Ende wölben, in den Harfen ätherisch verschweben. Vorerst schließt sich ihm Siegfrieds Motiv schmetternd an.

Der Scheiterhaufen prasselt auf, Brünnhilde springt auf ihrem Roß in sein Feuer, das sie und Siegfried und Grane verzehrt. Das Orchester steigert sich zu mit Worten nicht mehr nachvollziehbarer Intensität der Ausdrucksmacht, man fühlt sich erinnert an des (Nichtwagnerianers) Ferruccio Busoni Urteil über jenen Wagner, »der im Orchesterklang den irdischen Horizont streifte«* – hier wird er gestreift, oder überschritten. Die Welt ist nur mehr Feuersbrunst – ein Flammenmeer, das dann plötzlich verlischt: Der Rhein nimmt teil an diesem Aufstand der Elemente, ist mächtig über seine Ufer getreten und wälzt sich über die Brandstätte. Auf seinen Wogen schwimmen die Rheintöchter herbei, Hagen, der die Szene *mit wachsender Angst beobachtet hat*, stürzt sich beim Anblick der Nixen *wie wahnsinnig* in die Flut – um ihnen, ihrem Griff zum Gold zuvorzukommen; das letzte Wort der Tetralogie ist das seine: *Zurück vom Ring!* Die Rheintöchter ziehen den Mann, ihn umschlingend auf andere Weise, als sein Vater es einst sich gewünscht, in die tödliche Tiefe. Weiter erhellt sich die Szene, und man sieht sie *lustig mit dem Ringe spielend.* Sie zumindest sind offenbar wieder, was sie einst waren, bevor das große Welttheater die Welt verwandelte. Die anderen aber? Fernhin am Horizont lodern die Flammen des Walhall zerstörenden Feuers aus dem Holz der gestürzten

Weltesche. In der Halle versammelt die Götter und Helden. Wird er nun ruhen, der Gott? Was meint das Ende, dieses Ende? Wagners abschließende Szenenanweisung ist von einer deutungsoffenen Deutlichkeit: ***Aus den Trümmern der zusammengestürzten Halle*** (der Gibichungen) ***sehen die Männer und Frauen in höchster Ergriffenheit dem wachsenden Feuerschein am Himmel zu.***

Die Männer und Frauen – sie haben in den wechselnden Geschicken der Tetralogie wenig zu bestellen gehabt; Wotans, des unerbetenen Mime-Besuchers (SIEGFRIED, I. Aufzug, 2. Szene) Antwort im Rätselspiel zielte auf Schwarzalben und Riesen und Götter, der Menschen gedachte sie nicht. Man erinnert sich vage an Hunding, an Gunther, an die chorsingende Entourage des Gibichungenhofs. Erinnert sich dann aber auch daran, daß alle diese Götter und Dämonen Projektionen durchaus menschlicher Empfindungen, Ängste, Lüste, Hoffnungen sind: in flüchtigem Gelingen und endlichem Versagen, in Hoffahrt und Niedertracht, verlangend nach Glück und versagend im Streben nach ihm. Ein verfluchtes Geschlecht.

Weißt du wie das wird…?

Die nordischen Quellen, denen Wagner vertraute, unter ihnen das Gedicht von *Der Seherin Gesicht* (VÖLUSPA), kennen nach der *Götterdämmerung (Ragnarök* bzw. *Ragnarökr)** Hoffnung, kennen grünendes Land, frisch fließende Fluten. Solche Erinnerung mag helfen, das kaum faßbare System der sich in Motivtürmen ballenden Schlußmusik zu deuten. Über den Motiven der Rheintöchter, Walhalls, Siegfrieds und der Entsagung dominiert jenes, das man das der »Erlösung« genannt hat – damit eine hoffnungsvolle Deutung vorgebend.

Die finalen Klänge: ein verklärender Abgesang, »ein Lichtbogen der Erinnerung an die Liebe, der Triumph des Mütterlichen über Tod, Vernichtung und Zusammenbruch« (Rappl, S. 123). Womit vor allem jenes in Brünnhildes Sterbelied wiederaufgenommene Dankgebet Sieglindes an die rettende Walküre gemeint ist. Dieter Schnebel nennt es das »Motiv der bedingungslosen Liebe«, Gottfried Wagner das der »Liebeserlösung«. Wagner selbst äußert laut Cosimas Tagebuch am 23. Juli 1872: »es gibt keinen Schluß für die Musik [...]. Ich bin froh, daß ich Sieglinden's Lob-Thema auf Brünnhilde mir reserviert habe, gleichsam als Chorgesang auf die Helden«. Eine Charakterisierung, die erst verständlich wird aus einer Korrektur, die sich John Deathridge verdankt (in der englischsprachigen Version des WAGNER-HANDBUCHS, S. 65, Anm. 27): Cosimas »Helden« ist verlesen aus »Heldin«, Brünnhilde ist gemeint (und so mag man den »Chorgesang« als »Grabgesang« deuten).

Was bleibt? Es bleiben Männer und Frauen. Es bleibt das Wasser; das Feuer; die Erde. Eine Weltepoche ist über sie hingegangen, ein Anfang und ein Ende. Auch Alberich bleibt, mit dem alles anfing. Er ist entmachtet – schlimmer: er scheint vergessen.

Und es bleiben die Naturwesen der Rheintöchter:

Traulich und treu
ist's nur in der Tiefe:
falsch und feig
ist, was dort oben sich freut!

Das war das Motiv von Wagners letztem Lebensabend. Cosimas schließende Tagebuch-Eintragung bewahrt seine Worte vom 12. Februar 1883: »Ich bin ihnen gut, diesen untergeordneten Wesen der Tiefe, diese[n] sehnsüchtigen.«

Anmerkungen

zu S. 230: Wie denn überhaupt und grundsätzlich immer wieder darauf hingewiesen werden muß, daß diese (von Wagner nicht so benannten) Leitmotive primär Bestandteile der musikalischen Architektur des gewaltigen Baus sind und es unangemessen ist, sie naiv und jeweils isoliert zu beziehen auf konkrete Handlungen, Personen, Gefühlsstimmungen, Geschehensmächte. Wagner bedient sich ihrer vor allem als musikkompositorischer Elemente und nutzt sie als solche zur Verklammerung auch der Handlungsteile. Entscheidend ist, was er in seinem großen Brief an August Röckel vom 25. Januar 1854, als er an der Partitur des

RHEINGOLDS arbeitet, zu seiner Komposition (und ihrer Technik) sagt: »Für jetzt nur so viel, daß sie zu einer fest verschlungenen Einheit geworden ist: das Orchester bringt fast keinen Takt, der nicht aus vorangehenden Motiven entwickelt ist. Doch hierüber läßt sich nicht verkehren« (SW 29/I, S. 94). Entschiedener nach fast anderthalb Jahrhunderten drückt es Ulrich Schreiber aus: »Tatsächlich frappiert die mögliche Ableitbarkeit aller Motive aus einem Kern, und die kompositionstechnisch-instrumentatorische Realisierung dieser Möglichkeiten muß als der größte Umbruch innerhalb der Operngeschichte bezeichnet werden« (S. 512).

zu S. 232: Dazu siehe P. W., DIE SZENE UND IHR MEISTER, S. 100–106.

zu S. 244f.: Zu dem *süßen Wörtlein: und* siehe: P. W., DER TRAURIGE GOTT, S. 174–178. – Sodann zu dieser Stelle grundsätzlich:
Man wird nicht behaupten wollen, die große Tragödie des RINGS sei widerspruchsfrei konstruiert und durchgeführt. (»Die Sprünge und Würfe im Handlungsablauf, die sich aus einer mehr als ein Vierteljahrhundert umspannenden Arbeitszeit allzu leicht erklären lassen, werden von dem unaufhörlich wogenden Musikfluß zugedeckt«, Ulrich Schreiber, S. 505.) Man wird ebensowenig die Widersprüche als »Fehler« registrieren. Daß sie leicht begreiflich sind aus der sich über viele Jahre und Phasen hinziehenden Entstehung der Tetralogie, ist eines. Ein anderes ist, daß Elemente der mangelnden Deckung, des Widerspruchs, der Inkonzinnität dem Bauwerk sehr wohl jenes Maß an Spannung geben, wie sie unaufgelösten Strukturen eigen ist und einen Teil ihrer Wirkung ausmachen. Wagner hat sich in breiter Ausführlichkeit immer wieder zum Konzept seines RINGS geäußert – und hat das ebenso weitschweifig wie vieldeutig getan. Denn wenngleich er auch grenzenlos zu philosophieren und zu spekulieren und zu räsonieren liebte, so war ihm offenbar weniger an einem widerspruchsfreien Gedankentableau als vielmehr an einem über die Gesetze der denkübenden Logik erhaben sich aufwölbenden Kunstwerk gelegen – und wo ihm Widerspruch und Ungereimtheit auffielen (oder auffallend gemacht wurden), mag er sich behauptet haben wie gegenüber seinem Dresdener Opernkollegen, Revolutionsgefährten und Freunde August Röckel: »Ich kann nur in Kunstwerken sprechen.« Wie denn überhaupt die zwei großen Briefe an Röckel (der damals – und über zwölf Jahre hin – als »Revolutionär« verurteilt und inhaftiert war) Tiefes und Erhellendes, wenngleich nicht durchaus Eindeutiges über die RING-Konzeption sagen (vom 25./26. Januar 1854 und vom 23. August 1856 [in dem von Werner Breig und Hartmut Fladt herausgegebenen Dokumentenband zum RING innerhalb der SÄMTLICHEN WERKE, Mainz 1976: S. 88–94, 117–119]). Die Aussagen dieser Mitteilung decken sich durchaus nicht randgleich – was sich

erklärt daraus, daß Wagner seit dem Herbst 1854 »durch die Bekanntschaft mit Schopenhauers Philosophie auf ein anderes Geleis des Selbstverständnisses gebracht« war (Schreiber, S. 508). Wir erfahren im ersten Brief:

Wotan ist untergangstrunken. Er hat (ein halbes Jahr noch bevor Wagner sein Schopenhauer-Erlebnis hatte) sein Selbsterlebnis, Selbstverständnis gewonnen: Er »schwingt sich bis zu der tragischen Höhe, seinen Untergang – zu *wollen*.« Das Enkelkind aber des »untergangsbedürftigen jovialen Gottes«, der als Göttervater die »Summe der Intelligenz der Gegenwart« verkörpert – dieser Enkel ist »der von uns gewünschte, gewollte Mensch der Zukunft«, ist das »Schöpfungswerk dieses höchsten, selbstvernichtenden Willens«. Siegfried, »der endlich gewonnene *furchtlose*, stets liebende Mensch«. Hält solche Beschreibung genauer Betrachtung stand? Hier hat wohl der Stoffzwang, hat das mittelhochdeutsche NIBELUNGENLIED, haben dessen Vorstufen und auch Wachstumsphasen innerhalb der eigenen Konzeption und hat Schopenhauer Wagner gehindert, seinen Siegfried konsequent nach seinem ursprünglichen Bilde zu formen. So wie er dann auf die Bühne des Lebens tritt, liebt er durchaus nicht *stets* – und wenn er liebt, dann ungestüm Brünnhilde und schließlich verwirrt Gutrune. *Furchtlos* ist er gewiß – und furchtlos betrügt, haßt, tötet er: so Mime wie Fafner, so Brünnhilde, die herrliche, ehemals erweckte, von ihm dann fälschend bezwungene Felsenfrau. Einst sollte er, Produkt von Wagners weltenerlösendem Revolutionspathos, als junger und freier Held die jungen unerlösten Massen verkörpern, sollte durch sein Leben und seinen Opfertod die alte Welt der alten Götter erledigen, die Macht des Goldes-Geldes zerschlagen, sollte im Verein mit Brünnhilde zum »Erlöser« werden. Das wird er nicht. Vielmehr fällt er als Opfer einer Intrige, an deren Verknotung er selber komplizenhaft mitwirkte, fällt als Opfer des dunklen Duos Alberich/Hagen – und die Hoffnung auf die große Erlösung bleibt eine dem interpretierenden Willen des Betrachters anheimgegebene Hoffnung.

Wie immer man sich die Abwendung des bösen Endes, die Beschwörung eines es verhindernden guten Ausgangs imaginieren mag – der Untergang der verantwortlichen Götterwelt muß sein. Muß sein, denn »die Natur in ihrer unentstellten Wahrheit« ist geschändet worden: durch die Macht und den Mißbrauch des Goldes. Nicht eher aber »ist der auf ihm haftende Fluch gelöst, als bis es der Natur wiedergegeben, das Gold in den Rhein zurückversenkt ist«. Wotan lernt die Macht dieses Fluches kennen (»an Fafners Tat«), aber »erst als der Ring auch Siegfried verderben muß, begreift er, daß einzig diese Wiedererstattung des Geraubten das Unheil tilgt, und knüpft daher die Bedingung seines gewünschten eignen Unterganges an diese Tilgung eines ältesten Unrechtes«. Des Brief-

partners Röckel kluge Frage: warum denn Untergang, wenn doch der Ring zum Ende den Rheintöchtern wieder in die Hände fällt?, beantwortet Wagner erstaunlicherweise nicht rational, sondern emotional: »Ich glaube, bei einer guten Aufführung wird der naivste Mensch hierüber ganz einig mit sich werden. Allerdings geht der Untergang nicht aus Kontrapunkten hervor: diese ließen sich überhaupt ja deuten, drehen und wenden – man brauchte nur einen juristischen Politiker als Advokat dazu zu nehmen; sondern aus unserm innersten Gefühle erwächst uns – wie Wodan aus seinem Gefühle – die Notwendigkeit dieses Unterganges.« Eine wunderliche Botschaft fürwahr, Logik verbietend, weil hier Kontrapunktik nicht verfange und Advokaten alles beweisen. Vielmehr sei hier das innerste Gefühl zu befragen – und aus ihm verkünde sich die Notwendigkeit des Untergangs... (Solchen Ausweg nennt Schreiber einleuchtend »Rettung ins Ungenaue«.)
Solches zu proklamieren ist gewiß und wahrlich das Recht des Künstlers, wenn nämlich sein Kunstwerk letztlich alle Einwände der logischen Vernunft bis zum Grade der Unerheblichkeit zusammenschrumpfen läßt. Doch sollte er, auch wenn er die Bündigkeit des logischen Systems dank der Überzeugungsgewalt der Kunst außer Kraft setzt, dessen Geltungsanspruch nicht schlechthin bestreiten. Ähnlich die Argumentation in dem anderen Brief an Röckel, dem von 1856: Sinn »der Darstellung des ganzen Nibelungen-Mythos« war ursprünglich die »Aufdeckung des ersten Unrechtes, aus dem eine ganze Welt des Unrechtes entsteht, die deshalb zu Grunde geht um – – uns eine Lehre zu geben, wie wir das Unrecht erkennen, seine Wurzel ausrotten und eine rechtliche Welt an ihrer Stelle gründen sollen«. Dieser Denkschicht gesellte sich in der Folge, so Wagner, eine tiefere hinzu, die statt der *Entwicklung* der Welt deren *Wesen* erkannte, »woraus natürlich, da ich meiner Anschauung, nicht aber meinen Begriffen treu blieb, etwas ganz andres zu Tage kam, als ich mir eigentlich – gedacht hatte«. Daraus habe sich einige Verwirrung ergeben, mit der Folge, daß Brünnhilde »in der tendenziösen Schlußphrase« an die Umstehenden »von der Verwerflichkeit des Besitzes ab, auf die einzig beseligende Liebe verweist, ohne (leider!) eigentlich mit dieser ›Liebe‹ selbst recht ins Reine zu kommen, die wir, im Verlaufe des Mythos, eigentlich doch als recht gründlich verheerend auftreten sahen« (S. 118). (Hier hält Wagner sich an jene nicht komponierte Schlußpartie von Brünnhildes Abschiedsgesang, die in der glühenden Liebeskonfession endet: *Selig in Lust und Leid / läßt – die Liebe nur sein* – [siehe oben S. 306].)
Solches Räsonnement, sich mit der Steigerung des »Deutlichmachungseifers« (so Wagner über Wagner 1854) in die Zonen der Undeutlichkeit versteigend, mag gewisse Klärung finden in den vorausgehenden Sätzen ebendieses Briefes von 1856: »poetischer Grundzug« seiner Werke seit

dem HOLLÄNDER sei »die hohe Tragik der Entsagung, der wohlmotivierten, endlich notwendig eintretenden, einzig erlösenden Verneinung des Willens. Dieser tiefe Zug ist es, der meiner Dichtung, meiner Musik die Weihe gab [...]. Nun ist nichts auffallender, als daß ich mit allen meinen der Spekulation und der Bewältigung des Lebensverständnisses zugewandten Begriffen der dort zu Grunde liegenden Anschauung schnurstracks entgegen arbeitete. Wo ich als Künstler mit so zwingender Sicherheit anschaute, daß alle meine Gestaltungen dadurch bestimmt wurden, suchte ich als Philosoph mir eine durchaus entgegengesetzte Erklärung der Welt zu verschaffen, die, mit höchster Gewaltsamkeit aufrecht erhalten, von meiner unwillkürlichen, rein objektiven, künstlerischen Anschauung, zu meiner eigenen Verwunderung, immer vollständig wieder über den Haufen geworfen wurde. Das Auffallendste in diesem Bezug mußte ich endlich an meiner Nibelungen-Dichtung erleben; ich gestaltete sie zu einer Zeit, wo ich mit meinen Begriffen nur eine hellenistisch-optimistische Welt aufgebaut hatte, deren Realisierung ich durchaus für möglich hielt, sobald die Menschen nur wollten, wobei ich mir selbst über das Problem, warum sie denn eigentlich doch nicht wollten, ziemlich kunstreich hinweg zu helfen suchte. Ich entsinne mich nun, in diesem absichtlich gestaltenden Sinne die Individualität meines Siegfried herausgegriffen zu haben, mit dem Willen ein schmerzloses Dasein hinzustellen [...]« (folgen die Überlegungen zur Darstellung des ganzen Nibelungen-Mythos, siehe oben).

In schlichte Sätze und verkürzt übertragen, ist wohl gemeint: die »Philosophie« des Textes und die »Poesie« der Musik decken einander nicht, sie widerstreiten einander sogar. Die Gestalt Siegfrieds wurde »absichtlich gestaltend« geschaffen mit der Perspektive auf eine »hellenistisch-optimistische Welt« (lies vermutlich: »hellenisch«) in der Hoffnung auf eine Zukunft »schmerzlosen Daseins«. Bis dann (September 1854) Schopenhauer den Künstler aus dem dogmatischen Schlummer weckte und ihm zeigte, was er »unwillkürlich«, also unbewußt von je gestaltet hatte: die antioptimistische, »einzig erlösende« Kraft der »Verneinung des Willens«.

Um eine Art von Resümee wiederum mit Wagners eigenen Worten zu ziehen (die folgenden Sätze in dem Dokumentenband der SÄMTLICHEN WERKE nicht abgedruckt, zitiert nach der Auswahlausgabe der Briefe Wagners von Hanjo Kesting, München/Zürich 1983, S. 332): »Selten ist wohl ein Mensch in seinen Anschauungen und Begriffen so wunderlich auseinandergegangen und sich selbst entfremdet gewesen als ich, der ich gestehen muß, meine eignen Kunstwerke erst jetzt, mit Hülfe eines andren, der mir die mit meinen Anschauungen vollkommen kongenierenden Begriffe lieferte, wirklich verstanden, d. h. auch mit dem Begriffe erfaßt, und meiner Vernunft verdeutlicht zu haben.«

Im übrigen werden wir uns abfinden müssen mit der trivialen Erfahrung, daß die Selbstdeutungen des Künstlers grundsätzlich, die Wagners im besonderen anfechtbar sind und nicht mehr Vertrauen verdienen als die dem Werk selbst zu entnehmenden Aufschlüsse. Auch gilt, daß es nicht zuletzt die Vieldeutigkeit und -deutbarkeit des Kunstwerks ist, die ihm seinen Reiz und Überlebenswillen garantiert – und daß es immerhin die Zeitspanne der Jahre von 1848 bis 1858 war, über die hin der Dichter an seinen Texten für SIEGFRIEDS TOD und den JUNGEN SIEGFRIED beharrlich ändernd und verändernd wirkte – darunter auch Passagen dichtend, die dann wiederum der Vertonung vorenthalten wurden (siehe auch die Anmerkung nach Dokument 286 in SW 29/I, S. 119).

Soviel also ist deutlich: Die Geschichte muß unerlöst enden. So verlangt es die mythische Vorlage, die Sage, die Weltsicht des Tragikers. Und muß die Aussicht auf eine erlösende Zukunft jenseits ihrer eröffnen. Muß dann aber, ist weiter zu fragen, der strahlende Held der Utopie, der durch Handeln und Selbstopfer der Garant einer hellen Zukunft zu sein bestimmt ist, auf seinem Weg durch die Welt sein Bild so furchtbar verdunkeln? Mußte aus dem Entwurf eines lichten Hellenen der dumpfe Barbar werden? Es bleibt zu tragen peinlich, »daß diese von Wagner als Wiedergeburt des hellenischen Helden konzipierte Idealfigur zum tumben Schlagetot auf der Bühne wird und sich männerbündnerisch einläßt« – nämlich auf das schäbigste aller Betrugsmanöver (Schreiber, S. 506). Fragen, die sich einer befriedigenden Antwort verweigern. Und allenfalls wird man zugunsten des jungen Helden vorbringen können: Er hat vieles zwar erlebt; aber er hat ja noch gar nicht *gelebt*. Es zieht ihn, wie einst den Vater Siegmund, *zu Männern und Frauen…*

Vgl. auch das Kapitel »Der gespielte Spieler« in P. W., DER TRAURIGE GOTT, S. 141–145, und ebd. »Das Spiel um Siegfried«, S. 167–173.

zu S. 254: Siehe die Kapitel »Der Vergessenstrank ist kein Liebestrank« in: P. W., DER TRAURIGE GOTT, S. 178–181, und »Der Norden und sein Minnetrinken«, ebd., S. 181–184. – Auch: Carl Dahlhaus, MUSIKDRAMEN, S. 91.

zu S. 286: Ausführlich dazu in: P. W., DER TRAURIGE GOTT, S. 147–153.

zu S. 290f.: In drei Programmheften der Bayreuther Festspiele 1992 erschien eine weit angelegte und reich und instruktiv illustrierte Untersuchung dreier Verfasser zu dem international verbreiteten Motivkreis vom »Tod des Helden«. Ihr in subtiler Exegese erarbeitetes Ziel: »[…] zu zeigen, in welcher Weise ein zentrales Motiv des RINGS sich in den verschiedenen Dichtungen darstellt, die Wagner gekannt hat.«

Heft III (DIE WALKÜRE) liefert A: die *Einleitung* und B: *Siegfrieds Tod*, Verfasser Ulrich Müller; Heft IV (SIEGFRIED) C: *Von Göttern und*

Helden in der indogermanischen Frühzeit (S. 1–14) und D: *Der Tod des Helden im Spiegel alter Texte* (eine vergleichende Chrestomathie, S. 14–30), Verfasser Oswald Panagl; Heft V (GÖTTERDÄMMERUNG) schließlich E: *Die Frau und der Tod des Helden*, S. 1–13, Verfasserin Irene Erfen.

zu S. 298: Dazu siehe auch: P. W., DER TRAURIGE GOTT, S. 185–194. Ferner zum Weg des Ringes durch die einzelnen Stationen der GÖTTERDÄMMERUNG: P. W., LIEBESTOD UND GÖTTERNOT, S. 11–45.

zu S. 300: Ausführlich in: P. W., DER TRAURIGE GOTT, S. 185–194. Hans Mayer zu den drei Schlußszenen: RICHARD WAGNER IN SELBSTZEUGNISSEN UND BILDDOKUMENTEN, Hamburg 1959 (rowohlts monographien 29), S. 147–150. Zu den »fünf Varianten« von Brünnhildes Schlußworten: Dahlhaus, MUSIKDRAMEN, S. 94ff.
Der nicht komponierte Text auch im Anhang 13 von: Richard Wagner, DIE MUSIKDRAMEN, mit einem (sehr lesenswerten) Vorwort von Joachim Kaiser, Hamburg 1971; 1981 übernommen von dtv; sowie in Band III von Borchmeyers Ausgabe S. 330–334. Ebd., S. 334–369, auch einige von Wagners programmatischen Selbstäußerungen, die allerdings oft eher verdunkeln als klären.
Das Urteil über diese Partie bedarf des Blickes auf die Entstehungsphasen:
Den Text von SIEGFRIEDS TOD hat Wagner abgeschlossen im Revolutionsjahr 1848. Er arbeitet ihn (und den Text des JUNGEN SIEGFRIED) um in Zürich 1852 (Dezember). Während des großen Briefes an Röckel ist Wagner befaßt mit der Kompositionsskizze zum RHEINGOLD: Januar 1854. Im Juni 1856 ändert Wagner die Titel: DER JUNGE SIEGFRIED wird zum SIEGFRIED, und SIEGFRIEDS TOD wird zur GÖTTERDÄMMERUNG. Im Spätsommer 1856 erhält auch das Finale der GÖTTERDÄMMERUNG einen neuen Schluß. Am 23. August 1856 – also in dem zweiten großen Brief und nach dem Schopenhauer-Erlebnis – äußert sich Wagner gegenüber Röckel (siehe oben) zu Brünnhilde und ihrem Schlußgesang: wo sie »von der Verwerflichkeit des Besitzes ab, auf die einzig beseligende Liebe verweist, ohne (leider!) eigentlich mit dieser ›Liebe‹ selbst recht ins Reine zu kommen«. – »[…] und es bedurfte wahrlich einer großen Umwälzung meiner Vernunftvorstellung, wie sie schließlich durch Sch. bewirkt wurde, um mir den Grund meiner Pein aufzudecken, und mir zu meinem Gedichte den wirklich entsprechenden Schlußstein zu liefern, der in einer aufrichtigen Anerkennung des wahren tiefen Verhaltens der Dinge besteht […].« Damit ist gemeint der unvertonte Text *Trauernder Liebe / tiefstes Leiden / schloß die Augen mir auf: / enden sah ich die Welt.* Cosima im Tagebuch März 1872, Dokument Nr. 475 in: SW 29/I: »Er arbeitet indessen die letzte Szene der Götterdämmerung um« – das heißt

die zweite Fassung, die er im Sommer 1856 fixiert hatte: die nach Schopenhauer.

zu S. 307: Ferruccio Busoni, ENTWURF EINER NEUEN ÄSTHETIK DER TONKUNST (zuerst 1916), Frankfurt am Main 1974 (Band 397 der Bibliothek Suhrkamp), S. 16.

zu S. 308: Name und Begriff verdanken sich einer Verwechslung, die Snorri in seiner PROSA-EDDA zuzuschreiben ist. Die altnordische Pluralform *Ragnarök* meint in den EDDA-Liedern: »Endschicksal, Untergang der Götter«, wofür dann später Snorri fälschlich den Namen *Ragnarökr* verwendet, was »Götterverfinsterung«, »Götterdämmerung« heißt (siehe Rudolf Simek / Hermann Pálsson, LEXIKON DER ALTNORDISCHEN LITERATUR, Stuttgart 1987, S. 321f.).

Literaturverzeichnis

Diese Bibliographie verfolgt keinen eigenständigen, die wissenschaftliche Erkenntnis durch Aufweis der Wirkungs- und Forschungsgeschichte fördernden Zweck. Sie ist bewußt subjektiv zusammengestellt und hat nur eine einzige Absicht: den Leser dieses Buches hinzuweisen auf Titel, deren Lektüre nach meinem Vermuten seinen Interessen und der Weiterbildung seines Wissens dienlich sein kann. Ich habe bei dieser Aufstellung also bewußt aus meinen Präferenzen kein Hehl gemacht. – Gründliche und sachliche Information findet der Leser in der weit ausholenden Wagner-Bibliographie von **John Deathridge** im WAGNER-HANDBUCH (siehe unten), S. 852–879, sowie in des gleichen Verfassers kritischem Abriß der »Grundzüge der Wagner-Forschung«, ebd., S. 803–830.

Schriften Wagners und der Seinen

Richard Wagner: DICHTUNGEN UND SCHRIFTEN. Jubiläumsausgabe in 10 Bänden, herausgegeben von **Dieter Borchmeyer**, Frankfurt 1983.
Leider aus Gründen verlegerischer Kalkulation nicht vollständig, aber bibliophil reizvoll ausgestattet und leichter greifbar als die älteren Ausgaben. Da ein Verzeichnis des gesamten Inhalts fehlt, verweise ich auf Band II, S. 274–338: DER NIBELUNGEN-MYTHOS. ALS ENTWURF ZU EINEM DRAMA, 1848; Auszüge aus SIEGFRIEDS TOD, 1848. Im Anhang dann Prosaentwürfe zum RAUB DES RHEINGOLDES 1852 und zur WALKÜRE 1852. – Band III enthält die Texte sämtlicher vier RING-Dramen. Dazu im Anhang Textvarianten und programmatische Erläuterungen. – Band VI enthält DAS KUNSTWERK DER ZUKUNFT (1849). – Band VII enthält OPER UND DRAMA (1850/51). Wichtig: die kompetenten Nachworte Borchmeyers im letzten Band S. 182–343, besonders S. 253–273.

Der vollständige Text des RING-Zyklus außerdem unter anderem in den vier Bänden von Reclams Universalbibliothek Nr. 5641, 5642, 5643 und 5644; sowie in dem Band:
Richard Wagner: MUSIKDRAMEN. Mit einem Vorwort von **Joachim Kaiser**, Hamburg 1971 (als Taschenbuch München 1981).
Meine RING-Zitate halten sich an die Reclam-Fassung, da eine textkritische verläßliche Edition nach Lage der Dinge nicht vorliegen kann.

Auch findet sich ein vollständiger Text (vermehrt um die Notentafeln der Leitmotive) herausgegeben von **Julius Burghold** in der Serie Musik 8229, Mainz/München 1981 (Reprint der Originalausgabe von 1913).

Die grundlegende theoretische Schrift OPER UND DRAMA ist außerdem separat herausgegeben und kommentiert von **Klaus Kropfinger** in Reclams Universalbibliothek Nr. 8207, Stuttgart 1984.

Richard Wagner: MEIN LEBEN. Vollständige, kommentierte Ausgabe, herausgegeben von **Martin Gregor-Dellin**, München 1976.

Richard Wagner: SÄMTLICHE BRIEFE. Herausgegeben von **Gertrud Strobel** und **Werner Wolf**, ab Band 6 herausgegeben von **Hans-Joachim Bauer** und **Johannes Forner**, Leipzig 1967ff.

Solange diese Ausgabe noch nicht fortgeführt und abgeschlossen ist, bleibt man angewiesen auf die kenntnisreiche Auswahl:
Richard Wagner: BRIEFE. Ausgewählt, eingeleitet und kommentiert von **Hanjo Kesting**, München/Zürich 1983.

Richard Wagner: SÄMTLICHE WERKE. Herausgegeben von **Carl Dahlhaus** und **Egon Voss**, Mainz 1970ff.
Die grundlegende kritische Gesamtausgabe der Bühnenwerke, bisher sind (einzeln gezählt) 32 Bände erschienen, einige aufgeteilt in Doppelt- und Dreifachbände. Als Band 29/I: »Dokumente zur Entstehungsgeschichte des Bühnenfestspiels Der Ring des Nibelungen«. Herausgegeben von **Werner Breig** und **Hartmut Fladt**, Mainz 1976. Hervorragende Präsentation der zuständigen Dokumente, leider noch ohne Kenntnis von Cosima Wagners Tagebüchern. Abgekürzt zitiert als: SW 29/I.

Cosima Wagner: DIE TAGEBÜCHER. Band I: 1869–1877, Band II: 1878–1883. Ediert und kommentiert von **Martin Gregor-Dellin** und **Dietrich Mack**, München/Zürich 1976/77 (als Taschenbuch München/Zürich 1982).

Dankenswerterweise liegt seit kurzem nun auch die Erfüllung eines dringlichen Desiderats der Forschung vor: die vollständige Dokumentation des Komplexes Wagner–Nietzsche:
Friedrich Nietzsche / Richard Wagner: STATIONEN EINER EPOCHALEN BEGEGNUNG. Herausgegeben von **Dieter Borchmeyer** und **Jörg Salaquarda**, 2 Bände, Frankfurt/Leipzig 1994.
Enthaltend den gesamten Briefwechsel Nietzsches mit Richard und Cosima Wagner; sodann ausnahmslos sämtliche Äußerungen Nietzsches über Wagner; weiter die Tagebucheintragungen Cosimas, die sich auf Nietzsche beziehen, und schließlich eine Chronik der einzelnen Stufen der Beziehung.

Zur musikalischen Unterweisung

Die Klavierauszüge der vier RING-Dramen verdanken sich der Kompetenz von **Felix Mottl**: erschienen in der Edition Peters Nr. 3403–3406. Mottl assistierte seinem Meister anläßlich der Bayreuther Erstaufführung 1876.

Hans-Joachim Bauer: RECLAMS MUSIKFÜHRER RICHARD WAGNER, Stuttgart 1992 (siehe oben mein Vorwort).

Carl Dahlhaus: RICHARD WAGNERS MUSIKDRAMEN, Velber 1971, München/Zürich ²1985 (siehe oben mein Vorwort).

Carl Dahlhaus: WAGNERS KONZEPTION DES MUSIKALISCHEN DRAMAS, Regensburg 1971, München ²1990.

Richard Wagner: DER RING DES NIBELUNGEN. Kompletter Text und Erläuterung zum vollen Verständnis des Werkes, verfaßt und herausgegeben von **Kurt Pahlen** unter Mitarbeit von **Rosemarie König**. 4 Bände, München/Mainz 1982/83 (dazu siehe oben meine Bemerkungen im Vorwort).

Erich Rappl: WAGNER-OPERNFÜHRER, Regensburg 1967, ⁵1981 (siehe mein Vorwort).

Lothar Windsperger: DAS BUCH DER MOTIVE AUS OPERN UND MUSIKDRAMEN RICHARD WAGNER'S, Band 2, Mainz o. J. (Edition Schott 301).

Nachschlagewerke

Herbert Barth / Dietrich Mack / Egon Voss: RICHARD WAGNER. LEBEN UND WERK IN ZEITGENÖSSISCHEN BILDERN UND DOKUMENTEN. Erweitert und überarbeitet von Egon Voss, München 1982.

Hans-Joachim Bauer: RICHARD WAGNER LEXIKON, Bergisch Gladbach 1988.

Martin Gregor-Dellin / Michael von Soden: RICHARD WAGNER: LEBEN – WERK – WIRKUNG, Düsseldorf 1983 (Hermes Handlexikon).

RICHARD WAGNER. LEBEN UND WERK IN DATEN UND BILDERN. Herausgegeben von **Dietrich Mack** und **Egon Voss**, Frankfurt 1978 (insel-taschenbuch 334).

Zu den Vorlagen im Altnordischen und im Mittelhochdeutschen

EDDA. 1. Band: HELDENDICHTUNG. Übertragen von **Felix Genzmer**. Mit Einleitung und Anmerkungen von **Andreas Heusler**, Jena 1914 (Sammlung Thule 1); Neuausgabe München 1963.

Edda. 2. Band: Götterdichtung und Spruchdichtung. Übertragen von **Felix Genzmer**. Mit Einleitung und Anmerkungen von **Andreas Heusler**, Jena 1920 (Sammlung Thule 2); Neuausgabe München 1963.

Isländische Heldenromane: Die Geschichte von den Völsungen. Übertragen von **Paul Herrmann**, Jena 1923 (Sammlung Thule 21); Neuausgabe München 1966.

Wenngleich Wagner diese neueren Übersetzungen natürlich nicht hat benutzen können, empfiehlt sich doch der Hinweis auf sie, weil sie zum einen leichter erreichbar und zum andern philologisch verläßlicher sind als die Texte, auf die Wagner angewiesen war.

Richard Wagner und sein Mittelalter. Herausgegeben von **Ursula** und **Ulrich Müller**, Anif 1989 (Wort und Musik. Salzburger Akademische Beiträge 1).

Rudolf Simek: Lexikon der germanischen Mythologie, Stuttgart 1984 (Kröners Taschenausgabe 368). (Zu danken habe ich dem Verfasser auch für briefliche Auskunft.)

Rudolf Simek / Hermann Pálsson: Lexikon der altnordischen Literatur, Stuttgart 1987 (Kröners Taschenausgabe 490).

Allgemeines

Theodor W. Adorno: Versuch über Wagner, Frankfurt 1952.
In diesem geistvollen Essay schlägt sich die schwierige Beziehung Adornos zu Wagner auf mannigfach gebrochene Weise nieder, Zustimmung wie Einwände provozierend.

Udo Bermbach: Der Wahn des Gesamtkunstwerks. Richard Wagners politisch-ästhetische Utopie, Frankfurt 1994. (Rezension: Nike Wagner in der Frankfurter Allgemeinen vom 13. Dezember 1994. Siehe auch oben mein Vorwort.)

Dieter Borchmeyer: Das Theater Richard Wagners. Idee, Dichtung, Wirkung, Stuttgart 1982.
Nicht spezifisch dem Ring gewidmet, aber höchst aufschlußreich als Exemplifizierung von Wagners Kunstbegriff an seinen jeweiligen Werken.

Martin Gregor-Dellin: Richard Wagner. Sein Leben. Sein Werk. Sein Jahrhundert. München/Zürich 1980.
Diese mehr als 900 Seiten umfassende Monographie aus der Feder eines mannigfach bewährten Schriftstellers, Kulturhistorikers und Kritikers ist Zeugnis intimer Kenntnis wie persönlichen Engagements und macht es leicht, auf frühere Titel des gleichen Genres zu verzichten,

die unangemessen den Bereich des Hagiographischen streifen oder besetzen.

Martin Gregor-Dellin: Richard Wagner. Eine Biographie in Bildern, München/Zürich 1982.

Robert W. Gutman: Richard Wagner. Der Mensch, sein Werk, seine Zeit. München 1970 (englisch 1968).
Zeichnet sich aus durch muntere Unbefangenheit des Urteils und Leichtigkeit der Darstellung. Für unseren Zweck wichtig die Kapitel XIII und XIV.

Herbert Huber: Richard Wagner: Der Ring des Nibelungen. Nach seinem mythologischen, theologischen und philosophischen Gehalt Vers für Vers erklärt, Weinheim 1988 (dazu siehe oben mein Vorwort).

Joachim Kaiser: Leben mit Wagner, München 1990.
Summe jahrzehntelanger Beschäftigung mit Wagner aus der Feder eines geistvollen Kritikers und bewährten Kenners. Ich verweise auch auf Kaisers Vorwort zu Bernard Shaw (siehe unten).

Nach Friedrich Nietzsche hat Thomas Mann Wagner und sein Werk kulturhistorisch am tiefsten und einsichtigsten erkannt und gedeutet. Seine wichtigsten Äußerungen sind zusammengefaßt in:
Thomas Mann: Wagner und unsere Zeit. Aufsätze, Betrachtungen, Briefe. Herausgegeben von Erika Mann, Frankfurt 1963 und 1983.
Darunter natürlich vor allem die (auch in Manns Leben) epochemachende Rede über »Leiden und Größe Richard Wagners« von 1933.

Dem Scharfblick und dem kulturkritischen wie musischen Vermögen Hans Mayers sind wesentliche Erkenntnisse über Wagner und sein Werk zu verdanken. So in den Bänden
Hans Mayer: Richard Wagner in Bayreuth 1876–1976, Stuttgart/Zürich 1976.
Hans Mayer: Richard Wagner in Selbstzeugnissen und Bilddokumenten dargestellt, Hamburg 1959 (rowohlts monographien 29).
Hans Mayer: Richard Wagner: Mitwelt und Nachwelt, Stuttgart/Zürich 1978.

Wagners pathologischer Antisemitismus ist ein so weites wie entsetzliches Feld: ich verweise auf
Richard Wagner. Wie antisemitisch darf ein Künstler sein? Herausgegeben von **Heinz-Klaus Metzger** und **Rainer Riehn**, München 1978 (Musik-Konzepte 5). Sowie auf
Dieter David Scholz: Richard Wagners Antisemitismus, Würzburg 1993.

RICHARD-WAGNER-HANDBUCH. Unter Mitarbeit zahlreicher Fachwissenschaftler herausgegeben von **Ulrich Müller** und **Peter Wapnewski**, Stuttgart 1986.
Darin: Die grundsätzlich wichtigen Artikel von **Volker Mertens**: »Richard Wagner und das Mittelalter«; **Carl Dahlhaus**: »Wagners Stellung in der Musikgeschichte«; **Dieter Borchmeyer**: »Richard Wagner und Nietzsche«; **Carl Dahlhaus**: »Die Musik«; **Werner Breig**: »Wagners kompositorisches Werk«; **Jürgen Kühnel**: »Wagners Schriften«; sowie das gründliche Werkverzeichnis von **John Deathridge** und von demselben eine so ausführliche wie verläßliche Bibliographie. In diesem Band habe ich »Die Oper Richard Wagners als Dichtung« behandelt, darin S. 269–307 den RING. (An diesem Artikel, dessen RING-Kapitel eine Art Vorform in nuce des vorliegenden Buches ist, hatte eine Rezensentin der Richard-Wagner-Blätter, 10. Jg., H. 4, Dezember 1986 – Petra-Hildegard Drescher –, unter anderem meine »Feierabendprosa« und einen »gänzlich unangebrachten Psychologismus« zu tadeln und die Tatsache, daß ich fälschlich ein Motiv aus dem dritten in den zweiten Aufzug der WALKÜRE verlegt hatte.)
Dieses Handbuch erschien in erweiterter und verbesserter Fassung in englischer Version, herausgegeben von **John Deathridge**, Cambridge/London 1992.

Ernest Newman: THE LIFE OF RICHARD WAGNER, 4 Bände, New York 1933–46 (als Paperback Cambridge 1976).
Ein durch seinen gewaltigen Umfang entmutigendes und also an Wagner-Dimensionen gemahnendes, nach wie vor dank Klarheit der Darstellung und Genauigkeit im Detail unentbehrliches Standardwerk. Für den RING wichtig die Bände 2–4.

Ernest Newman: THE WAGNER OPERAS, Princeton 1949 (siehe oben mein Vorwort).

Hannu Salmi: »DIE HERRLICHKEIT DES DEUTSCHEN NAMENS...« DIE SCHRIFTSTELLERISCHE UND POLITISCHE TÄTIGKEIT RICHARD WAGNERS ALS GESTALTER NATIONALER IDENTITÄT WÄHREND DER STAATLICHEN VEREINIGUNG DEUTSCHLANDS, Turku 1993.
Ein Beitrag zu dem »Wagner von außen«, siehe oben in meinem Vorwort.

Ulrich Schreiber: OPERNFÜHRER FÜR FORTGESCHRITTENE. Bd. 2: Das 19. Jahrhundert, Kassel/Basel 1991.
Viel mehr als ein Opernführer, nämlich, wie der Untertitel sagt: eine Geschichte des Musiktheaters. So kenntnisreich wie scharfsinnig wie entschieden im Urteil. Darin Wagner: S. 450ff.; zum RING: S. 500–545.

Dieter Schickling: ABSCHIED VON WALHALL. RICHARD WAGNERS EROTISCHE GESELLSCHAFT, Stuttgart 1983.

Feinsinnige, psychologisch-tiefenpsychologisch motivierte Analyse der Figuren des RINGS.

Bernard Shaw: EIN WAGNER-BREVIER. KOMMENTAR ZUM RING DES NIBELUNGEN, Frankfurt 1973.
Mit genialem Witz analysierte Shaw 1898 Wagners RING und entdeckte vor allem in seiner geistvollen Interpretation des RHEINGOLDS die Kapitalismuskritik des Sozialrevolutionärs. THE PERFECT WAGNERITE (so der originale Titel) wurde 1908 zum ersten Mal ins Deutsche übersetzt.

RICHARD WAGNER. SKIZZEN UND ENTWÜRFE ZUR RING-DICHTUNG. Mit der Dichtung »Der junge Siegfried«. Herausgegeben von **Otto Strobel**, München 1930.

Peter Wapnewski: DER TRAURIGE GOTT. RICHARD WAGNER IN SEINEN HELDEN, München [2]1980 (als Taschenbuch München 1982).

Peter Wapnewski: RICHARD WAGNER. DIE SZENE UND IHR MEISTER, 2., verbesserte und erweiterte Auflage, München 1983.

Peter Wapnewski: LIEBESTOD UND GÖTTERNOT. ZUM »TRISTAN« UND ZUM »RING DES NIBELUNGEN«, Berlin 1988.

Schließlich sei noch hingewiesen auf eine so amüsante wie belehrende Umsetzung des Bühnengeschehens in das Genre des Comics:
Numa Sadul / France Renoncé: DER RING DES NIBELUNGEN. COMIC-OPER NACH RICHARD WAGNER. 4 Bände, Paris/München 1982–85.

Zur Inszenierung

Michael Lewin: WAGNERS RING. BAYREUTH 1988–1992, Hamburg 1991 (betrifft die Inszenierung Harry Kupfer / Daniel Barenboim).

THEATERARBEIT AN WAGNERS RING. Herausgegeben von **Dietrich Mack**, München/Zürich 1978 (mit Beiträgen unter anderem von **Pierre Boulez**, **Patrice Chéreau**, **Götz Friedrich**, **Joachim Herz**, **Hartmut Zelinsky**; informativ bebildert).

Oswald Georg Bauer: RICHARD WAGNER. DIE BÜHNENWERKE VON DER URAUFFÜHRUNG BIS HEUTE, Frankfurt/Berlin/Wien 1982.
Grundlegende Dokumentation der Aufführungsgeschichte der Werke, eindrucksvoll illustriert. Zum RING: S. 183–251.

Norbert Ely / Peter Sykora: DER BERLINER RING (IN DER INSZENIERUNG VON GÖTZ FRIEDRICH, DEUTSCHE OPER BERLIN), Wien 1987.

Register

Bildnachweis

Bayerische Staatsoper, München, Archiv *Abb. 15*; Bayreuther Festspiele Gmbh, Photo Wilhelm Rauh *Abb. 16, 41*, Photo Siegfried Lauterwasser *Abb. 26, 36*, Photo Jean-Marie Bottequin *Abb. 45*; Bibliothèque Nationale, Paris *Abb. 4*; Bildarchiv der Österreichischen Nationalbibliothek, Wien, Photo Rudolf Pittner *Abb. 35*; Deutsches Theatermuseum, München, Photo Heinz Köster *Abb. 37*, Photo Jean-Marie Bottequin *Abb. 17*; Mara Eggert, Frankfurt a. M. *Abb. 18*; Forschungsinstitut für Musiktheater, Thurnau *Abb. 31*, Photo Sepp Bär *Abb. 44*, Photo John Garner *Abb. 29*; Marcel Imsand, Lausanne *Abb. 49*; Instituto del Teatro Liceo, Barcelona *Abb. 47*; Anne Kirchbach, Söcking *Abb. 46*; Helga Kneidl, Hamburg *Abb. 22*; kranichphoto, Berlin *Abb. 50*; Klaus Lefebvre, Gevelsberg *Abb. 30, 42*; Foto Marchiori, Florenz *Abb. 38*; Metropolitan Opera, New York, Archiv *Abb. 3, 25*; Nationalarchiv der Richard-Wagner-Stiftung, Bayreuth *Abb. 2, 19, 28*; Opernhaus, Zürich, Archiv *Abb. 21*; Österreichisches Theatermuseum, Wien *Abb. 39*; Royal Opera House Covent Garden, London, Archiv, Photo Stuart Robinson *Abb. 33*; Peter Schlegel, Zürich *Abb. 34*; Staatliches Museum für die Kunst des Theaters und der Musik, Sankt Petersburg *Abb. 20*; Staatliches A.-A.-Bachruschin-Theatermuseum, Moskau, Photo Jewgeni Fjodorowski *Abb. 23*; Stadt- und Universitätsbibliothek, Frankfurt a. M., Nachlaß Albert Richard Mohr *Abb. 43*; Stiftung Schweizerische Theatersammlung, Bern *Abb. 14*; Teatro alla Scala, Mailand, Archiv *Abb. 24*; Theaterwissenschaftliche Sammlung, Universität, Köln *Abb. 27, 32, 48*; Helga Wallmüller, Leipzig *Abb. 40*